在緬甸尋找喬治·歐威爾

Finding George Orwell in Burma

Emma Larkin

艾瑪·拉金——著　譯——黃煜文

獻給我在緬甸的朋友

目次

導讀：威權的烙印　楊宗澧　005
導讀：歐威爾、緬甸與極權主義　張鐵志　013
序言　021
地圖　028
第一章——曼德勒　029
第二章——三角洲　089
第三章——仰光　139
第四章——毛淡棉　193
第五章——卡薩　247
後記　303
新後記　307
致謝　315

威權的烙印
——深入緬甸的社會觀察

楊宗澧（曾任國際特赦組織台灣分會秘書長、台灣自由緬甸網絡發言人，現為政治工作者）

「思想罪不會帶來死亡；思想罪本身就是死亡。」英國作家喬治．歐威爾最為人熟知的政治小說《一九八四》中，這句話彷彿預告了緬甸自一九四八年獨立以來，這國家將發生的諸多苦難都將來自「思想」。「老大哥」所帶來的無數良心犯，在整個緬甸社會當中至今仍是許多人的禁忌話題，卻也是許多緬甸人民永遠的印記——威權的烙印。

《在緬甸尋找喬治．歐威爾》英文版出版於二〇〇四年，二〇一二年繁體中文版出版至今則已將近十年。回首這十年的緬甸變遷，再次對照書中所敘述，似變又不變。

作者艾瑪．拉金（Emma Larkin）在書中密集引用《一九八四》作為「參考圖像」映射出緬甸社會面貌，每章的標題都帶著讀者來到不同地點或地景看見如斯壯麗的緬甸，卻也同時在文首摘以許多《一九八四》語錄，隱喻緬甸社會內部的種種現象。書中交錯著《一九八四》的情節與緬甸的真實人權景況，從虛幻的小說情節帶出緬甸人民荒誕無常的人生場景，威權體制下的軍人政府化身為「老大哥」，帶來了迫害異議人士、強迫勞動、種族清洗等人權侵害危機，這是緬甸多年來不變的殘酷事實。

二〇一〇年末時，當翁山蘇姬獲釋，這個政治訊號似乎讓緬甸的民主有了一絲曙光，接著在二〇一一、二〇一二年，一連串的政治選舉讓軍人改穿西裝、釋放政治犯，加上歐美日等國家陸續恢復與緬甸的政治、經濟交流，一瞬間讓這世界真的以為緬甸的未來將就此改變。只是，人們以為的「改變」真稱得上「改革」嗎？事實上，十年前緬甸民主曙光乍現的那刻，我們就該警覺到，與其說緬甸民主有所變化，毋寧看成是種變「幻」，一種虛實難料的改變。

十年來的緬甸確實是「變」得更快了，尤其是在經濟上的快速發展。但真實的人權迫害現象並未完全改變，至少還沒改善到你可以忽視緬甸人權的地步。政治上的緬甸，甚至說變就變，在還不到十年的政治改革過程，二〇二一年，由於緬甸軍方對議會選舉的不滿引發軍事政變，翁山蘇姬又再次遭到拘禁。當世界仍在對抗武漢肺炎這場世紀疫情的同時，緬甸人民不畏疫情走上街頭抗爭，卻仍遭受軍方強勢暴力鎮壓。這是繼八八八八學運*以及袈裟革命**（又稱番紅花革命）之後，人民的再次起義。這也讓世人不禁嘆息，是什麼樣的歷史命運，竟使緬甸人民不斷陷入軍事政權壓迫的無間輪迴，緬甸的民主與和平又怎會如此短暫？

我曾在二〇〇七年與非政府組織人士親自到過一趟泰緬邊境的湄宏順（Mae Hong Son）難民營，與緬甸難民短暫接觸訪談，有好幾年也曾多次在泰國曼谷、泰緬邊境的美索（Mae Sot）與各緬甸海外流亡團體及各國非政府組織進行交流。二〇一一年，在台灣一群長期聲援緬甸議題朋友的支持下，以及透過香港、泰國、緬甸等不同網絡組織的居間聯繫協調後，我才得以有機會踏上緬甸這塊土地進行第一手的社會觀察。

這趟緬甸旅途，陪伴我的恰好也是歐威爾的書，另一本較不為人關注的《緬甸歲月》。在旅程中，我一方面透過《緬甸歲月》發掘過去的殖民主義場景，一方面真實觀察到現實緬

---

* 一九八八年，以大學生為主體的「全國學聯」主導，決定號召緬甸全國民眾於八月八日舉行和平示威，抗議政府的軍事管制措施，要求實施多黨民主。這場運動被緬甸民眾稱為八八八八學運，這也是一九四八年緬甸獨立以來規模最大的民主運動。這場運動後續遭到緬甸軍政府強力鎮壓而告終，根據緬甸民間統計，死亡人數在三千至一萬人之間。

** 二〇〇七年，緬甸軍政府大幅調高燃油價格，也間接導致其他民生物價高漲，引發民眾在當年八月間開始走上街頭抗議，同時也有民眾訴求「與軍事執政團對話」及「釋放翁山蘇姬」，這場運動的開始，緬甸的僧侶們站上第一線加入示威抗議。由於以佛教為主要信仰的緬甸，僧侶地位相當崇高，當僧侶也站上示威前線，此舉引發更多緬甸民眾加入聲援。這場「袈裟革命」，同樣因軍政府的軍事強力鎮壓而告終。

甸的「變幻」正真實發生。在仰光、曼德勒等大城的街道上，破舊殖民建築與資本主義下的現代大樓交織在城市中，即使離開仰光、曼德勒等大城，發展主義已成了另類殖民，其鑿斧之深隨處可見，沿路上我觀察到不少大型開發工程，而當中從事勞動的不少是老人、婦女及兒童，外資發展帶來的是環保衝擊、強迫勞動、強迫拆遷、社會不公與貧富不均的經濟人權危機。二〇一一年以來的緬甸「開放」，只見帶來的新一波人權危機將是環境的、經濟的、社會的，也更加是全球性的。緬甸，正在複製許多發展國家的鐵牢籠。

此外，與當地異議人士所屬地下團體以及政治犯家屬訪談後，則驗證了我談到關於「變幻」一詞對於改變「幻滅」的憂慮。在街頭，商品化的「切・格瓦拉」頭像在此已置換成「翁山蘇姬」，隨處可見印有翁山蘇姬的T恤、海報及月曆等各式商品，甚至每天也可在各類報章雜誌看見斗大的翁山蘇姬照片輔助以新聞標題；與幾位異議人士會晤時，他們坦言政治情勢確實有所鬆綁，異議者被政府「監視」的程度降低許多，所以那趟旅行我才得以在較為不緊張的政治氣氛下與異議人士及政治犯家屬碰面，否則在過去為了保護政治犯家屬的安全，通常是難以進行訪談的。

然而，一般人所看不見的緬甸，雖有少數好消息，壞消息仍舊不少。政治犯家屬在訪談時向我透露，緬甸監獄內部的人治現象勝過法治，每所監獄管理方式不一，政治犯遭受的待遇也不盡相同，獄中許多政治犯的醫療與健康情形不佳或遭受酷刑仍時有所聞，人民在言論自由、集會結社自由，以及司法上公平受審的基本權利，充其量只能看到一絲曙光，然而這幽微的光亮，稍一不注意，隨時可能被「老大哥」一把吹熄。

那趟緬甸旅行如今看來，緬甸的基礎建設與經濟發展，相較過去有很大的進展，但是今日異議人士的處境與政治犯的遭遇，卻跟十年前沒有太大的差距，其實這與緬甸近十年來的民主轉型工程有關。近十年來，緬甸民主持續遭遇許多挑戰，例如：族群武裝衝突、佛教極端主義的發展、對境內羅興雅人的壓迫、中國一帶一路戰略對緬甸的經濟控制等等，甚至是翁山蘇姬政治判斷的進退失據，導致她的人權光環褪色，這些都一再考驗緬甸這個民主仍相當脆弱的國家。

過去，台灣對緬甸的認識大約僅只於主流媒體介紹的翁山蘇姬或所謂「泰北孤軍」這樣的刻板印象，較難有機會獲得全面性的資訊，瞭解緬甸的政經情勢。二〇〇七年台灣各個NGO結盟成立了「台灣自由緬甸網絡」，倡議台灣公民社會關注緬甸人權議題，當時的倡議工作其實並不容易獲得台灣公民的關注。但這幾年台灣公民社會已有相當大的質變，如果以緬甸議題來看，緬甸今年的人民起義，不僅受到國際社會高度矚目，在台灣的社會運動者以及在台灣的緬甸留學生、移民／工等，也同樣對緬甸軍事政變所引發的人權危機發起國際串連，在多場的倡議活動中，參與人數甚至多達上千人的規模。這些公民社會行動受到高度關注的成功關鍵，我認為是新科技為公民社會帶來更深入與廣泛的緬甸在地資訊以及社群串連，也因為這些不斷更新的資訊，帶來公民社會一波接一波的行動。

此外，過去關於緬甸議題在華文資訊的缺乏，使許多人對這封閉的國度理解有限。如今，在華文出版市場上，伴隨著台灣「新南向政策」吹起的東南亞風向，已有愈來愈多關於緬甸政治、經濟與社會現況的相關報導或書籍出版。

不同於傳統政治評論式的分析，本書作者艾瑪·拉金用她的深刻描述，以看似遊記卻又像是深度調查報導的方式目擊緬甸，也讓大家重新省視緬甸苦難的歷史命運。艾瑪·拉金，雖然是一位美國記者，但她在亞洲出生、成長，於倫敦大學亞非學院唸書期間學習緬甸語，此後選擇在亞洲地區展開她的記者生涯，她多次進出緬甸，在二〇〇五年出版《在緬甸尋找喬治·歐威爾》。這是一本打破旅行文學界限的遊記，艾瑪·拉金沿著歐威爾當年的緬甸足跡，重新以政治、經濟與文化的角度，對緬甸社會進行深度考察。此外，艾瑪·拉金的文字不斷串接或對照歐威爾的三部經典作品：《緬甸歲月》、《動物農莊》、《一九八四》，讀者將發現歐威爾的寓言儼然是緬甸社會的真實寫照。

欣聞《在緬甸尋找喬治·歐威爾》將再版，值此之際，全球仍處於武漢肺炎的疫情肆虐，

「旅行」對許多人來說似乎也變得遙不可及。然而，我相信處在困境下的人類終將會找到希望的出路，對深陷歷史命運的緬甸來說更該如此。盼透過這本書，讓還沒有機會認識緬甸的你，得以一探究竟，深入窺見緬甸；已經認識緬甸或已到過緬甸的你，讓艾瑪．拉金的文字帶你重回緬甸，不要忘記你曾經歷過的緬甸；如果可以，請告訴更多人你所知道的緬甸。

歐威爾、緬甸與極權主義

張鐵志（作家、文化政治評論家）

1.

「我們得活在這個僵化又悶熱的世界……在這個世界裡，每一個字、每一個念頭都受到審查……言論自由根本無法想像。」

這段歐威爾的語言，不是來自他無比巨大影響力的《一九八四》，而是他更早一點的書：《緬甸歲月》。

一九二二年，十九歲的英國青年喬治・歐威爾來到彼時仍是英國殖民地的緬甸，擔任警察。本名為艾瑞克・布萊爾（Eric Blair）的他出生於印度，祖父是加爾各答的教會執事，父親在印度擔任殖民官員，母親的家族則是在緬甸擔任造船商與柚木交易商。他一歲多就回到英國，後來唸著名的伊頓公學，卻在畢業後選擇回到這個潮溼炎熱的魔幻之地擔任警察，大部分時間，他不是在大城市，而是在一個三角洲深處的偏遠小城，伊洛瓦底江在此分成數百條小溪。

幾年之後，他回憶：「比寂寞或炎熱更重要的一項基本事實是，這裡的景色相當奇異。起初，這個異國的景色令他厭煩，而後令他憎恨，但最後他會逐漸喜愛上它，他的意識以及他的信念或多或少受到這種景色不可思議的影響。」

歐威爾的緬甸歲月是他二十歲出頭的人生啟蒙時光，這對他的寫作產生深遠的影響。不只奇異瑰麗的熱帶風情，更在於他作為殖民體制的一環，尤其警察是壓迫者的第一線，讓他逐漸產生罪惡感與痛苦，並認識到殖民主義和威權主義的壓迫性質。「在下緬甸的毛淡棉時，我遭到許多人憎恨。我竟然顯要到遭人憎恨。這是我人生中僅此一回……這讓我感到茫然和苦惱，因為那時我堅信帝國主義是個邪惡的東西」，他後來在散文〈獵象記〉中寫道。

五年後，他辭職回到英國。在他到緬甸時是一個名校畢業的靦腆男孩，而如今，他看到了權力與壓迫，開始凝視底層人民、受壓迫者，並且學著述說他們的故事。「碼頭上的犯人、死刑室等待行刑的男子、我欺凌過的下層民眾以及老農、還有我在盛怒之下用木棍打過的僕役，他們的臉孔不斷在我腦中縈繞著。」他日後在另一篇文章寫道。

2.

返英一年後，歐威爾發表文章：〈一個國家如何被剝削：大英帝國在緬甸〉。他的罪惡感讓他過了一度自我放逐的日子：直接去體驗英國的底層生活，經歷了飢餓、貧窮、污穢，成為受壓迫者的一份子。一九三三年他以喬治．歐威爾為筆名發表第一部作品《倫敦巴黎落魄記》。

一九三四年，歐威爾發表以緬甸生活經驗為背景的小說《緬甸歲月》，是他第一本虛構小說——虛構，但是建立在他的緬甸經驗上。

他接下來幾乎每年一本書，但都不算受到太多重視，直到三七年的《通往維根碼頭之路》（這是他去考察碼頭工人生活的報導文學），開始逐漸成名。

一九三六年底，如同許多國際的理想主義者，他前往西班牙參加內戰，加入西班牙共和軍，反對佛朗哥的獨裁政權。然而，他所參加的團體被史達林控制的共產國際視為托派組織，史達林派特務和秘密警察來監控與逮捕異議份子，歐威爾和妻子也遭到通緝。

緬甸歲月和英國的底層生活，讓他痛恨權威，理解勞動階級，但還沒不足以讓他形成完整政治觀點。這要到希特勒上台，和西班牙內戰，才讓他成為我們認識的歐威爾。尤其在西班牙，他從原本同情左翼的知識份子，變成卻被同是左翼的獨裁者的受迫害者。* 這讓他深刻理解到，不論是帝國主義、法西斯主義或共產主義，他都是要抵抗權力的濫用。**

無怪乎他在著名文章「我為何寫作」中一文說，「西班牙內戰和一九三六年至一九三七年間發生的事件改變了態勢，此後我就知道我的立場如何。一九三七年以來，我所寫的每一行嚴肅作品都是直接或間接反對極權主義，支持我所理解的民主的社會主義。」

離開少年時期的緬甸之後，歐威爾並非與東南亞再也無關。在一九四一到一九四三年的二戰期間，他在BBC東方服務的印度區擔任製作人。而他們部門開編輯會議的房間編號就是一零一號：《一九八四》中惡名昭彰的房間。

一九四五年大戰結束，歐威爾出版寓言性小說《動物農莊》，讓他第一次獲得商業和評論上的大成功。一九四九年，在他身體健康極為煎熬的日子中，完成了《一九八四》。他在書中創造了一個讓人不寒而慄的恐怖極權世界，成為二十世紀後半至今最有影響力的書之一。

最讓驚訝的是，一個英國作家為何可以如此準確寫出極權統治下的現實甚至未來的境況？是他在在緬甸做警察的壓迫經驗，還是西班牙的受壓迫經驗，或者，一個作家基於現實出發的想像力？

歐威爾曾在給朋友的信中給過回答：「我並不相信我在書中所描述的社會必定會到來，但是，我相信某些與其相似的事情可能會發生。還相信，極權主義思想已經在每一個地方的知識分子心中紮下了根，我試圖從這些極權主義思想出發，通過邏輯推理，引出其發展下去的必然結果。」

3.

緬甸有則笑話是說歐威爾不只為緬甸寫了一部小說，而是三部：《緬甸歲月》、《動物農莊》與《一九八四》。二零年代就離開緬甸的歐威爾，一定沒有想到這兩本政治寓言小說，竟然成為二十世紀後半緬甸政治的最佳描寫。

《動物農莊》的緬甸文版被改編成當地場景，並被賦予新書名：《四條腿的革命》。一個緬甸人說，這本書很有緬甸風味，「因為他講的是豬和狗統治國家的故事，而這種事在緬甸已經持續好多年了。」另一個緬甸人說，他們沒有必要讀《一九八四》，因為他們的日常生活

* 一九三八年的《向加泰羅尼亞致敬》描述這一段經歷。

** 不過，《特搜歐威爾《一九八四》》一書觀察他在三零年代寫的幾本小說，總結：「歐威爾筆下所有角色都是作家那隻狡猾之手的受害者：疏離而孤立，總是任由巨大的力量擺佈，即使抗拒也是徒勞。」

就是《一九八四》。

這些引述是出自這本艾瑪·拉金出版的著作《在緬甸尋找喬治·歐威爾》，一本極其特別的作品。一方面這可以被視作是旅遊文學，因為作者是在緬甸各地尋找當年歐威爾在此地生活，探索他的緬甸歲月如何影響後來的寫作，這些描寫當然不是觀光性的，但作者筆下的小城、江畔、茶館和氣味都讓人嚮往至極。另方面她也是政治報導的書：作者不斷對比《動物農莊》與《一九八四》和緬甸當下的威權政治，深入空氣中令人顫抖的恐懼。

「誰控制過去，誰就能控制未來；誰控制現在，誰就能控制過去。」這是《一九八四》裏面的名言。拉金提及一個緬甸人和她描述軍政府統治下的緬甸：「這個政權什麼都知道。如果有醉漢發表反政府言論，地方市場有一籃芒果被偷，或夫妻間單純的爭吵，最可能知道這些事的就是軍情人員。這種控制方法非常有效：老大哥真的無所不在。」諷刺的是，當年身為英國警察的歐威爾其實也負責類似的情報蒐集工作，只是當然情況沒這麼極端。

在緬甸，拉金說，每一位作家都至少有一本書遭到審查部查禁，因此可以說緬甸存在著一個未出版圖書的秘密檔案庫——那是在作家腦子裡不斷徘徊的故事與隱藏起來的完稿。一名緬甸作家開玩笑說：「在緬甸，我們有想寫什麼就寫什麼的自由。我們只是沒有公開發表的自由。」

這再次令人想起歐威爾在文章中所說，文學與極權主義是不可能共存的。極權主義政府不允許記錄真實，只能仰賴謊言，但「文學如果不能真實地表達人們的想法與感受，它便一無是處。」「想像力就像野生動物一樣，無法存活於獸欄之中」。

從該書出版的二〇〇五年至今，緬甸政治出現巨大的變化。緬甸一度開啟民主轉型，釋放政治犯、開放言論自由，被軟禁多年的國際人權象徵翁山蘇姬當選國會議員，甚至其所領導的「全國民主聯盟」在二〇一五年成為執政黨。這是一個遲到已久的電影般美好神話：被囚禁多年的公主終於成為一個雖年華老去，但依然迷人的公主。

然而，誰會想到沒多久之後，翁山蘇姬對羅興亞族人權受迫害的漠視，甚至在海牙國際法庭支持軍方的行動，讓她光環褪去。二〇二一年初，緬甸再次出現軍事政變，逮捕翁山蘇姬，血腥鎮壓示威者，造成數百人死亡，四千多人在牢獄中。

緬甸又回到殘酷老大哥的時代，歐威爾的黑暗世界。

4.

在小說《一九八四》最後，當主角溫斯敦被歐布朗拷問時，有一段非常精彩的關於人與體制的抗爭的對答。

在歐布朗描述他們的恐怖統治後，溫斯頓強硬地回應說，「文明是不可建立在恐懼、仇恨和殘暴上，這是不會長久的。」「為什麼不會？」「它沒有活力，會土崩瓦解，會自我毀滅。」「溫斯頓，我們控制了生命，在各方面都是。你在幻想有一種叫做人性的東西，會被我們的所作所為所激怒，會起來反對我們。但人性是我們創造的……黨就是人性，其他都是外在的，一點都不重要。」

溫斯頓說，「但是我相信，宇宙中一定有什麼東西，某種精神，某種法則，是你們永遠無法克服的。」

「這個會打敗我們的法則是什麼？」

溫斯頓說，「我不知道，或許是人的精神。」

溫斯頓本人的結局或許是最終愛上了老大哥，但現實的歷史證明，溫斯頓的信念不是一廂情願，人的精神在許多地方都戰勝了體制。相信在緬甸、在香港，或中國，未來也不會再屬於一九八四。

序言

「喬治．歐威爾，」我緩慢地說：「喬—治—歐—威—爾。」但眼前這名緬甸老人還是不斷搖頭。

這是下緬甸（Lower Burma）一處令人昏昏欲睡的港口城鎮，我們來到老人家中，坐在宛如烤箱的客廳裡。屋內空氣悶熱難耐。我聽到蚊子圍繞著我的腦袋，焦躁地發出嗡嗡的聲音，而我的耐性似乎也即將用盡。老人是緬甸的知名學者，我知道他很熟悉歐威爾。但他已經上了年紀；白內障使他的眼睛泛著牡蠣藍的光澤。當他重新穿好身上的紗籠（sarong）*

* 譯注：紗籠是南亞與東南亞傳統服裝，將長方形的布捲成筒狀纏於腰部以下，外形看起來類似長裙，無論男女均可穿著。

時，兩隻手還不斷顫抖著。我懷疑他是否已經失憶，而在失敗好幾次之後，我決定做最後一次嘗試。

「喬治·歐威爾，」我又重複一次，「《一九八四》的作者。」老人突然眼睛一亮。他看著我，一副意會過來的神情，然後開心地拍著自己的額頭說：「原來你說的是先知啊！」

歐威爾於一九五〇年去世，就在前一年，他的打字機遭到沒收。歐威爾住在科茨沃德斯（Cotswolds）的小木屋裡，這裡充滿綠意且舒適宜人。在養病期間，歐威爾經常整個人窩進電毯，但最後還是不敵肺結核的侵襲而離開人世。他的病床旁堆滿了各種書籍，其中有許多是討論史達林以及德國在二次大戰期間殘暴罪行的作品，有一本十九世紀英國勞工研究，幾本湯瑪斯·哈代（Thomas Hardy）的小說，伊夫林·沃（Evelyn Waugh）早期的一些作品。床底下還藏了一瓶蘭姆酒。

在療養院負責治療歐威爾的醫師們囑咐他最好不要再繼續寫作。他們說，不管是哪一種寫作，都會把他累垮。他需要專心靜養。歐威爾的兩個肺因疾病而阻塞，而且開始咳血。

他的病情已到了關鍵時期，醫師對於病人是否能夠痊癒不表樂觀。即使他能痊癒，大概也無法繼續寫作，或者至少不能像過去那樣沒命地投入。然而歐威爾還是繼續搖起筆桿。他潦草地書寫信件、撰寫隨筆、評論書籍，同時還改正即將出版的小說《一九八四》的校樣。他熱切的心靈甚至正醞釀著下一部作品：中篇小說〈一則吸菸室的故事〉（A Smoking Room Story），這本書打算重新造訪緬甸，這個歐威爾年輕時離開就未再回去的地方。

一九二〇年代，歐威爾在緬甸擔任帝國警察。五年執勤期間，他總是穿著卡其馬褲與閃亮的黑色馬靴。帝國警察配備槍枝，是道德優越的象徵。他們巡行鄉里，即使位於大英帝國偏遠的一隅，他們也力求秩序井然。然而，有一天歐威爾突然無預警地返回英格蘭遞交辭呈。同樣突然的是，他開始了寫作生涯。歐威爾署名時不用自己的本名「艾瑞克・亞瑟・布萊爾」（Eric Arthur Blair），而另取了筆名「喬治・歐威爾」。他換上流浪漢的破爛衣裳，在潮溼的倫敦深夜遊蕩街頭，蒐集貧苦大眾的故事。歐威爾第一部小說《緬甸歲月》（*Burmese Days*）是根據他在遠東的經驗寫下的，但他真正成為二十世紀最受尊敬與最具洞察力的作家則是因為《動物農莊》與《一九八四》這兩部作品。

這是一段不可思議的命運安排，這三部小說居然體現了緬甸晚近的歷史。第一個連結是《緬甸歲月》，它記錄了緬甸在英國殖民時期的故事。一九四八年，緬甸從英國獨立，不久軍事獨裁者就阻絕國家與外界的連繫，發起所謂「緬甸特色的社會主義道路」，並且讓緬甸淪為亞洲最貧窮的國家之一。相同的故事出現在歐威爾的《動物農莊》裡，一群豬推翻了人類農民，自行經營農場，最後卻招致毀滅，這則寓言暗喻社會主義革命的失敗。最後，在《一九八四》中，歐威爾描述的可怕而無靈魂的反烏托邦（dystopia），宛如一幅精確得令人心寒的今日緬甸圖像，一個被世界最殘忍與最頑強的獨裁者統治的國家。

緬甸有則笑話，說歐威爾不只為緬甸寫了一部小說，而是三部：這三部曲就是《緬甸歲月》、《動物農莊》與《一九八四》。

一九九五年，我首次造訪緬甸，當我走在曼德勒（Mandalay）的繁忙街頭時，一名緬甸男子一邊快速旋轉他的黑色雨傘，一邊看似有所意圖地大步朝我走來。他露出開朗的笑容說道：「告訴外面的世界，我們需要民主，人民已經受夠了。」然後隨即轉身踏著輕快的步伐離開。就是這個：這稀罕而短暫的一瞥，已足以使我瞭然於心，緬甸並不像我們表面上看到的那樣。

我花了三個星期的時間在宛如明信片般完美的景致裡四處遊歷，無論是人聲鼎沸的市場、閃閃發亮的佛塔還是風華褪盡的英式山間車站，這一切都讓我無法相信自己旅行於一個世界人權紀錄最糟糕的國家。我認為，這是緬甸最令人感到不可思議的地方：全國約五千萬人口遭受的各種壓迫，居然可以完全隱藏起來不被外人發現。無孔不入的軍事諜報人員與密告網絡，確保沒有人能從事或洩露任何可能威脅政權的事。緬甸媒體——書籍、雜誌、電影與音樂——受到嚴格的檢查控制，政府的政令宣導不僅透過報紙與電視，也經由學校與大學傳布到全國各個角落。這些掌控現實的方法，背後由一股不可見卻又無所不在的力量牢牢支撐著，使全國人民無時無刻籠罩在拷問與監禁的威脅之中。

像我這樣的局外人，不可能看穿軍政府粉飾的太平景象，也無力想像在這種國家生活的恐懼與朝不保夕。而就在我努力瞭解緬甸生活面向的同時，我也逐漸感受到歐威爾作品的魅力。他所有的小說都在探索一個觀念，就是個人深受環境的箝制與束縛，不僅受到家庭的控制，也受到周遭社會乃至於權力無所不在的政府的宰制。在《一九八四》中，歐威爾構思出最終極的壓迫形式，甚至創造出能描述這種壓迫的語言：「老大哥」、「一〇一號房」、「新語」。

我再度閱讀歐威爾的小說——從我離開中學之後就再也沒碰過他的書——心中對於他與緬甸的關係深感好奇。什麼原因使他願意放棄殖民地的工作，選擇當一名作家？而在離開緬甸四分之一個世紀之後，又是什麼原因使臨終前的他將目光轉向緬甸尋求寫作的靈感？我開始想像歐威爾從緬甸看出了什麼，他也許尋出了某種觀念的線索，可以一路貫穿他所有的作品。我閱讀許多歐威爾傳記，但這些傳記作家似乎都低估了緬甸的重要性，沒有人對這個歐威爾曾經生活過五年，而且令他的人生產生重大轉折的地方進行研究。歐威爾當初駐在的城鎮就位於緬甸的地理核心位置，某方面來說，現在的我們仍有可能感受到歐威爾當初生活過的緬甸——將近半世紀的軍事獨裁統治，整個國家的風貌彷彿被凍結起來，過去的風貌許多仍完整地保留下來。然而實際走過歐威爾的緬甸，看到的卻是更陰森而駭人的景象：象徵歐威爾夢魘的《一九八四》，竟在這裡以令人不寒而慄的方式真實上演。

外國作家與新聞記者是不准進入緬甸的。偶爾有人混充觀光客順利入境，然而一旦身分暴露，他們的筆記本與底片會遭到沒收，且人也隨即被驅逐出境。至於他們訪談過的緬甸人，遭遇的懲罰將嚴厲得多。根據緬甸一九五〇年制定的緊急法令（Emergency Provisions Act），凡是提供外國人任何政府認為可能有害國家的資訊，最高可判處七年徒刑。雖然我是新聞記者，但我很少發表有關緬甸的報導，所以我仍有機會以觀光客或極少數外商的身分申請到長期居留簽證。為了把我的經驗寫入書中，我不得不做出一些妥協：我必須改變我訪談過的緬甸人姓名，有必要的話，連地點也會變更。然而在這種謹慎的過程中，我希望自己能找出一條道路，洞穿這個看似不可穿透的國家。

在我動身前往緬甸之前，我到了倫敦的喬治．歐威爾檔案館（George Orwell Archive），觀看歐威爾最後的手稿。當歐威爾於一九五〇年去世時，他才剛開始著手一個寫作計畫。根據他的計畫，〈一則吸菸室的故事〉是一篇長度約三萬到四萬字的中篇小說，內容講述一名充滿活力的英國年輕人在緬甸殖民地潮溼的熱帶叢林居住之後，整個人出現難以回復的變化。翻開用大理石花紋紙張包裹的筆記本，前三頁布滿歐威爾潦草的墨水字跡，大致是故事的大綱與短篇插曲。我輕輕地翻覽整冊筆記本，發現後面的書頁空空如也。我知道，故事的剩餘部分還塵封於緬甸，等待人們喚醒。

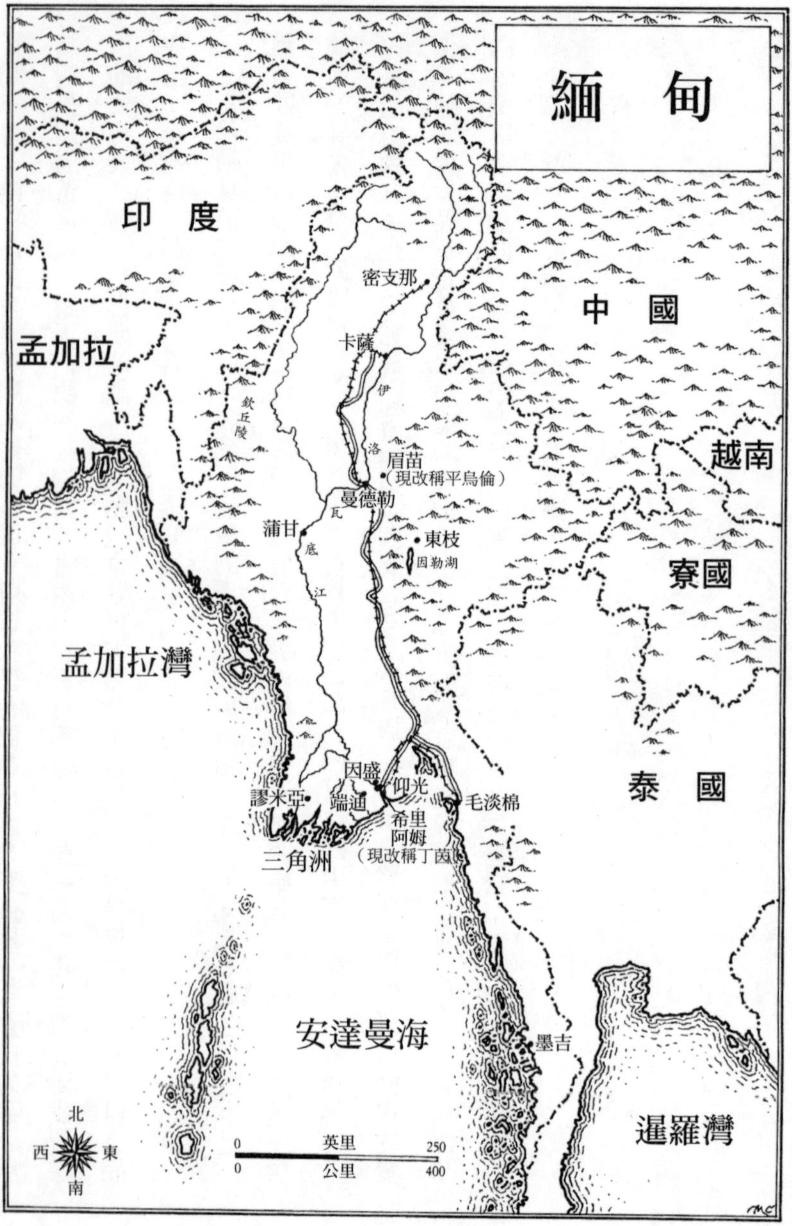
緬甸
印度
中國
孟加拉
越南
寮國
泰國
密支那
卡薩
伊
洛
瓦
底
江
欽丘陵
眉苗
（現改稱平烏倫）
曼德勒
蒲甘
東枝
因勒湖
孟加拉灣
因盛
仰光
毛淡棉
謬米亞
端迪
希里
阿姆
（現改稱丁茵）
三角洲
安達曼海
墨吉
暹羅灣
北
西
東
南
英里
公里
0
250
0
400

第一章 曼德勒

誰控制過去，誰就能控制未來；
誰控制現在，誰就能控制過去。

《一九八四》

在熱鬧的曼德勒茶館裡，擺滿了密密麻麻高可及膝的桌子。一群群穿著明亮孔雀彩飾紗籠的男性圍坐在桌旁腳凳上。寬敞的茶樓擠進數百個人，大夥兒聊將起來，偌大的空間也顯得鬧哄哄的。蓬頭垢面的服務生一面迂迴穿過擁擠的人群，一面扯開喉嚨向廚房吆喝菜單。他們高舉茶杯，開水蒸騰的熱氣扶搖直上，空氣中充滿了濃郁線香般的雪茄香氣。

「妳讀過查爾斯・狄更斯嗎？」坐在我身旁的緬甸男子問道。

「當然有，」我大聲叫嚷著，想壓過周圍的喧鬧聲。

「莫泊桑？」

「讀過一兩篇小說。」

「席德尼・謝爾頓（Sidney Sheldon）？」

「嗯，有的。」

「羅伯・路易斯・史帝文森（Robert Louis Stevenson）？」

「讀過。」

「《化身博士》（*Dr Jekyll and Mr Hyde*）！對不對？」

「對。」

「告訴我，《化身博士》都在講些什麼？」

有個緬甸朋友介紹我認識埃敏（Aye Myint），他是個熱愛閱讀的人。埃敏的個頭很高，兩條細長的手臂加上有點駝背，看起來就像經常坐在有靠背的舊椅子上念書的人，讓他站得直挺挺的反而有點不太對勁。他不斷向我問起各種作品，我幾乎要被難住了。《化身博士》這本書，就算讀過也是很久以前的事，但我還是硬著頭皮回答他的問題。

「我想這本書的意思是說，每個人在個性上都有黑暗的一面，只是大家都把這一面隱藏起來。簡單地說，每個人既有好的一面也有惡的一面。」

「我同意！」埃敏大聲回應，然後短暫停頓調整一下他臉上那副像牛奶瓶底一樣厚實的眼鏡。他又繼續問道：「亨利．詹姆斯（Henry James）？……弗朗茨．卡夫卡？」

像埃敏這麼喜愛閱讀的人在緬甸不在少數。無論走到哪個地方，你都能看見民眾在讀書。三輪車夫會把車停在我在曼德勒下榻的飯店一角，他們總是斜倚在車子破爛的椅墊上，細細讀著雜誌或書籍。在仰光街頭，經常可見防水布往人行道一鋪，小販就開始賣起新書與二手書。在曼德勒，夜裡則是開起了書市。雜誌在每條街的摺疊桌上均可買到，一些沿街叫賣的小販每經過茶館或火車站，便大聲吆喝手上的書名。

一名老太太告訴我，她的屋子與家當在一場大火中被燒個精光，在曼德勒的乾季，祝融肆虐似乎是司空見慣之事。老太太損失最大的還是她的藏書：「所有的書都燒掉了——一本也沒留下，」她對我說。老太太提到一本狄更斯小說，她低語的樣子彷彿悼念死去很久的戀人。「《錦繡前程》（*Great Expectations*），」她哀戚地說。

一名緬甸男子曾試圖跟我攀談，他提到艾蜜莉．勃朗特（Emily Brontë）小說的某個場景，當他說起這部小說的書名《咆哮山莊》時，語氣充滿了喜愛。他說，我幫助他學習英語，就像小凱薩琳（Catherine）教導赫爾頓（Hareton）一樣，每改正一次錯誤就能得到一個吻。我臉上驚疑的神情顯然不減他的興致，他要我核對一下他提到的情節出處：「企鵝版，第三百三十八頁。」

埃敏在問夠了我讀過哪些作者的書以及我對這些作品有何想法之後，決定讓我看看他的藏書。要在緬甸取得英文書並不容易，但埃敏的藏書居然有一千冊以上，這是他數十年勤於光顧二手書店的成果。埃敏說，他二十歲出頭就「從這個世界隱退」，往後四十年他在曼德勒過著隱士般的生活。他對外在的世界不聞不問，每天只待在書房，與自己終身未婚的妹妹住在父母留下來的這棟兩層樓木頭房子裡。屋內陰暗而涼爽。前面的房間堆滿年久扭曲變形的木頭家具。一只空茶杯擺在老舊的園藝工用椅的扶手上，玻璃門書櫃塞滿舊報紙，櫃子的邊角磨損成橙色，木頭擠壓發出的吱呀聲顯示它的年代久遠。房間相對的兩個角落各擺放了一座老爺鐘，兩個鐘各自指著不同的時間。

埃敏帶我到樓上放書的地方。木頭地板上覆蓋著一層厚厚的灰塵，一條狹窄的足跡小徑標示出從樓梯到書架，從書架到閱讀椅，然後又回到樓梯的行進路線——這張地圖就是埃敏全部的世界。他的書全放在大皮箱裡，他打開其中一只讓我瞧個仔細。每本書都用塑膠袋細心包好避免長出白蟻與黴菌，在緬甸潮溼的熱帶氣候下，許多手稿經常因為白蟻與黴菌而損壞。埃敏開始把書拿出來。

「安徒生！」埃敏邊嚷嚷邊扔給我一本有著美麗插圖的童書。「歐・亨利（O. Henry）！毛姆（Somerset Maugham）！詹姆斯・赫伯特（James Herbert）！」一本《老鼠》朝我這裡飛來，這是相當暢銷的版本。埃敏朝皮箱更裡面的地方探索。「海明威！」當他從一包用完的咖啡粉袋子裡掏出一本摺起來的《戰地鐘聲》時，不禁大吼一聲。「哈！海明威！」他說：「妳知道他為什麼自殺嗎？」

我一時語塞，然而此時埃敏又埋首於皮箱之中，然後他擡起頭來，發出勝利的歡呼聲：「哈！喬治・歐威爾！」他發現一本陳舊的企鵝版《動物農莊》。封面是人們熟悉的橘白相間條紋，裡面的黃色書頁稍微有些受潮。埃敏告訴我，這是他讀的第一本英文小說。「這是一本很精采的書。也是一本很具有緬甸風味的書。妳知道為什麼嗎？」他一邊問，一邊熱情地朝我這個方向指著。「因為它講的是豬和狗統治國家的故事！這種事在緬甸已經持續好多年了。」

我先前已經告訴埃敏我對歐威爾很有興趣，於是他很快從地板上堆積如山的書籍裡找到一本已經遭到蟲蛀的《一九八四》。「這也是一本很棒的書，」他說：「它特別精采的地方在於它沒有提到『主義』兩個字。它沒有提到社會主義或共產主義或威權主義。它談的是權力與權力的濫用。淺白而且簡單。」埃敏說《一九八四》在緬甸是禁書，因為它可能被解讀成是對當局的批評，而軍政府不喜歡被批評。他又說，結果，我在緬甸幾乎找不到幾個人讀過《一九八四》。「他們讀這本書幹嘛呢？」他說：「他們的日常生活已經是《一九八四》。」

我來曼德勒的時候隨身帶了一本翻爛了的《緬甸歲月》，書頁的邊緣寫滿潦草的筆記。就我所知，《緬甸歲月》是歐威爾具有神奇預言性質的三部曲的第一部，這三部曲訴說了今日緬甸的歷史。歐威爾進入英國政府設於曼德勒的警察訓練學校就讀，當時他才十九歲。這是他在殖民地發展的開端，而這段經驗也使他日後走向作家一途。事實上，正是英國在緬甸的治理（歐威爾也參與其中），為過去五十年的殘酷統治奠定基礎。英國對緬甸的殖民分成幾個階段，先是逐漸掌控大部分他們稱之為下緬甸的地區，到了一八八五年攻下皇城曼德勒之後，緬甸全境才被併入大英帝國。在曼德勒，我們不僅看到歐威爾留下的足跡，也看到緬甸歷史的印記。

曼德勒座落於上緬甸平坦而乾燥的平原上，是緬甸的第二大城。在《緬甸歲月》中，歐威爾形容曼德勒是一座「令人討厭的城市」，「到處塵土飛揚，而且熱得難以忍受。」雖然這些描述也適用於今日，但存在於歐威爾當時的木屋與滿是塵土的街道，今日已不復見。二次大戰時期，盟軍與日軍的激烈戰鬥，摧毀了曼德勒大半的市區。剩下的即使未受到戰火摧殘，日後也為了迎接中國商人的到來而一一拆除。曼德勒位於大河伊洛瓦底江（Irrawaddy river）邊，戰略地位重要，因此成為與中國通商的重要貿易城市。當中國人興建的一棟棟外觀閃亮、窗戶光可鑑人且搭配著塗上金漆的柯林斯式圓柱的大樓聳立於市中心時，許多緬甸家庭也被迫遷往城外的貧民窟居住。許多緬甸人抱怨曼德勒淪為中國的衛星城市，老曼德勒的浪漫風情已一去不復返。曼德勒的街道均以數字表示，而且依照南北、東西向區劃成整齊的棋盤式街道。不過緬甸過去王宮的巨大城牆依然聳立著，從牆頂蔓生下來的九重葛覆蓋了整個牆面，軍政府還在宮內布防了大量駐軍。從宮牆往外，商店、佛塔與茶館如同井然有序的迷宮般不斷展開。

我發現，當自己大聲念出「曼德勒」這個名字時，總是掩不住一股興奮之情。對許多外國人而言，曼德勒總讓他們油然想起失落的東方王國與熱帶的繽紛色彩。英國殖民主義非官方的桂冠詩人吉卜林（Rudyard Kipling）要為此負部分的責任，是他膾炙人口的詩作〈曼德勒〉使人們產生這麼多聯想。曼德勒原是緬甸的權力中心，緬甸最後一任國王錫袍（Thibaw）

就是在這裡統治全國。當時住在此地的居民許多都是工匠，他們的任務就是為宮廷提供娛樂與儀式服務。這些手工藝人包括了絲織匠、金匠、木偶戲師傅與舞者，而曼德勒也成為緬甸的文化與藝術之都。曾於一九二〇年代遊歷曼德勒的毛姆寫道，「曼德勒」這個名字「有著獨特的魔力」。他覺得，明智的人或許會與這座城市保持距離，因為他們知道自己永遠無法配得上那抑揚頓挫的音節所喚起的期待與想像。

「曼德勒」是緬甸少數幾個未被軍政府改名的城市。一九八九年，軍政府重新命名緬甸全國的街道、鄉鎮與城市。例如歐威爾曾經造訪的老英式山區避暑勝地眉苗（Maymyo），改名為平烏倫（Pyin-Oo-Lwin），而Rangoon（仰光）的弗雷瑟街（Fraser Street）也改名為Yangon（仰光）的阿努律陀街（Anawratha Lan）。絕大多數的舊地名都是英國殖民政府以英語拼寫的緬甸地名，軍政府宣稱更改地名其實是個遲來的決定，這些殖民標籤早該撕去。然而事實上，這種做法背後還有更深層的理由。軍政府想竄改歷史。一個地方被重新命名之後，舊地名將從地圖上消失，最後甚至可能從人們的記憶中消除。若真是如此，那麼對過去事件的記憶當然也有可能被抹除。透過重新命名城市、鄉鎮與街道，軍政府控制了緬甸民眾的生活空間；住家與商號的住址都必須重寫與重新記憶。而當軍政府更改國家名稱時，全世界的地圖與百科全書也要跟著更改。原本稱為Burma的緬甸，如今已經換上新的名字：

Myanmar。

軍政府之所以發起一連串改寫過去的措施，主要是受到一項重大事件的影響，那就是一九八八年的民眾暴動事件。一九八八年八月八日早上八點八分，學生發動全國性的抗議示威遊行，反對近三十年軍事統治造成的貧困與壓迫。全國有成千上萬的民眾走上城市與鄉鎮街頭，他們口中喊著：「民主！民主！」政府的回應是殘酷的：當晚，士兵走上街頭以機關槍懲戒這些群眾。在仰光，醫師與護士無法應付大量的傷患，於是在醫院門口掛上牌子，懇求士兵停止殺害民眾。告示是用傷者與死者的血寫成的。有一批護士穿上她們的白色制服參與街頭示威，也同樣遭到射擊。在往後數日的混亂中，遭軍隊殺害的包括高中生、老師與僧侶。在這段期間，火葬場也冒起了濃煙，因為當局急於處理掉民眾的屍體。暴動結束後，總計有三千人以上遭政府軍射殺或以棍棒活活打死。

一名住在英格蘭牛津，名叫翁山蘇姬（Aung San Suu Kyi）的緬甸女性，剛好在此時返回仰光照顧重病的母親。翁山蘇姬是廣受緬甸人民愛戴的軍事英雄翁山的女兒。翁山曾領導民眾讓緬甸從英國獨立，然而他卻在一九四八年緬甸獨立生效前幾個月遭到暗殺，當時翁山蘇姬才兩歲。在一九八八年令人髮指的暴力事件發生後一個星期，翁山蘇姬離開母親的病榻，站到她父親的巨幅肖像下，向前來一睹風采的五十萬名群眾發表演說。她說：「身為我父親的女兒，我無法對發生的這一切坐視不管。」她把這場暴動比擬成緬甸反對英國殖民主義的暴動：「這場國家危機，實際上就是緬甸人民第二次爭取國家獨立。」

這場鬥爭尚未結束。一旦軍隊重新控制了局勢，軍方就開始有系統地抹去一切與一九八八年血腥鎮壓有關的事物。緬甸軍政府改名為「國家法律與秩序恢復委員會」（State Law and Order Restoration Council），並且宣布新的執政將領名單。士兵清掃街道，重新粉刷公共建築物，並且強迫人民粉刷自己的房屋，這完全是名副其實的粉飾歷史。在曼德勒與仰光，凡是反政府情緒特別激昂的地方，整個社區都遭到掃蕩，民眾被迫重新分配到不同的地區居住。抗爭的領袖不是被追捕，就是遭到拷問與監禁。大約有一萬人被迫離開緬甸中部，逃往邊境叢林地區或鄰近國家避難。國家法律與秩序恢復委員會承諾讓人民選舉政府，同時也開始舉辦選舉。但是，當翁山蘇姬組織了全國民主聯盟（National League for Democracy）這個廣受人民擁戴的政黨時，軍政府卻試圖阻止全國民主聯盟勝選，他們逮捕數千名支持者，並且將翁山蘇姬軟禁在家中。儘管如此，全國民主聯盟還是獲得壓倒性的勝利，奪得八成以上的國會席次。但國家法律與秩序恢復委員會卻無視於這項結果繼續執政。

軍政府——現在叫做國家和平與發展委員會（State Peace and Development Council）——至今仍控制著緬甸。軍隊規模已擴充到原來的兩倍以上，將近有五十萬名士兵。這段期間翁山蘇姬幾乎一直被軟禁在她位於仰光年久失修的家中。在緬甸，這場暴動發生的時間——八八八八或四八——已成為民眾低語的祈禱文，它象徵緬甸歷史上一個悲劇的轉捩點。民眾只能躲在門後，祕密地將它牢記在心，彷彿一九八八年事件從未發生。暴動發生後一年，軍政府發言人總結事情的始末，他表示：「真實只有在某段時間內是真實的。在經過幾個月或幾年之後，所謂的真實將不再是真實。」

在曼德勒的前幾日，我拜訪了幾位老朋友，我告訴他們自己打算追尋歐威爾在緬甸的腳步。朋友為我引見幾位緬甸作家與歷史學家，他們都對歐威爾深感興趣。沒有多久，我便組織了一個非官方的歐威爾書迷俱樂部（Orwell Book Club）。

這是個小團體——這是必要的，如此才能避免當局注意。未經授權的人民集會在技術上是非法的，尤其集會裡還有外國人的話更容易引人注目。我們首次聚會選在一家撐起亮藍色帆布篷的熱鬧茶館裡。我們選擇角落的桌子，旁邊剛好緊鄰著一臺喧鬧的電視機——連續劇的尖叫與慟哭聲可以掩蓋我們的談話，避免不受歡迎的人偷聽。我們一共有四個人。查札溫（Za Za Win），二十出頭的大學畢業生，渴望提升自己的英語；只要手邊有英文相關的東西都會拿來閱讀，她尤其喜歡《讀者文摘》。（她告訴我：「因為裡面的報導最後總是有好結局。」）另外兩名男性，一位是茂武（Maung Oo），是個年輕作家與詩人；另一位是屯林（Tun Lin），是個退休老師，他最喜歡的嗜好是說笑話與閱讀歐威爾的作品。

第一次聚會，我們打算討論歐威爾的《緬甸歲月》。在政府眼中，這本書應該是相當無害的作品：雖然《動物農莊》與《一九八四》是禁書，但你還是可以在緬甸買到盜版的英文版《緬甸歲月》，一本大約要一美元。不過，在開始之前，我們必須先點杯茶來喝。

茶是緬甸文化生活不可或缺的部分，而曼德勒就是以擁有緬甸最好的茶館聞名。茶館絕大多數是戶外形式，低矮的木桌與小巧的腳凳全往外擱到人行道上，然後外頭再高高撐起帆布篷或陽傘。每家茶館都有自己的招牌特色。舉例來說，在曼德勒，每個人都對明提哈連鎖茶館（Minthiha Tea Shop）的羊肉咖哩角讚不絕口。而我下榻的飯店附近有一家位於轉角的茶館頗得我的喜愛，那裡的現做南餅與黃豆泥成了我早餐的主食。曼德勒的茶館有一股令人愉快的生活韻律，足以讓人在裡面耗一整天，完全忘了時間。早晨，腳踏車與機車簇擁在茶館外，周匝延伸好幾排，為的是趕在上班前喝下今天的第一杯茶。午餐時間，正好是一天氣溫最高的時候，整個茶館顯得慵懶而安靜；年輕的服務生在桌上打盹，在炎熱的天氣下，就連在他們頭上盤旋的蒼蠅動作也慢了半拍。到了傍晚時分，步調又快了起來，服務生忙著應接客人的訂單，茶水與點心絡繹不絕，茶館又再度恢復熱絡的場面。

然而緬甸茶館不像表面上看起來那麼單純。客人聊天的內容五湖四海，從今年鳳梨價格太高，或這家茶館茶水的好壞，可以聊到文學，乃至於政治。一九八八年暴動就是肇因於茶館裡的一場爭吵，因此茶館被軍政府視為反政府活動的潛在溫床。政府情報人員藉由偷聽茶客的對話，或者捕捉「茶館裡的蒸汽」（圍繞著茶桌的流言蜚語，就像空氣一樣捉摸不定）來蒐集資訊。因此，你必須謹慎地選擇座位，緬甸人進到茶館總會先不動聲色掃視所有客人。

歐威爾瞭解茶的神奇力量。他寫道，一杯好茶可以讓你神清氣爽、勇氣百倍、樂觀進取。他建議喝茶只喝不加糖的濃茶，而且最好是用Typhoo Tips茶包*沖泡。緬甸人對茶極為挑剔，一家茶館能否打響名號，在於它是否能迎合每個顧客的獨特需求。端來的茶加了煉乳，看起來像蜂蜜一樣濃稠，另外還有烏龍茶可以搭配飲用。茶館每張桌子中間擺著一壺熱水瓶，裡頭裝的就是什麼都沒添加的烏龍清茶，歐威爾《緬甸歲月》的反傳統女主角伊莉莎白（Elizabeth）曾抱怨這種茶喝起來像土一樣。為了助興，屯林與我點了一杯「濃而微甜」的茶。

* 譯注：Typhoo是一九〇三年於英國設立的一家茶公司。Typhoo其實是中文「大夫」的諧音。

茂武希望「加牛奶與加糖」，至於查札溫則選擇「加牛奶與不要太甜」。

我有點擔心這個臨時組成的歐威爾書迷俱樂部成員會怎麼談論歐威爾的第一本小說。對我而言，《緬甸歲月》雖然陰鬱，卻是一部精采的作品。它講述約翰・弗洛里（John Flory）的故事，他是一名英國木材商，於一九二〇年代來到上緬甸的偏遠山區生活。弗洛里在兩個世界的拉扯下身心俱疲，一個是「紳士老爺」（pukka sahib）*的行為規範，這是他所屬的英國統治階層的社會要求；另一個則是圍繞在他身邊的緬甸人，他們的異國特質深深吸引著他。他觀賞皮威（pwe），這是巡迴戲班做的街頭戲劇表演。他遊蕩於市集，聞著空氣中刺鼻的「大蒜、魚乾、汗臭、塵土、茴香、丁香與薑黃」。夜晚，他流連於酒吧，喝著微溫的琴通寧（gin-and-tonic，因為冰塊還沒從曼德勒的製冰工廠送來），聆聽留聲機上舊唱片傳來的沙啞樂曲，打橋牌，抱怨天氣炎熱的同時，也咒罵當地人的厚顏無恥。

作家茂武仔細攪拌他的茶，然後表示他認為《緬甸歲月》帶有侮辱性質。「歐威爾瞧不起緬甸人。他不喜歡我們，」他一邊說著，一邊拿起桌子中間的熱水瓶，將清茶倒入四只小瓷杯裡，一人一杯。的確，書中的緬甸人確實令人生厭。弗洛里的緬甸情婦素行不良，事後又鋌而走險；他的僕人對他諂媚奉承；腐敗的緬甸官員則是想盡辦法乃至於敲詐勒索讓自己能進到只有英國人才能加入的俱樂部裡。茂武讓我們看一篇最近剛完成的文章，這是一名緬甸學者針對歐威爾小說所做的研究。文章以薩伊德（Edward Said）的《東方主義》（*Orientalism*）做為立論根據，認為西方人看待東方與東方民族時，不是以東方本身的角度出發來討論東方的文化與民族，而是認為東方是西方的創造物。如果人們只從西方理想的各項標準來看待與詮釋東方，那麼東方注定被描繪成原始、野蠻，而且缺乏法律與秩序。茂武認為，歐威爾在寫作《緬甸歲月》時掉入這個陷阱。他選擇來到東方，因為置身於一群不文明的當地人之中，可以襯托出他的體面與文明。茂武又說，在歐威爾的《緬甸歲月》裡只有兩種人：主人與奴僕。白種人一直是主人。

最近剛從大學畢業的查札溫同意茂武的看法。小說最後是以主角弗洛里的自殺結束，而弗洛里是唯一一位同情緬甸人的英國人，顯示不接受當時主流信念的人不可能生存。查札溫的結論是：「歐威爾認為英國的方式是唯一可行的方式。」

開放式的廚房突然一陣騷動，原來是炭火上的大茶壺燒開了。兩個年輕服務生用溼抹布拿起大茶壺，將茶倒進錫桶裡。煮茶的師傅是一名上了年紀的男人，他的大肚皮把身上穿

---

* 譯注：pukka sahib是印地語（Hindi），用來指稱在印度、緬甸當地的歐洲人。這個詞不僅是單純的紳士而已，由於它是在殖民地衍生出來的詞彙，因此更帶有政治、道德上的崇高意義，因此亦可譯為老爺或大人。

的檸檬黃汗衫撐得飽滿。師傅逐杯混合茶與煉乳，他技巧純熟地利用兩個凹陷的錫罐來回倒入乳脂般的混合物。茶館服務生高聲告訴他顧客的喜好（「加奶加糖兩杯！」或「微甜一杯！」），然後他將混合好的茶倒入擺好的杯子裡，再由服務生迅速將茶端到茶館的每個角落。當服務生端著茶經過我身旁時，我可以聞到新鮮的茶香與怡人的太妃糖香味。

我試著為歐威爾提出辯解。歐威爾曾經表示，他之所以有資格當一名作家，原因之一是他能夠正視令人不快的事實：他認為自己能夠表達自己看到的真相，無論這個真相有多痛苦或多棘手。在《緬甸歲月》中，歐威爾只是把他在緬甸的所見所聞描繪下來。我說，並不是歐威爾討厭緬甸或緬甸人。他非難的是政治體制使好人（包括緬甸人與英國人）做出壞事。

那位坦承自己是歐威爾迷的退休老師屯林，對於批評英國人的說法無法接受。他出生於英屬緬甸時代，現在已經六十四歲。屯林小時候在曼德勒一所教會學校念書，他仍然記得所有老師的名字。他曾經向我展示一張已經泛黃的女教員照片——一群衣著素淨、穿著平底鞋的女士，她們的頭髮全往後梳而且綁了圓圓的小髮髻。他甚至記得自己在學校裡寫的短篇作文題目（「用五百字寫一篇文章，題目是〈榕樹下〉」）。在屯林眼中，英國人不會有錯，也不曾犯錯。他曾對我說：「在英國人統治下，我們過著和平的日子。一名十六歲的女孩可以獨自一人從鐵路線最南端的毛淡棉（Moulmein）一路搭火車抵達最北端的密支那（Myitkyina），而且毫髮無傷。英國人確實照顧民眾。我們擁有安定的生活。我們可以每晚安心入睡，不用擔心自己看不到明天的太陽。」

曾有幾次短暫的惱人時刻，我們全看著自己的茶杯，對於彼此意見的歧異感到難受。此時街上某件事物引起我的注意，一陣刺耳的嘎嘎聲，就像噪音一樣。我往茶館門口望去，在毒辣的陽光下，一名小販吹著玩具喇叭走過門前。他的背上掛著一面大漁網，網子裡裝了幾顆明亮的粉紅色足球，在熱氣蒸騰下，眼前的景象顯得有些模糊朦朧。

茶喝過數輪之後，不知為何，我們的對話居然轉移到狗上面。在《緬甸歲月》末尾，弗洛里在自殺之前把他養的黑色可卡獵犬芙蘿（Flo）拉進臥室，然後一槍把這隻已經嚇得半死的小狗的頭打爆。屯林充滿感情地回憶起英國人如何珍愛他們的狗。他說，二次大戰期間，許多英國人在日本軍占領前射殺自己的狗，因為他們無法忍受自己的愛犬任由敵人處置。屯林提到他在朋友家的衛星電視看到有關英國狗節目的紀錄片。「我在探索頻道看到有許多狗的毛皮經過梳洗整理，而且這些狗還吃著很棒的食物，」屯林一邊說，一邊咯咯笑，他覺得這實在太荒謬。「在英格蘭當一隻狗，要比你在緬甸當個人過的日子還好。」

歐威爾就讀的警察訓練學校，以及他來到緬甸之後首次落腳的警官食堂，至今依然聳立。它們就座落在宮牆東南角外一處寧靜的社區裡。這裡的街道人車稀少，雖有塵土，倒也不失舒適。少數幾個人騎著腳踏車躲在羅望子樹蔭下緩緩前進，偶爾出現的車子或敞篷小卡車則一邊行進一邊碾磨著凹凸不平的柏油碎石。這裡還留存著一些老英式住宅，現在裡面住的全是政府官員。這些住屋的結構看起來相當厚實，主要由乳脂色的水泥與木頭橫梁構成，屋外的草坪則凌亂生長著香蕉樹與散置著簡易木屋。警察訓練學校是一長排通風的紅磚建築，搭配著白色的柱廊，現在仍由警察單位使用。從學校可以俯瞰以前的閱兵場，現在這個地方主要用來讓警察進行體能訓練，有時也會臨時做為足球比賽場地。在棋盤式街道的十字路口，總會有一些乾淨的水井，上面長滿青苔，警察往往從腰部圍上籠基（longyi）*，然後便以相當俐落的方式在此洗浴。

我曾騎著腳踏車經過歐威爾之前的住處，警官食堂，在來回經過數次之後，我終於鼓起勇氣進到裡面。我曾在腳踏車上看過各種面貌的食堂，破曉時分，稀薄的霧氣仍摶聚在花園的角落，而到了黃昏，周邊的街景宛如夢境一般，在淡紫色的天空下，映襯著羅望子樹如羽毛般帶著暗紫的枝葉剪影。食堂宏偉的兩層樓紅磚建築，人跡罕至，帶著一點鬼魅的氣氛。我問過幾個緬甸朋友是否願意陪我一起入內，但是沒有人願意與外國人一起進到政府建築物裡，所以我只好獨自行動。

某日早晨稍晚，我沿著半圓形車道走進食堂，經過一處整齊的草坪與幾座上面點綴著白色九重葛的火燄式噴水池。正午熾熱的陽光即將到來，建築物內外空蕩蕩地一片寂靜。在一樓的某個盡頭有一間值班室，它的牆是用竹席編製的。我瞧見裡面有個人正在熨衣服。他發現是個外國人，表情看起來不太高興。「Doukkha yauppi」，他低聲咕噥著說（意思是「麻煩上門了」）。這位管理員不讓我參觀食堂內部。他告訴我，這是專門接待高階警官的賓館，除了警官，他沒有權限讓其他人入內。在百般懇求下，他終於答應讓我在外頭繞一圈，前提是不許拍照。

歐威爾於一九二二年十一月抵達此地，並且在這棟建築物住了一年，與他同住的還有兩名英國候補人員，他們接受訓練也是為了日後能擔任助理區警司。位於隔壁街廓的警察訓練學校由大約七十名緬甸警員照料，並且由校長克萊恩．史都華（Clyne Stewart）坐鎮監督。與歐威爾同時期的人士曾描述史都華是一名「身形巨大的蘇格蘭人，性格剛強而難以動搖」。照片中的史都華坐在正中央，他的模樣說明歐威爾在警察學校這一年過的是什麼日子。史都

＊譯注：男性穿的紗籠稱為籠基，女性則稱為塔曼（tamein）。

華蓄著黝黑濃密的八字鬍，看起來像極了蘇聯領導人史達林。據說歐威爾《一九八四》描繪的那名無所不能的統治者「老大哥」，藍本就是史達林。

在一本老舊的《緬甸警察期刊》（*Burma Police Journal*）中，我發現一篇有關警察訓練學校嚴格日常作息的報告。每一天都從破曉的沐浴開始，接著是一杯咖啡配上麵包，然後到閱兵場上做體操。（在《一九八四》中，主角溫斯頓・史密斯〔Winston Smith〕拖著虛弱的身體參加每天一定要做的早操，「臉上帶著做早操時一定要有的堅定與愉悅」。）六點三十分，警官們開始一個半小時的軍事操演與刺槍術訓練。之後一整天要修習法律與警務程序課程，他們要閱讀無聊的大部頭書籍，例如《印度刑法》（*Indian Penal Code*）、《指紋局手冊》（*Finger Print Bureau Manual*）、《地圖閱讀與田野速記手冊》（*Manual of Map Reading and Field Sketching*）以及《印度急難救助手冊》（*Indian Manual of First Aid*）。他們還要學習印度斯坦語（Hindustani）與緬甸語的日常用語（歐威爾在這方面成績相當優異，他甚至選擇緬甸某個少數族群的語言——克倫語〔Karen〕——做為自己的第三語言）。到了傍晚，還要做一個小時的操練，之後警官們就可以回到食堂消磨自己的晚上時間。

歐威爾住在這裡的時候，這座警官食堂被視為是曼德勒最好的軍警食堂，而且提供了許多住宿空間給在此接受訓練的實習警官居住。連同歐威爾在內的三名英國警官由一小批僕役服侍照料：一名管家與他的助手，一名廚師與他的夥伴，一名拉風扇人，幾名園丁，一名撞球記分員，一名掌燈人。此外，每名警官還有自己的親隨。在一樓，有三個空間寬敞、布置相當完善的房間：一個是餐廳，一個是起居室與閱讀室，還有一個是撞球室。警官通常用晚餐時要穿著晚禮服，但每個月會有一天必須自備完整餐具，穿著靴刺與硬胸襯衫參加迎賓之夜，屆時會有廣受歡迎的警樂隊在現場演奏。這些房間現在全空蕩蕩的。我趁著管理員還沒催我，趕緊把頭伸進房裡一探究竟，只感覺到內部陰鬱的氣氛。

警官食堂維持得相當好，走道一塵不染，出入口都重新粉刷，但還是有個地方不對勁。我往樓上走去，寬闊的陽臺與閃亮的白色欄杆連結著一排寢室。每間寢室都有獨立的衛浴設備，房間後頭還有狹窄的樓梯供僕役出入。相較於周圍的房間，位於建築物西端的寢室看起來似乎無人聞問。窗戶玻璃破損，腐朽的窗條穿過窗框。擡頭一看，一隻麻雀靈敏地站在一片破掉的玻璃上，低頭朝房內看著。我想，這一定是那間鬧鬼的房間。

一位名叫威廉·泰德（William Tydd）的英國警官曾在一九二〇年代住在警官食堂，他記憶中這間位於最邊間的房間一直是空著的。在他的回憶錄《孔雀之夢》（*Peacock Dreams*）中，泰德寫道，在他搬進食堂的前幾年（當時歐威爾還沒來到此地），一名年輕的英國實習警官，「無法承受凡是來此的人都會罹患的思鄉病，在經過前四個月的訓練之後，舉槍自盡。

他張開四肢躺在床邊的地毯上，把霰彈槍的槍管塞到自己嘴裡，然後扣下扳機。」後來，一名不知情的愛爾蘭警官被派到訓練學校學習緬甸語。他住在食堂，並且就住在這間房間。第一天早晨，他因為一晚沒睡，累得沒有力氣吃早餐。他告訴其他警官，前一晚他才剛睡著，就被一場惡夢嚇醒。在夢裡有一名男子躺在床邊的地板上，把霰彈槍塞在自己的嘴裡，然後扣下扳機。

在前往食堂之前，我曾把當地照片拿給一名住在曼德勒的緬甸朋友看。「哦，這就是那個鬧鬼的地方，對吧？」她問道。她不知道曾有英國警官在這裡自殺，但她告訴我，大約每隔十年就有人死在這間充滿噩運的房裡。她回想，最近的一起事件發生在五年前，有一名警員慘遭刺死。

後來，我將這些鬼故事說給我認識的一名年長的緬甸牧師聽。雖然上座部佛教是緬甸的主流宗教，但這種佛教卻混合了強烈的泛靈論信仰。牧師告訴我有關緬甸人對leippya的信仰：leippya是死者的靈魂——或者從字面來說，就是蝴蝶的意思。如果未能適當地將leippya從位於人體的家護送離開，leippya就會留在人世，不斷地騷擾生者。這名牧師把這間空房發生的謀殺歸咎於那位英國實習警官飽受折磨的靈魂。「那個地方是邪惡的，」他一邊說著，一邊嚴肅地搖頭。「那間空房必須燒掉，並且夷為平地才行。」

管理員帶我繞過建築物的後方，一棟獨棟的外屋座落在一大片窸窸窣窣的竹葉當中。通往寢室的僕役樓梯已然腐朽毀壞，如果有人從二樓房間開門往外走很可能會踩了個空。我做了最後一次嘗試，希望能到裡面看看，但還是遭到拒絕。我慢慢地沿著車道走回去，思索我最近閱讀的殖民時期回憶錄，似乎不斷警示著，過去將不斷縈繞著我們。它以確然無疑的口氣說道，只要在緬甸住過一段時間，遲早都會見到鬼。

當歐威爾到緬甸時，他的確受到各種鬼故事的吸引。事實上，他的童年好友賈辛妲·布迪康（Jacintha Buddicom）曾寫過一本《艾瑞克與我們》（*Eric and Us*），裡面提到她與歐威爾早年的友誼，她筆下的艾瑞克，與日後看似實際、世俗的歐威爾全然不同。歐威爾最喜歡的故事是鬼故事，而她驚訝於歐威爾在寫作生涯中竟然從未發表過關於鬼故事的作品。他喜歡詹姆斯（M. R. James）筆下皮包骨的手指與兩眼空洞的食屍鬼，而且他曾經在耶誕節送賈辛妲一本布拉姆·史托克（Bram Stoker）寫的《德古拉》（*Dracula*），隨書還附贈十字架與大蒜（用來防備吸血鬼的工具，這樣她就不會像他一樣在讀這本書時嚇得半死）。歐威爾住的食堂裡發生的自殺事件與空出來的寢室想必讓他耿耿於懷。在《緬甸歲月》中，弗洛里也有極類似的死法。他把自己鎖在臥房裡，把手槍頂著自己的胸口，然後開槍自戕，後來他的僕人也在床邊的地板上發現他的屍體。

緬甸最受歡迎的喜劇演員，他的巨大臉龐在電影廣告看板上對我微笑。他的藝名是查格納（Zarganar），看板上的他總是堆滿笑容，眼角還畫上閃爍的星光。在歐威爾書迷俱樂部第一次聚會後過了幾天，年輕作家茂武與他的女朋友邀請我一起去觀賞查格納的最新電影。

傍晚稍早，我們在曼德勒市中心一家電影院門口碰頭。這家電影院是一棟方形的水泥建築，入口塞滿了攤販與焦急等候買票的民眾。有個攤子擺了好多塑膠袋，裡面裝了各種看起來相當潮溼的醃漬水果、肉乾、炸薯片，另外還有緬甸人最喜歡的零嘴，炒葵花子。我聽到賣甘蔗汁的小販用機器榨汁時不斷傳來的嚐啷聲。我看到茂武與他的女友站在電影院的臺階上，然後他們帶著我擠過人群。放映廳裡鬧哄哄的，觀眾在發霉的紅色天鵝絨椅子上坐定後，便開始談笑風生，裝小吃的塑膠袋沙沙作響，嗑葵花子時也發出清脆的劈啪聲。坐在我旁邊的茂武打開袋子，裡面是用新鮮綠葉整齊包妥的檳榔，他朝嘴裡塞了一顆。儘管電影院有空調，但空氣仍然炎熱潮溼，而且帶著一股辛辣的檳榔氣息與令人難以控制的興奮情緒。

當銀幕上出現紅色與藍色的緬甸國旗，並且響起低沉沙啞的國歌旋律時，全場觀眾都站了起來。但國歌還沒結束，大家便急著坐下，此時又響起嗑葵花子的聲音。茂武的女友硬塞了一塊無法辨識的辛辣醃製水果到我手中，此時電影開始。查格納飾演一名年輕美女的監護人，但他的占有欲太強。在一連串可預期的喜劇橋段中，有一幕是他戴上拙劣的假髮去見他鍾情已久的青梅竹馬（查格納本人是禿頭），卻被人發現他竊聽年輕美女與愛人的談話，裡面的劇情大致都是如此。但觀眾喜愛這種電影。茂武從頭到尾一直咯咯笑，有時還開心地拍手叫好。

然而，查格納並非尋常的喜劇演員。他曾是政治犯，在一九八八年人民暴動期間因從事反政府活動而遭到逮捕。他被判刑十年，但還沒服完刑期就獲釋出獄。與許多獲得特赦的政治犯一樣，查格納想要獲釋必須先簽訂一份法律文件，承諾自己不談論政治，也不參與任何與政治有關的活動。緬甸的電影產業受到軍政府的嚴密控制，在這個產業裡，沒有人能公開倡導反政府言論而全身而退。所有的電影都要接受檢查，軍政府也鼓勵導演拍攝帶有強烈民族主義情感的電影。軍方威脅知名的男、女演員與音樂家在公開場合表明擁護政府的立場：他們要不是強迫為軍政府發聲，就是受到物質的引誘而屈服，如果乖乖聽話，他們也許可以得到夢寐以求的手機使用許可，或者得到一部車子或一棟房子。因此，你可以看到女明星一本正經地為國防部拍攝宣導年曆，以及像查格納這樣的前政治犯改頭換面成為緬甸最受歡迎的喜劇大叔。

緬甸軍政府的極權統治完美地隱藏在帷幕之後，而這塊帷幕被國家嚴密控制的電影、音樂、書籍與報紙所牢牢掌握。事實上，我總是在離開緬甸之後才知道更多有關緬甸的消息。離開緬甸，你可以看到厚達數寸的報告，裡頭像百科全書一樣記載著當前軍政府犯下的殘酷暴行，例如各種不可思議的用來拷問政治犯的方法，以及死於強制勞動營裡的民眾人數。緬甸當局嚴格封鎖外界傳入的新聞訊息。政府審查人員對付進口雜誌與報紙的方法很簡單：直接把他們看不順眼的部分撕掉。我曾經在飯店大廳翻閱一本《時代》（*Time*）雜誌，發現裡頭六十三頁到六十六頁的部分被撕掉了。在未被撕掉的目錄頁裡，我發現不見的那幾頁談的是一名流亡海外的醫師治療一名逃到泰國難民營的緬甸人。

在緬甸內部發生的事件也受到嚴密控制。我自己曾親身體驗這樣的例子。有一天晚上，我在飯店房間觀看緬甸對馬來西亞的足球賽轉播。轉播的過程有點不順利，每次訊號不穩定的時候，攝影機不知為何就把鏡頭停留在空無一人的球門上。第二天，朋友問我是否聽說足球場上發生了衝突事件，足球迷與鎮暴警察扭打成一團，造成一名警察死亡，好幾位民眾受傷。我很確定地告訴他，什麼事也沒發生，因為我全程觀看了整場比賽。「也許妳說得沒錯，」朋友說道：「但妳想想，是誰控制了電視頻道呢？」他告訴我，他是從收音機上收聽轉播，但比賽播到一半突然無聲，評論員的聲音也被消音時，他知道一定有事情發生。

茂武的女友用手肘輕輕推我一下，示意電影已經結束。查格納的臉定格在銀幕上，快樂地向觀眾眨眼。一個半小時的歡樂時光，大家吃了零嘴，也放鬆心情。收拾好隨身的物品，大家排成零亂的縱隊走出電影院，滿地丟棄的葵花子殼被踩得嘎扎嘎扎直響。

某天下午，我拿著一封介紹信，前往曼德勒數一數二的澤橋（Zay Kyo）市場拜訪一名書商。市場前面的街道車水馬龍。刺耳的喇叭聲此起彼落，車掌扯開喉嚨高喊站名，乘客們則是一股勁兒想擠上公車。交通警察身穿整齊的藍色褲子，頭戴略有損傷的白色安全帽，一邊吹哨，一邊揮舞雙手，努力地指揮腳踏車、機器腳踏車以及從他身旁呼嘯而過的公車。我看到一群僧侶坐在一輛敞篷小貨車上，他們頂著光頭，穿著磚紅色的袈裟。僧侶們向我招手，開心地大聲說哈囉，他們咧著嘴笑，被檳榔染色的雙唇顯得格外通紅。婦女們川流不息地走出市場，手裡提的菜籃裝滿各種農產品。有一名婦人兩手各提了一袋青菜，頭上還瀟灑地頂著一包花豆。

這座市場的巷弄狹窄得令人渾身不舒服，道路兩旁總是高高堆起了五顏六色的籠基與絲織品、赤土陶壺與錫櫃。你可以在這裡買到任何東西，無論是中國的無花果餅乾，還是緬甸的學校課本，應有盡有。這座市場原本位於一棟二十世紀初由一名義大利伯爵設計的建築物裡。（「它美得就像英國的白金漢宮，」一名曼德勒居民回憶說。）但十年前政府將它拆毀，取而代之的是現代水泥建築，市場也跟著遷到裡面。曼德勒頻繁的停電使得大樓裡時髦的電扶梯毫無用處，而緬甸每年降下的豪雨也在牆上留下了壁癌，各個角落也滯積著一灘灘死水。

我終於找到我要去的書店，它就位於市場樓上一處安靜的區域。這家書店占地不過一塊防水布的範圍。地上放了一堆書，像是從大袋子裡倒出來似的隨意堆置。這些書絕大多數都是英文——一九五〇年代的生化教科書、圖書館的舊書、幾本用深藍色的布包起來的牛津大學出版社口袋經典。在這座書本堆成的小山後面，拉圖（Hla Htut）坐在破舊的摺疊躺椅上讀著托爾斯泰的短篇小說集。我把介紹信交給他，這是仰光一名我們兩人都認識的朋友寫的。他仔細讀過之後，把信摺好收妥，再交還給我。拉圖一本正經地從幾個箱子後面拉出一張塑膠矮凳讓我坐下。然後他靠回自己的摺疊椅上，點起一根細長的方頭雪茄菸，大方地坦承他痛恨書籍。

拉圖大約三十出頭。他具有寧靜如雕像般的相貌與隨和徐緩的舉止。由於政府經常任意關閉緬甸的大學院校，拉圖的學業因此中斷，也使他未能拿到英國文學的學士學位。於是，拉圖做起了書店生意。他澄清自己並非痛恨「所有的」書：他只痛恨緬甸的書。事實上，拉圖絕不把時間花在閱讀當代緬甸的任何作品，無論小說、報紙還是雜誌。「我不相信它們。它們都在撒謊，」他說：「我知道在妳的國家不是如此。你們的書籍與報紙從不撒謊，對吧？」我稍微想了一下，準備要發表一篇漫長而複雜的答覆。我想告訴他我們的小報會加油添醋扭曲世界的大小事，我們的主流國際新聞頻道會為了大眾消費而簡化報導內容。然而拉圖卻把我的遲疑當成默認，他總結自己的閱讀理論後說道：「我只相信老作品。」

緬甸的識字率一直很高，因為佛教寺院為民眾樹立了堅強的教育傳統，在英國統治期間，閱讀也成為緬甸民眾廣泛流行的休閒娛樂。經過數代的殖民教育與印刷事業的引進，緬甸作家開始為民眾寫作，而不只是為宮廷菁英服務。一九〇四年，緬甸出版一部受《基度山恩仇記》啟發的冒險故事，一般認為這是緬甸的第一本小說。這部作品剛出版就獲得極大的迴響，不到幾年的時間，緬甸作家的小說與短篇小說開始風行全國。

拉圖解釋這種現象時表示，緬甸人就是喜歡故事。緬甸每個小孩都是聽著《闍陀迦》（Jataka）* 的故事長大。《闍陀迦》收錄了約五百五十篇道德寓言，描述悉達多王子在悟道

* 譯注：《闍陀迦》，又譯為《本生經》。

成為佛陀之前歷經無數劫的故事。悉達多王子以人類和動物的形體遊蕩於佛教大千世界——一個居住著神靈而森林中充滿珍禽異獸的奇妙仙境。其他受緬甸人喜愛的早期作家有哈格德（H. Rider Haggard）與柯南·道爾（Arthur Conan Doyle）——後者的譯者把福爾摩斯轉變成穿著籠基的偵探茂山沙（Sone Dauk Maung San Sha），而且把偵探著名的住址貝克街（Baker Street）改成仰光的伯格利澤街（Bogalay Zay Street）。一百年後，哈格德與柯南·道爾仍是非常暢銷的作家。拉圖把這兩名作家的暢銷歸因於緬甸人生活在壓迫的政治環境裡。「我們緬甸人需要跳脫這一切。我們不想閱讀非文學。我們只想要小說與幻想。我們想閱讀有關英雄的故事，不管是力量強大之人還是聰明之士。」

就在我跟拉圖交談的時候，一名身材肥胖的老先生在零亂的書堆裡隨意翻覽，他是拉圖的朋友，有時會看著我。他聽我們聊了一段時間之後，打斷我們的談話，令我驚訝的是，他說著一口流利的英語：「容我自我介紹。」覺登（Kyaw Thein）說自己是一名詩人，也是一名喜愛文字的人。他就像我在緬甸有時會遇到的那些溫文儒雅的老派緬甸紳士，說著一口古雅的英語，而且悲傷的氣氛就像香菸的煙霧一樣不斷圍繞著他們。就在市場樓上這個骯髒的環境裡，在滿溢的垃圾飄來的惡臭中，覺登向我吟詠幾句他的詩作。這幾句詩文美麗而簡潔，充分表現出愛、失去與孤獨。「我只能寫情詩，」他不好意思地說：「審查人員警告我不能寫其他東西。他們告訴我：『不要寫跟生活有關的事。』」

結束談話已是傍晚時分，市場正準備關門。走廊變得昏暗，迴盪著攤商整理未賣完物品的響聲與叫嚷聲。頭頂上的日光燈忽明忽暗，最後黯淡成詭異的微弱光線，燈管發出的嗡嗡聲令人神經緊繃。拉圖一邊將他的書扔進粗麻袋裡，一邊邀請我參加隔天他所謂的「茶會」，我欣然接受。

出了市場之後，我在街上叫了輛三輪車回飯店。夜晚空氣依然溼熱。三輪車夫只穿著籠基，手臂與背部隆起的肌肉線條因汗水而閃爍發亮。我們離開市場之後，街道也跟著隱沒在黑暗中。曼德勒的路燈不多，到了晚間，道路往往一片漆黑。三輪車嘎嘎作響地沿著滿是坑洞的馬路隨意前進，不可辨識的形體不斷朝我們飛奔而來。偶爾行經車輛的前燈使我稍微瞥見少許的行人、流浪狗與其他三輪車。

隔天下午，我前往拉圖給我的地址。這家茶館位於街角，周圍都是低矮的房子。在店門外大樹的樹蔭下，八名男子聚攏圍坐在一張長條形的木桌旁，像少女一樣遮遮掩掩的。他們的樣子就是我知道的緬甸茶館的特色，一群人圍坐在一起，不約而同地擺出弓著身子的坐姿（由於坐在矮腳凳上，所以每個人都彎著背喝茶說話）。拉圖起身，精神充沛地與我握手，並且介紹我跟「waing」認識。waing從字面上來看就是圓圈、圈子的意思。這群人當中有幾名作家，一名詩人，兩名曾當過教授，以及一名退休的心理學家。拉圖為我叫了一杯茶，並且從中間的大盤子拿了一塊甜糯米糕（sanwinmakin）給我。

參加waing是一件有趣的事，過程中總是充滿笑語與文學暗示。當拉圖向大家表示我對歐威爾的作品感興趣，也想知道他的小說如何適用在緬甸這個國家時，每個人紛紛發表自己的看法。「俄國已經沒有老大哥，但我們還有，」心理學家說道，他是個外表出眾的紳士，上身穿著涼爽的白襯衫，腰部以下則纏著閃爍銀光的籠基。「歐威爾的預言對我們依然有效。」「一點也沒錯，」每個人都同意。「我們是一個擁有五千萬人質的國家，」心理學家說：「他們把五千萬人當成人質已經快五十年！」大家都笑了起來，有些人還鼓掌叫好。

「確實如此！」其中一名退休教授表示，他的臉孔完全籠罩在雪茄的白色煙霧中。「我的西方朋友總是問我：『為什麼緬甸的知識分子這麼憤世嫉俗？』我回答說，會憤世嫉俗原因不只『一個』，但在目前的狀況下，我們絕對『沒有』理由樂觀。」

同樣的，每個人都同意他的說法。但緬甸還沒達到《一九八四》描繪的那種極權主義無孔不入的惡夢，心理學家又說。「像《一九八四》那種大規模的心靈控制已經不可能做到，」他說：「多樣化是既有的現實。即使在緬甸，還是有其他觀點會滲透進來。你無法完全控制人民的心智。」

「他們想做，只是還沒做到，」拉圖低聲地說。

「當然，」心理學家又說：「那『就是』他們要的。所以我們的教育制度才會這麼貧乏：他們不想訓練思想家。他們不希望我們思考。」（我在緬甸交談過的人，幾乎每個人都用「他們」來代表軍政府，只有一名念英國文學充滿詩意的大學生稱這些將軍為「綠袖子」，因為他們身上穿著橄欖色的軍服。）

一名教授提到新政府曾提案要將現有的每年四十名博士候選人，提高到每年八百名。每個人都捧腹大笑。拉圖轉頭對我說：「在緬甸，Ph.D. 指的是假的博士（Phoney Doctorate）。」

「他們只是設立更多的學校，好讓教育體系在數字上看起來好看。這些只是做做樣子，」另一名教授說：「這不過是書面作業上的教育。他們蓋學校，設立標語，僅此而已。之後他們就放手不管。他們不在意品質。他們不在乎老師是否經過適當訓練，或學校的設備是否足夠。」

「在量上面，我們是有進展的，」心理學家說：「但在質上面，卻是愈來愈糟。」

的確，從紙面的數字來看，緬甸的確進步神速。政府的資訊部整天忙著編寫書籍與文章，詳細記錄國家日漸加快的發展速度。軍政府最近出版的《二〇〇二年緬甸國情調查報告》（*Myanmar Facts and Figures 2002*），封面是曼德勒皇宮華麗的柚木宮門。在宮門照片下方，一個碟形衛星天線翱翔於雲端，而在雲的下方，學生們坐在電腦前專注學習。這個封面與事實有些不符，因為在城市以外地區，幾乎沒有人負擔得起衛星天線，就算負擔得起，沒有登記也會受到懲罰，重者會被送進監獄。雖然許多學校都配備了電腦，但幾乎找不到老師教授，此外，沒有電，電腦根本沒有用處。許多緬甸學童仍使用寫字板與粉筆做家庭作業。這本國情報告還記錄了其他同樣充滿想像的統計數據，例如大學（為了防止政治騷動，許多大學早已關閉）與醫院（病人能得到的醫療少之又少，受過適當訓練的醫師更是屈指可數）的數量。我把這本調查報告拿給一位作家朋友看，她先前曾在資訊部工作。「這些都是謊話！」她說：「這些數字都是我們自己編的。」

這位朋友又說了一個在緬甸常聽到的笑話：「當我拿起報紙，第一件事是翻到背面，只有這裡才能讀到整份報紙最可靠的新聞——訃聞。」事實上，如果你真的翻閱一份緬甸報紙，你會發現它報導的只有好消息。未開發地區鋪設了新道路；痲瘋病完全絕跡；就學率達到百分之九十三點零七——創下新高。

政府發布的好消息也充斥在《一九八四》的字裡行間：「跟去年相比，糧食、衣物、住房、家具、烹調器具、燃料、船舶、直升機、書籍、新生兒全增加了——除了疾病、犯罪與瘋癲外，所有的事物都增加了。」在歐威爾的小說中，溫斯頓把枯燥的一天全用來改寫過去與現在的片段知識，好讓這些紀錄與當局（也就是黨）任何時候宣布的數字吻合。他必須改寫的資料全經由氣送管送到他位於真理部紀錄司的辦公桌上。溫斯頓可能收到幾個月前的《泰晤士報》，上面報導豐裕部曾經承諾一九八四年絕不會減少巧克力的配給量。然而，巧克力的配給量才剛從三十公克減為二十公克。溫斯頓的工作就是改寫這篇報導，顯示黨早已針對可能出現的巧克力短缺現象提出警告。至於原來的報導則扔進一個長方形的投入孔中，這個洞的渾名叫「記憶孔」。過去被丟進這個孔中，就會順著通道掉進位於紀錄司大樓深處的火爐中燒成灰燼。過去與現在快速地消失在溫斯頓的記憶孔內，他改寫其他文章，刪除掉發生過的戰爭，創造從未存在的黨內英雄，並且竄改統計數據。

「在緬甸，我們不能說出也不能寫下真實發生的事，」茶會的一名作家說。作家與記者呈現的觀點或資訊如果被政府認定帶有反動性，就會被列入黑名單。一旦被列為黑名單，輕者作品不能出版，重者必須坐上幾年牢。

這名作家告訴我關於緬甸一名德高望重著作等身的歷史學家的故事，這位史家曾在一次國際廣播節目中公開評論。結果，「我們從此不能在雜誌或報紙上寫出他的姓名，而且也不能提起他，」作家說道。這位史家的文章被禁，作品從書店消失。在《一九八四》中，有些人也是這樣消失無蹤：「你的姓名從登記簿中削除，你曾經做過的每一件事的紀錄全被刪去，你的存在遭到否認，最終則被遺忘。你遭到廢止與消滅：常用的說法是『蒸發』。」

在紀錄司，溫斯頓隔壁的小房間有一名女性專門負責追蹤那些已蒸發之人的姓名，並且將他們一一從書面資料中刪除。「無論如何，你都會消失，不管是你還是你的行為都將無人聞問。你將被抽離歷史之流。」

這名作家笑著說，緬甸被列為黑名單的作家實在太多，以致於寫不出一部緬甸現代文學運動史。

現在有不少著名的詩人、作家、記者與編輯被捕入獄。作家覺山（Kyaw San）因為撰寫詩文支持反政府示威而被判處七年徒刑。他在一九九七年接受訊問時遭到毒打，損失了一半聽力。翁屯（Aung Tun）是一名年輕大學生，他編纂緬甸的學生運動史，結果與協助他的歷史學家一起入獄。另一名記者當屯（Thaung Tun）在蒐集軍政府違反人權的資料時被捕，他在訊問中心被拷問了三個星期，然後被判處八年徒刑。

心理學家深深嘆了一口氣。「我認為亞瑟．柯斯勒（Arthur Koestler）走在歐威爾前面，他以俄羅斯這個極權主義國家為場景，寫了《正午的黑暗》（*Darkness at Noon*）這本書，」他說：「在緬甸，我們的早晨是黑暗的，中午是黑暗的，整天都是黑暗的。」他稍微停頓了一下，然後又說：「現在是我們最黑暗的時候。」他會這麼說，背後的理由不難理解。緬甸軍政府已經掌權超過四十年，它因此成為世界上最頑強的獨裁政權。好幾代的緬甸人在成長的過程中只知道極權統治，民眾因此不再奢望未來有更好的可能。

我看大家都用文學的手法來諷喻時政，於是我也跟著這麼做。「你們知道有句話是這麼說的，」我鼓起勇氣但又有點遲疑地說：「這是『黎明前的黑暗』。」

大家都笑了，有人拍著大腿叫絕，有人鼓掌叫好。當吵雜聲漸息，心理學家低聲地說：「謝謝妳。」「是啊，」另一個人也說：「謝謝妳。」所有的人都沉默地點頭，包括我在內。

五美元可以讓遊客買到一張曼德勒皇宮的門票與一本華而不實的導覽手冊。宮牆內占地一千英畝的廣大區域，遊客只能參觀位於中央的宮殿建物。其他地區已被闢為軍事用地，閒雜人等不得擅入。遊客必須寫下自己的姓名與護照號碼才能進入皇宮，想攜帶照相機與錄影機入內需要登記與支付額外費用。而他們付費觀看的宮殿也不是原來那座建於一八五七年的宮殿，而是最近才落成的依原物復原的建築。整體來說，這座宮殿予人過度雕琢之感：牆壁與柱子塗成檳榔汁一樣的紅色，如結婚蛋糕般層層相疊的屋頂，外面包裹了一層厚重的金漆。在巨大空曠的房間裡，可以看見緬甸末代國王錫袍與末代王后蘇帕雅拉（Supayalat）的塑像，他們坐在玻璃後方的雙人王座複製品上，眼神空洞地望著前方。

當英國於一八八五年併吞上緬甸時，他們將國王與王后流放到印度，並且控制了這座宮殿與皇室土地。印度總督將此地改名為杜佛林堡（Fort Dufferin）。英國人把皇宮土地改建為軍事基地，在此建築鐵路、軍營與軍中食堂、馬球場、九洞高爾夫球場、網球場與小禮拜堂。英國早年在曼德勒的統治，殖民生活的社交中心——俱樂部——位於被流放的王后遺留下來的宮殿裡。百合王座室原是宮女朝拜王后的地方，英國人在此擺放撞球桌，原本的鐃鈸聲與後宮嬪妃的低語聲已不復聞，一名英國官員充滿感情地寫道：取而代之的是「蘇打水的開瓶聲，冰塊融化裂解的聲音與撞球的撞擊聲」。二次大戰期間，日軍入侵緬甸，他們也在宮城內駐軍。而在日本與英國交戰期間，皇宮也在大火中被摧毀。

政府出版的導覽手冊有一段話說，政府重建皇宮，目的在於「提升民族自尊心與促進全國團結」，同時也為了「恢復與維持民眾的愛國情操」。皇宮經過無數次改建，歷史的氣味已失，我們置身於美輪美奐的宮牆內，已無法感受過去的氣氛。今日的皇宮只是曼德勒用來賺取外匯的景點。

緬甸政府推廣觀光以獲取亟需的收入，但當局希望外國觀光客能依照它的安排來體驗緬甸——如遊客導覽手冊說的佛塔林立的「黃金國度」與笑容可掬的緬甸人民。一九九六年，政府決心發展緬甸成為觀光大國，於是開始進行全國性的清掃整頓，重新粉刷建築物，把貧民窟搬到市中心以外。政府嚴格控制觀光業的從業人員。一名國營飯店經理向我解釋，如果她對外國人太友善，她會遭到警告。她每兩年調職一次，以防她與舊地重遊的觀光客建立關係。緬甸政府訓練導遊時要求他們不許與觀光客談論政治。一名已經離職的導遊解釋說：「不管觀光客問什麼問題或我們身旁發生了什麼事，這些都不打緊：我們只需要往好的方面講。即使遊行示威在我們眼前發生，這也沒關係：我們只需要繼續向他們介紹他們正在觀賞的佛塔的歷史。」緬甸有一本書叫《討論緬甸文化》（*Discussing Myanmar Culture*），書中提供英文字彙與句子來解釋緬甸文化中所有「可以介紹」的部分，例如曼德勒閃耀的馬哈木尼佛塔（Mahamuni Pagoda），以及緬甸人早餐吃的著名的魚湯粉。政府警告導遊，它的耳目無孔不入。這名導遊告訴我：「政府提醒我們，我們只要一談政治，他們馬上就會知道——他們可以查得出來。政府說，他們一直監視著我們。」

我的確看過避口不談政治的導遊。我已經認識他好幾年，然而每當我問到與政治稍微相關的問題——例如，聽說他住處附近發生遊行示威，或者他和飯店與觀光部的人見面——他的回應總是千篇一律：他只是哈哈大笑，什麼話也不說，彷彿我從未問過這個問題。不過其他的導遊或多或少會透露一點。曼德勒一名年輕導遊告訴我，他把告訴外國人緬甸發生什麼事當成自己的使命：「我們盡可能告訴他們所有的事。我們試著成為連絡外在世界的信差。我們告訴他們一九八八年學生的示威遊行，我們有許多朋友在這場事件中喪生。我們告訴他們，我們真正的領袖是翁山蘇姬。」只要不讓人偷聽到他的談話，那麼他就能成功完成他的使命。他的導遊執照使他有充分的理由與外國人說話，而且正如緬甸人喜歡說的一個笑話，他與絕大多數緬甸人不同，因為他「有講話的特權」。

大多數來緬甸觀光的遊客都是依照既定路線旅行，因此他們看到的是緬甸的核心地區。他們參觀古都蒲甘（Pagan），這是一座位於緬甸中央平原地帶暑氣蒸騰的城市，擁有數百處佛塔遺跡。他們也到離連結仰光與曼德勒的道路不遠的山區，從那裡划著小木船橫越霧氣瀰漫的因勒湖（Inle Lake）。儘管如此，緬甸絕大部分地區都禁止觀光。飯店與觀光部出版了禁止觀光的「褐色區域」清單，包括呈馬蹄形的緬甸山區地帶，以及與泰國接壤形狀看似尾巴的地區。這些都是緬甸少數民族居住的地帶。（緬族人占總人口三分之二，其他則分成七大族群，底下又可細分成數十個少數民族。）二十世紀下半葉，少數民族為了爭取自治或獨立而與緬甸中央政府發生衝突，這些地區因此成為戰場。緬甸政府雖然已經弭平這些叛亂，但還是不准外國人進入。在這些地區可以感受到濃厚的軍事統治氣氛。在南方的孟邦

（Mon），約有十五萬村民被迫修築一條與安達曼海（Andaman Sea）平行的鐵路。稍微往北，在緬泰邊境的克倫邦山區，克倫族的軍隊仍與緬甸政權相持不下。緬甸士兵於是燒毀村落，強迫當地五十萬村民遠離故鄉。

由於旅行上的限制，觀光客就算在緬甸待上幾個星期，也無法發現軍政府種種殘酷的行徑。我曾和一些觀光客聊過，他們覺得國外的人權團體是小題大作。（「每個人都對你微笑，這裡應該沒有外面說的那麼糟，」一名觀光客對我聳聳肩說道。）的確，在緬甸，一切看來都很正常：民眾在街上從事商業活動，他們聊天、談笑、嚼檳榔、閱讀與看電影。一個緬甸朋友曾經責備我：「妳期待什麼呢？難道要所有緬甸人全坐在人行道上哭嗎？」他為我做了一個比喻來說明看不見的壓迫所造成的不安。他解釋，緬甸就像一個得了癌症的女人。她知道自己病了，但她還是照常過她的生活，彷彿一切沒事一樣。她拒絕看病。相反的，她把樹粉（thanaka，緬甸一種用樹皮製成的化妝品或防曬乳）塗在臉上，把鮮花別在頭上，然後裝做沒事地到市場閒逛。她與人交談，人們也跟她說話。他們知道她得了癌症，她也知道自己得了癌症，但沒有人說破。

曼德勒宮牆外圍有一道護城河，寬七十五碼，深十英尺以上。在軍政府向國際大力宣傳緬甸觀光之前，當局就已經在這個地區展開美化建設。政府動員數千名當地居民無償地以自己的勞力疏濬與刷洗壕溝。民眾必須自備工具，如果沒有工具，他們就必須用自己的雙手完成工作。十年後，這道護城河成為曼德勒市民逃避乾燥沙塵的好去處。這裡風景如畫。宮牆以燒製的磚頭砌成，呈現出玫瑰押花的顏色。宮門上方層層疊起了柚木屋頂。護城河寧靜無波的水面映照著粉紅九重葛與棕櫚搖曳的倒影。傍晚時分，年輕情侶漫步水邊，觀看落日將護城河水攪拌成眩目的血橙雞尾酒。

離曼德勒不遠，沿著蜿蜒陡峭的山路行駛約一小時，我們來到眉苗。這是英國人為了躲避曼德勒的炎熱與沙土而開闢的山間避暑勝地。歐威爾派駐曼德勒的時候至少來過此地兩回。對於思鄉的殖民地官員來說，眉苗是你在炎熱的緬甸所能找到最接近英國的城鎮。許多英國人的緬甸回憶錄因為眉苗的緣故而省卻了幾段思鄉文字，他們描述這裡有著天堂般的花園，可供散步的林地與野餐的草坪。歐威爾並未在《緬甸歲月》提起眉苗，但這座城鎮倒是意外地在他另一本談西班牙內戰的作品《向加泰羅尼亞致敬》（*Homage to Catalonia*）中客串一角，他回憶自己搭火車抵達眉苗：

那是一趟相當古怪的經驗。你從一座東方城市的熱帶氣息中出發——灼熱的陽光，蒙塵的棕櫚樹，魚、香料、大蒜、熟透的水果氣味，以及四處可見臉孔黝黑的人群——而且因為你對這些現象已習以為常，於是你便原封不動地帶著這些氣息進了火車車廂。當火車抵達眉苗，離海平面四千英尺高的地方，在心理上你還處於曼德勒。但一步出車廂，你有如走進另一個半球。突然間你呼吸到大概只有英格蘭才有的涼爽香甜的空氣，在你四周全是綠草、歐洲蕨與樅樹，還有山區婦女頂著粉紅臉頰向你叫賣一籃籃的草莓。

我僱了一輛計程車到眉苗，抵達之後，我馬上預訂了坎達克雷格飯店（Candacraig Hotel）。這家飯店過去是「chummery」，也就是只供單身漢住的房子，這是英國人建來供殖民地的孟買伯馬貿易公司（Bombay Burmah Trading Company）職員居住的地方。坎達克雷格位於一條漫長車道的頂端，可以俯視整片修剪得十分整齊的草坪與花圃。它是一棟仿都鐸（Tudor）風格的宅邸，二樓有凸出的小塔室，前面外牆爬滿了深綠的藤蔓。這家擁有六間客房的飯店是由政府的飯店與觀光部負責經營，可想而知它的工作人員一定是嚴格挑選出來的。這裡給人一種英國寄宿學校的淨化感受，連端上來的茶也是以不鏽鋼茶壺裝盛，而裡頭的茶味道似乎也被洗滌得淡而無味。在挑高的客房裡，廢棄不用的壁爐裡沾了鴿子糞。在先前幾次造訪時，我曾在這家飯店住過數回，我記得第一次來的時候，櫃臺經理問我希望什麼時候用晚餐。

「七點半可以嗎？」我說。

「謹遵吩咐，夫人。」

當我準備轉身走開時，經理又問：「夫人晚餐想吃什麼？」

「嗯……魚可以嗎？」

「夫人，關於這點恐有不便，我們有雞肉或牛肉。」

這次我決定再試試它的晚餐。菜單完全一樣。我選了雞肉，端上來的同樣還是看起來相當乾澀的雞胸肉，旁邊擺著一堆青豆與馬鈴薯泥。餐廳裡三張桌子全坐滿了，古怪的是，整個用餐的過程只聽見刀叉碰撞餐盤的聲音，完全聽不見談話的聲音。在餐廳後頭有一張長桌，坐著來自英國的七口之家。一對來自威爾特郡（Wiltshire）的英國夫妻坐在角落的落地窗旁，丈夫手中緊握喝了一半的啤酒。他歪著身子越過我們椅子之間的巨大縫隙。

「妳的湯怎麼樣？」他問我。在一陣戲劇性的、鬼鬼祟祟的停頓之後，他低聲地說：「是大蒜的味道嗎？」

當一臉倦容、領結鬆垮垮的緬甸侍者步履艱難地走過餐桌之間，地板也跟著發出咯吱咯吱的聲響。侍者收走沒吃完的雞肉，換上一碟少得可憐的草莓。這樣的場景一方面讓人詭異地想起英國，也古怪地令人不舒服。

歐威爾提過，眉苗一點也不像緬甸。一名一九二〇年代的旅人形容眉苗「看起來完全不像東方，與其說它是緬甸，不如說它更像是英國的薩里郡（Surrey）」。即使到了今日，英式山區避暑勝地的遺跡仍俯拾皆是。這座城鎮完全是英國的創造物，一八八七年由英國第五孟加拉步兵團梅伊（May）上校建立，並且依他的名字命名（Maymyo意思就是「梅伊的城鎮」）。老舊的殖民時代住房與長年日曬下顏色褪盡的磚石，沉靜地座落在無人修剪的籬笆與樹叢之後，有些早已為人遺忘。英國陸軍從尼泊爾引進廓爾喀（Gurkha）士兵，現在你仍然可以看到尼泊爾的毛衣編織工與從事酪農業的廓爾喀後裔，後者把裝牛奶的錫桶掛在腳踏車兩邊，平衡感極佳地到處送貨。巷弄間迴盪著達達的馬蹄聲，色彩柔和的出租馬車，上面畫著花圈，黝黑的印度人頭上戴著維多利亞式低頂圓帽，駕車行駛在蜿蜒的小巷裡。在大街老鐘樓附近有一家修錶行，最早開設這家店的是一名來自馬達加斯加的錶匠，他在二十世紀初來到此地，以滿足急速增加的英國人口的需求。這家店目前是由他的曾孫接手經營。

最能讓人回想起昔日英國殖民時代的事物，或許就是這裡的老墓園。緬甸剩下為數不多的英國墓園，其中一處就位於眉苗。大約從一九九〇年開始，軍政府為了開發市中心，著手清空緬甸各地的墓園。一名緬甸朋友告訴我，許多古老的英國墓石被仰光的緬甸商人拿來當成時髦的花園飾品。眉苗的墓地仍原封不動，但僅此而已。這座墓園無人聞問，四周圍起了低矮的磚牆。許多墓碑已傾頹損壞，碎裂的石塊散落在枯槁的灌木叢中。已經粉碎的白色大理石十字架上，只剩下「懷念」二字。在另一塊大理石上只剩下「汝已」。在一塊墓碑上，有個天使的臉龐遭到削除，許多墓石已完全消失，只留下一塊如火柴盒般的石頭上刻著小小的數字，標示著這塊墳地。一名女性的墓地吸引了我的目光：她是朵洛希雅・霍普金斯・安德魯斯（Dorothea Hopkins Andrews），於一九一二年在此去世。她的墓地長滿刺藤，周圍散布著大理石碎片。墓石上寫著：「懷念之情長伴汝側。」

有些墓穴顯然遭到任意破壞。一名幼童——詹姆斯・伯特蘭・佩特利（James Bertrand Petley），於一九〇一年生於曼德勒，一九〇三年埋葬於此——的墓穴墓石被惡劣地淋上白漆，彷彿有人將一整桶顏料潑在上面。一根不知從何而來燒了只剩一半的蠟燭立在愛蒂斯・亨利埃塔・荷馬（Edith Henrietta Homer）孤伶伶的墓石上，她於一九二一年死於此地，享年四十五歲。旁邊，一座墳墓被掘了開來。當我仔細盯著這可怕的洞穴時，一名緬甸年輕人穿過空無一人的墓園朝我走來，嚇了我一跳。他的頭髮分得很整齊，他一隻手拿著捲起來的地理課本，像棍子一樣敲著另一隻手。「黑巫術，」我問他為什麼這個墳墓被挖開來，他這麼回答我。他帶我看了其他墳墓，有的上面畫滿淫穢的圖案，有的則不知是誰試圖把破碎的石塊重組起來，就像拼圖一樣。他說，如果我想知道詳情，可以去教堂問，說著一邊指著附近的鐘樓。

眉苗有許多教堂，我後來認識了一名緬甸牧師，他告訴我，過去十年來地方政府禁止墓園舉行基督教儀式的葬禮。現在，基督徒在鎮外分得一塊土地。牧師說，這塊墓地能夠存在的唯一理由，是英國的土地租約尚未到期。他猜測應該就是最近這幾年會到期。「他們正等著收回這塊土地，」牧師這麼描述地方政府。「他們會挖開墳墓，把骨頭拿去餵狗。他們才不管這麼多。」他責怪有人基於佛教的輪迴信仰而破壞墓園。「佛教徒不尊重我們基督徒的墓園。我們基督徒相信當基督來臨時，死者將會復活；他們的遺體只是在休息。如果你是佛教徒，你會相信人死之後會變成大象，或狗。」

當我離開墓園時，我發現有個人影縮成一團坐在入口處：一名士兵穿著皺巴巴的橄欖綠軍服，他的步槍槍托放在兩膝之間。我進來的時候他還不在那裡，當我從道路頂端再次回頭看他時，發現他正要離開。

眉苗曾經有過派對之城的美譽。駐紮在曼德勒的英國警官騎著摩托車來此地打一場高爾夫球或享用一頓遲來的晚餐，然後在天亮前返回曼德勒，當他們疾馳下山時，野生動物的眼睛在他們的車燈照射下閃爍著光芒。每到熱季，英國政府單位就會從仰光搬來此地以逃避暑熱，尾隨而來則是一整個殖民地社交圈，眉苗因此成為一連串社交宴會與舞會舉辦的地方。

一九二三年的熱季，歐威爾與羅傑・畢登（Roger Beadon）來此度過一個星期的假期。畢登是實習的助理區警司，正在曼德勒接受警察訓練。畢登是少數幾個記得歐威爾在緬甸的生活的人。在眉苗，畢登發現歐威爾並非典型的帝國建設者。他回憶，雖然他們這段旅程玩得很開心，但歐威爾總是有點冷漠，兩人之間的交談總是膚淺的日常對話。「我發現自己跟歐威爾沒什麼共通點，我的個性外向，他的個性內向。他總是活在自己的世界裡：一個怕生、靦腆的知識分子。」

然而，從歐威爾的背景來看，他應該是為了帝國而培養出來的人才。他來自兩個歷史悠久的殖民地家庭。他的祖父被任命為加爾各答（Calcutta）的教會執事，而後在塔斯馬尼亞（Tasmania）擔任牧師。他的父親一直在印度擔任殖民官員，監督政府的鴉片生產。

母親那一邊則長達三代的時間在下緬甸擔任造船商與柚木交易商。歐威爾生於摩提哈里（Motihari），這是位於印度北部的一座小鎮。快兩歲時他與母親返回英國。然而在曼德勒，歐威爾卻被認為是與此地格格不入的人。根據畢登的描述，歐威爾「不善交際」。他的「臉色蠟黃、身材高瘦，無論衣服剪裁有多麼合身，穿在他身上總像是掛在上面」。畢登經常到上緬甸俱樂部（Upper Burma Club）打撞球與跳舞，但歐威爾「很少參與這些休閒娛樂，他似乎覺得社交與俱樂部的生活很無聊」。他寧可待在食堂自己的房間裡，閱讀與獨自一人——就像《緬甸歲月》的弗洛里一樣，「總是狼吞虎嚥似地讀書，而且總是以書本來排遣無聊的生活。」

對年輕的歐威爾來說，曼德勒與眉苗的社交生活過於耽溺享樂。一名英國文官在回憶錄中提到他曾經從曼德勒開車到眉苗找一名朋友到坎達克雷格喝酒。但他的朋友並未現身，於是他只好上床睡覺。凌晨兩點，他被外頭的喧鬧聲吵醒。站在車道正中央的人正是他的朋友，他身上的亞麻衣物皺巴巴的，襯衫第一個鈕釦孔插著一朵開始凋謝的鮮花。「你跑去哪兒？」他從陽臺對著朋友大叫。「出去吃午餐，老兄，」朋友咬字不清地回答。

但是，曾經存在於眉苗的歡樂雀躍早成為過去。坎達克雷格的客人到了九點就會上床睡覺，酒吧總是空無一人。然而，吧臺後方有些東西顯示殖民地的飲酒習慣並未完全忘卻。存放在塵封的玻璃櫥櫃裡面的是五瓶半瓶裝的阿斯特草莓酒（Aster's Strawberry Wine）、九瓶迷你瓶裝的康帕利（Campari）、兩瓶緬甸威士忌、一瓶高登辛辣琴酒（Gordon's Dry Gin）、一瓶薄荷酒（只剩一半）、兩瓶曼德勒啤酒與一隻巨大的蜘蛛（已經死了）。

雖然過去一些曾用來舉辦舞會與晚宴的老房子已經翻新以吸引遊客，但許多房子仍無人居住。某天下午，我騎腳踏車經過一個已經損壞的木製大門。往裡面望去，可以看見糾結繁密的樹叢，這裡過去一定是一片廣大的屋前草坪。八角形的塔樓，上面的窗戶已經碎裂，從上方可以俯視整個庭園。我沿著碎石子車道走到一棟紅磚大房子。屋內闃無人聲。阿勃勒柑橘色的花朵狂野綻放著，滿溢覆蓋了整個車道。屋頂的木片如海灘木板似地因日曬而褪色，前門的粉藍色油漆也成片剝落下來。繞到屋子後面，有扇門是開著的，我推開門，躡手躡腳地進去。房間都是空的。木板磨損得很嚴重而且被白蟻蛀蝕一空，壁爐則積滿灰塵與蜘蛛網。但顯然我不是最近唯一進到屋內的人：在某個角落，我看到幾瓶蘭姆酒的空瓶，以及牆上潦草地用木炭畫上鐵十字符號——緬甸一個搖滾樂團。我沿著嘎吱作響的樓梯走上去，在二樓，一連串厚實的柚木門都是打開的，各自通往不同的臥室。這棟房子住的一定是一個英國大家庭。傍晚時分，破掉的窗戶拉出長長的影子。房間裡一片死寂。

回到屋外，我坐在屋前的門廊觀看日落。我已經預先為這個場景準備了一袋爆米花（緬甸語稱為pauk-pauk，相當討人喜歡）與一瓶眉苗出產的李子酒，它就像咳嗽糖漿一樣甜。當我凝視著這夢幻般的田園景致時，一個穿著籠基的身影從車道尾端的朦朧處與野玫瑰樹叢裡出現。這名男子表示，他是負責看管這棟房子的保全人員，他建議我可以到屋內看看。我婉拒他的好意。他指著塔室，告訴我他曾在那裡看到鬼，那是一名年輕的金髮女子，無聲地在窗前來回踱步。我有一個在眉苗長大的緬甸朋友，她告訴我這個鎮到處都是鬼。她記得每天晚上九點鐘，當她坐在床上讀書時，總會聽到屋外的井裡傳來沉重的落水聲。她媽媽要她不用擔心：那只是過去住在這裡的英國女子的遊魂，她在這裡跳井自殺。

可憐的英國女子受到業力與想像的責難，每天夜裡都要重演一次自殺的慘劇，反觀樓上窗邊的鬼魂卻得以脫離夜晚踱步的詛咒。與我談話的保全人員到佛塔為女鬼供奉了燭火與經文。從此她再也沒出現過。

日落後，我返回飯店。在銀色月光下，我被小巷中竄出的自己的影子嚇得驚惶失措。

幾天後，我看見一個具有形體的英國女鬼，她叫做桃樂絲（Dorothy）。她是一名八十一歲的英印混血兒，身形與孩子一般大小。她說，她的母親是英國人，父親是印度人，他們來眉苗為英國人工作。桃樂絲有著被陽光烤炙滿是皺紋的皮膚與深黃色的眼睛，並且為自己的波浪狀白髮綁了一個鬆散的髮髻。她穿著破舊的運動上衣，手肘部位還有皮革補丁，下半身穿著塔曼（tamein）或紗籠。我遇見她的時候，正好跟一名來緬甸觀光的西方朋友走在眉苗的大街上。桃樂斯抓住我朋友的手臂，以完美的英語口音問道：「妳是康妮（Connie）嗎？妳長得跟我堂妹一模一樣。妳是她嗎？」我的朋友凱薩琳（Katherine）顯然不是康妮，而且也跟她說不是。桃樂絲還不死心，她說：「我還以為妳是康妮。康妮跟雙胞胎一起回英國去了。如果妳偶然遇見她們，請跟她們說妳在這裡遇見我。」

最後我們三人進了茶館，桃樂絲回想起過去的時光。「現在跟過去完全不一樣，」她若有所思地說：「當然啦，每個人都離開了。以前蜜妮·羅德里克斯（Minnie Rodricks）、芭芭拉·杜瓦爾（Barbara Duvall）、克里斯汀·霍林赫斯特（Christine Hollinghurst）……所有來自修道院的女孩都在這兒。她們全回英國去了。」過去，東西便宜而且生活好過，桃樂絲說。「現在什麼東西都貴，」她一邊沒好氣地說，一邊夾起桌子中間油膩的咖哩角，然後憤怒地敲敲自己的杯子，茶水潑濺到茶托上。「現在什麼都很糟，跟以前完全不能比。糟透了！」

桃樂絲看看左邊又看看右邊，眼珠子像卡通人物一樣滴溜亂轉。「但是批評不是件好事，」她說：「我們不能批評，一批評就會被抓走。」她在嘴邊做了一個拉拉鍊的動作，然後高聲唱了一首小調：「哦，我希望自己是個單身漢，我的錢又能叮噹響。」

當我們道別時，桃樂絲問我們是否有多餘的零錢或筆可以給她。然後她看了凱薩琳最後一眼，問道：「妳確定妳不是康妮嗎？」

慶薇（Khin Nwe）是一名六十出頭、外表十分嚴肅的女性，她有著會說話的眼神，感覺就像默片時代的女演員。她任職於眉苗的政府單位，一名導遊朋友告訴我，如果我對眉苗的歷史有興趣，可以和她接觸，因為她一輩子都住在眉苗。當我們約在一個遍地樹蔭的公園見面時，她似乎對我有點戒心——甚至帶有敵意。我請教慶薇幾個關於眉苗老房子的問題。例如，英國官員聚會的俱樂部在哪裡？（在第二次世界大戰時燒毀。）現在誰是這些英國房舍的所有人？（政府。）以及墓園：她知不知道墓園發生了什麼事？一開始她冷淡地回答我的問題，但等到我提到墓園時她突然眼睛一亮。「有個軍官在那裡被殺，」慶薇好不容易才回答。她指的是我抵達前幾天發生的事。我對此事一無所知，其實我問的是那些被破壞的墓石，但當我提到墓園時，她或許以為我是一名想蒐集資訊的外國記者。「當然這件事不會登在報紙上，」她解釋整件事是起因於賭博糾紛：士兵還不起錢，所以跟他賭博的那幾個人就殺了他。不知情地提到墓園，反而讓我發現現實的漏洞，直覺告訴我，慶薇應該會給我一幅全新的眉苗生活景像。

「我對未來毫無希望，」慶薇茫然地說。「怎麼可能有希望呢？日子明明愈來愈難過。」在經濟上，儘管她在政府部門裡的職位相當資深，卻仍然入不敷出。她一個月的薪水是一萬八千緬元（不到二十美元），這已經是相對慷慨的數字，但仍不夠讓她繳付房租與日常生活費用。她的債臺高築。她想明白向主管表明她的問題，但卻怕得無法啟齒。她的弟弟在鎮上公開評論時政，於是被下獄六年。士兵到他的屋子，把一包海洛英偷偷塞進他床邊的抽屜裡。他出獄之後，完全變成另外一個人。「他不再公開發言，」慶薇一邊說一邊拭淚。「他抑鬱寡歡，最後年紀輕輕就死了。」她感到有點難受，但還是繼續說：「我們沒有聲音，沒有抱怨的管道，沒有改變現狀的可能。如果我們把內心的想法表現出來……」她用手緩緩做出割喉的手勢。

慶薇告訴我，軍政府的高階將領與緬甸佤邦（Wa State）的毒梟受到眉苗涼爽的氣候與怡人的生活吸引，因而在此地收購土地與房子。她表示，「這些街道是用白粉鋪設的，」意謂著這些人奢華的退休生活是用海洛英支付的。僅次於阿富汗，緬甸是世界最大的海洛英生產國。用於生產海洛英的鴉片，絕大多數種植於佤邦，也就是眉苗以外的東北部崎嶇山區。這類毒品交易是由佤聯軍主導，美國國務院形容這批人是「世上武力最強大的販毒集團」。

一般相信，自從一九八九年緬甸軍政府與佤聯軍簽訂停火協議之後，軍政府就從這類非法毒品交易中獲利。但軍政府將領堅稱他們致力於根除毒品產業，而且他們有時候會邀請外國記者參加特別安排的儀式，在國際媒體面前將大量的海洛英、鴉片與甲基安非他命藥丸燒成灰燼。

一個小時之後，慶薇看了看錶，告訴我她必須回辦公室。「跟妳聊天很好。通常我必須將所有的事藏在心裡。把話說出來心裡舒坦多了，」她說。她要我記住她的名字。「妳一定要牢記在心，不要在任何書本上寫下我的名字。」

我短暫地窺見一個非常不同的世界正要開啟，但不久這個世界又再度關閉。在眉苗充滿夢幻的灌木樹籬後面，隱藏著謀殺的耳語與毒梟的傳言。我們必須看穿眉苗居民微笑臉龐下苦澀的眼淚。

軍政府用來訓練軍官的中央軍事學院就位在眉苗，因此在眉苗遠比緬甸其他地區更容易看到軍人。軍校學生沿著街道行進，頭戴簡單俐落的貝雷帽，擺動著雙臂，穿著摺痕平整的褲子，腳步整齊劃一。英軍也曾將軍事基地設於此處，歐威爾曾在此接受一個月的軍事訓練，做為警察訓練的一部分。我遇見一名八十幾歲的緬甸老人，他還能列出駐紮在眉苗的英國兵團名稱——「喀麥隆高地人、國王麾下約克郡輕步兵與國王皇家步槍隊，」他自豪地吟誦著。他也誇耀自己模仿英國軍官而留的如鉛筆一樣細的髭鬚，這群英國軍官最後一次在街上邁步行進已是五十年前的事。歐威爾也留了一模一樣的髫子——這是他在緬甸養成的習慣，而後終其一生從未改變。

我決定騎腳踏車到歐威爾曾經待過的英國軍營瞧瞧。我查看地圖，發現有一條環狀道路經過小火車站，穿過舊軍營，然後又回到鎮上。我一經過車站，景物就起了變化。英國的房舍仍在——只是修繕與遭到忽視的程度不一：有些翻修得美輪美奐；有些則呈現半荒廢狀態，連煙囪都被雜草塞住了——但明顯看得出來屬於軍事區域。曬衣繩掛的衣服不是綠色就是卡其色。軍官穿著飛行夾克，腳踩閃亮的黑皮靴，騎著摩托車疾馳而過。一名光腳的士兵揹著一只鐵箱在路上艱難地走著。我可以聽見附近響起令人不安的轟隆炮聲，於是我覺得自己可能來到不該來的地方。道路的兩旁是灰色的軍營，絕大多數是新近完成的，房屋周圍還都是剛翻起來的泥土。我經過全新的巨大會議廳，這些建築物都位於人工造景的庭園中，可以看到一圈圈整齊的雛菊與梔子花。所有的開發——嶄新的軍營與禮堂——散發出準備措施與權力的不祥氣氛。我幾乎看不到什麼行人，而且也沒人對我微笑。

一名士兵站在路中間擋住我的去路。「不行！」他叫道：「不行！」

「我不能走這條路嗎？」我用最恭敬的緬甸語問他。

「不行！妳必須馬上離開，」他說，並且用手指著相反的方向。我依照他指示的方向離開。這條路看起來漫長而空虛。人行道漆成紅白相間的條紋，道路兩旁是一排排看似沒有盡頭的筆直松樹。我朝著一道鐵柵門騎去，這才發現我誤闖了緬甸的國防綜合大學（Defense Services Academy）。兩名困惑的士兵開了一道縫讓我出去，然後再度把門牢牢關上。

當我騎車離去時，太陽已開始西沉。我順著下坡路滑行到坎達克雷格飯店，然後收拾行李返回曼德勒。那是個美好的午後。樹籬上的牽牛花綻放著紫色的花朵，空氣中瀰漫著一股燒柴火的味道。

當歐威爾在曼德勒的歲月告終時，他被派往下緬甸三角洲沼澤地一處叫謬米亞（Myaungmya）的小鎮，擔任英國警司的副手。雖然歐威爾日後說他在緬甸虛度了「無聊的五年，每天只是聽著千篇一律的軍號聲」，但他在三角洲的工作卻讓他深入到充滿麻煩的緬甸鄉野核心，遠離曼德勒與眉苗粉飾的都市繁華外觀，直接面對英國統治的黑暗面。

我離開曼德勒前往三角洲之前，必須先把書還給我那位手不釋卷的朋友埃敏。這本書是翁山蘇姬的文集，在國外出版的書名是《免於恐懼》（*Freedom from Fear*）。這本書肯定不是軍政府眼中「黃金國度」這個偉大願景的一部分，而在緬甸閱讀這本書感覺像是從事非法活動。即使埃敏用褐色紙把這本談論真理的違禁品包裹起來，並且在書脊上用巴利文另外取了「生命的循環」這個書名，我用袋子帶著它的時候還是緊張兮兮，而且我只在飯店房間裡閱讀。「別讓任何人看到這本書，也不要放在任何顯眼的地方，」埃敏拿書給我時再三叮嚀。

過去存在於何處？《一九八四》的溫斯頓思忖著。如果過去不能在實際的地點或從官方紀錄裡閱讀，那麼它是否只存在於人們心中？在緬甸，某些敘事遭到禁止，而許多書也遭到查禁，但這不表示它們無法流通。這些敘事與書籍在彼此信任的朋友間傳遞，在偽裝的封面下，從全國各地的祕密藏書室往外流出。它們構成了各種真理與祕密歷史的平行世界。我在曼德勒時曾親眼目睹這些藏書室。我曾拜訪一名醫師的家，從地板到天花板，塞滿了舊報紙與他自己撰寫的研究論著。有些在捆綁之後包到塑膠袋裡；有些則任由曼德勒的灰塵將其掩蓋。我見過一名年輕作家，他的藏書根據主題分類，放在自製的木頭書架上。其中涵蓋的主題包羅萬象，從女性性欲到俄國文學，再到後現代主義。我也看過埃敏的藏書，他把書籍整齊地包裹起來，塞進厚重的皮箱裡。然而，這些人的藏書都有一個共通點：這些書籍正一點一滴地消失。它們的書頁因為潮溼與黴菌而沾黏在一起。在緬甸，從架上抽出任何一本書，這本書就會覆蓋著像粉末一樣的塵土，而白蟻也無情地啃食著全國各地成千上萬的文本。

我撐著洋傘往埃敏的家走去。在某個轉角，一群三輪車夫對我喊著：「客人叫車嗎？」從販售緬甸流行歌曲錄音帶的唱片行傳來震耳欲聾的音樂聲。有些店鋪把二手電視堆成搖搖欲墜的高塔，多餘的馬達零件從忙碌的汽車修理廠堆到馬路上。機車與人擠人的公車從我身旁疾駛而過。對街一名矮胖的盲人步履蹣跚地沿著停靠在路邊的車輛徐步前行。他的嘴叼著一根像鉛筆一樣細的竹笛，吹奏著高音的曲調。他的肩膀垂掛著一只塑膠杯，用來收集行人的施捨。我看著他，他輕輕撞上一輛停在路邊的車輛，他調整腳步，繼續往前走。直到遠離我的視線，我仍聽得見竹笛的悲傷旋律，那是曼德勒市中心的吵雜聲掩蓋不了的。

埃敏的房子是那條街唯一的一間木造房，幾乎快淹沒在白色的中國公寓街廓裡。我把書還給他，當他為我沏茶時，我問了他一個問題。緬甸一名英國文學教授告訴我，海明威的《老人與海》是緬甸最受歡迎的一本書。我問埃敏，為什麼這位教授會這麼想。他毫不遲疑地回答：「《老人與海》談的是不屈不撓。人要振作起來堅持下去。」這本書描述人與魚的故事。

老人出海捕到一條巨大的旗魚。這條大魚力氣大到足以將老人的船拖到外海，長達三天的時間，老人與魚深陷在力量與意志力的戰爭中。這條魚終於認輸，而老人也獲得勝利，但他的手臂極為痠痛，睡眠不足也讓他精神錯亂。「等到他返回岸邊，魚已經非他所有，因為鯊魚群已經將魚啃食一空，」埃敏說，「他只剩下魚骨頭來證明他的奮鬥不懈。」

第二章 三角洲

除了你腦殼裡裝的那幾立方公分的東西之外，
你身上的一切並不是你自己的。
《一九八四》

謬米亞是一座小鎮，位於某個偏遠地區的中部。它座落在三角洲的深處，緬甸最大的河流伊洛瓦底江在此溢流成數百條小溪，迂迴流經淤泥與紅樹林，最後注入孟加拉灣（Bay of Bengal）。三角洲是一大片平坦的泥巴與水，擁有豐富、肥沃的泥土與溼黏悶熱的熱帶沼澤。人們在這裡感受不到時間的流逝，彷彿一切均已休眠靜止。蜿蜒的溪流呈奶棕色——就像沖淡的可可——布袋蓮茂密生長著，有時濃密到如同在河面覆蓋了一層波浪起伏的柔軟綠色毯子。河流與運河岸邊長滿了水椰，看起來就像直接從水裡筆直長出的單片棕櫚樹葉子。越過這道水椰籬笆，小小的田畦零亂拼湊成一塊拼布，上面偶爾點綴著水牛或焦褐色的母牛。竹子與茅草搭建的小屋隱身於紅樹林與椰子樹林當中，在這片綠意之上，不時可見遠方佛寺的金色塔尖。

古老的蒸汽渡輪近乎無聲地穿過這片景色。上層甲板擠滿乘客，他們已經在灼熱的金屬地板上用塑膠布標示出自己的位置，並且用裝菜的籃子、桶子與麻布袋搭蓋成一處小小的休息地。我在仰光購買的前往謬米亞的船票可以讓我在五十九號的位子待上一整天。五十九號是甲板上的一小塊空間，面積大約半個旅行箱大小。當我找到這個位子時，我小心翼翼地調整姿勢，好讓我和我的行李能完全塞進已經斑駁的白線內。然而河水的平靜與雨季來臨前的沉默悶熱，很快讓所有的旅客昏昏欲睡，就算想維持端正的姿勢也不可得。進入夢鄉的雙腿掉出塑膠布外，大家橫七豎八地倒臥或斜倚在行李或欄杆上沉沉睡去。

小販的叫賣聲在船上迴盪著。「Sa-ouq-twaaaaaaaay!」男人一邊喊著，一邊迂迴地穿過慵懶無神的旅客與成堆的貨物。「書，書！」男人腋下夾著一疊書與雜誌，利用旅途期間出租給旅客。我附近的一家人從塞得鼓鼓的籃子裡掏出鋁製飯盒，把辛辣刺鼻的咖哩飯倒在撕開的報紙上。我隔壁的女子枕在她丈夫的雙腿上，一邊抽著方頭雪茄菸，一邊讀著剛租來已過期兩個月的雜誌上的占星專欄。鄰近的老婦人頭上別著一朵剛摘的白色茉莉花，她凝視著岸邊綿延不絕的水椰，腦袋靠著已經鏽蝕的鐵欄杆。又一陣叫嚷打破了寧靜：「Mohinghaaa-aaaaa!」一名小販出現在下層甲板，他從陶鍋裡舀出冒著熱氣的麵條，陶鍋外面還蓋了好幾層破布來保溫。一名年輕女孩跟在他後面，她把藤編的托盤端得高高的，上面堆放著厚厚一疊西瓜，每一片紅色三角果肉都招來了嗡嗡作響的蒼蠅。往船外望去，河面上緩慢駛過笨重而陰沉的運米平底船以及載運著沉甸甸還未成熟的香蕉的獨木舟。

一九二四年一月，歐威爾抵達謬米亞，開始了擔任帝國警察的生涯，當時來到這座小鎮的唯一方式就是搭船。對於在緬甸生活工作的英國人來說，當時的三角洲可說是環境最惡劣的地區。莫里斯．柯里斯（Maurice Collis）原是英國駐緬甸的行政長官，後來成為作家，他在一九二〇年代曾短暫居住在三角洲，而且對於緬甸其他地區充滿興趣。柯里斯說，這個溼黏的地方令人厭惡、單調而且讓人心情鬱悶。一名旅行的英國畫家寫道，如果你想描繪三角洲的樣子，你只需要以一抹褐色代表河水，一抹綠色代表稻田，然後剩下的留白代表天空。

然而，三角洲確實有遠近馳名的地方：這裡擁有大英帝國最大最活躍的蚊子。一九二〇年代，一名退休的英國緬甸文官史考特．歐康諾（V. C. Scott O’ Connor）寫了一本名叫《絲綢東方》（*The Silken East*）的旅遊作品，其中談緬甸三角洲的章節就命名為〈蚊子〉。這個地區的英國住民住在有鐵紗網保護的堡壘裡，以避免當地蚊子大軍的攻擊。每扇窗戶都加裝了紗窗，每扇門都裝設了自動關閉裝置，只要一放手，門就會自動關閉，以減少蚊蠅進入屋內的機會。歐康諾提到，有些屋子甚至有特殊的房間，「就像內部城塞與最後的避難處一樣，周圍完全用鐵紗網圍起來，一家之主待在裡面就像困在籠內被鬥敗的獅子一樣。」據說要認出曾經派駐緬甸的英國人並不難，因為他們已經養成了迅速開門然後啪地一聲猛力關門的習慣，為的是避免三角洲蚊子的遊魂還繼續跟著他們。

從很多描述來看，對歐威爾來說，被派到這個地方的確是運氣不佳。在我前往三角洲之前的幾個星期，我與一名緬甸作家見面，她說服我相信三角洲是歐威爾成為如此悲觀的作家的主因。她確定地表示：如果歐威爾從未被派到三角洲，那麼他就不可能寫下《一九八四》。「是三角洲毀了他，」她告訴我：「如果歐威爾沒去三角洲，他很可能終其一生都待在緬甸。他會逐漸愛上緬甸——就像所有的外國人一樣。但他不可能愛上緬甸，因為他被派到三角洲，這裡什麼都沒有，有的只是泥巴、水椰與貧農。」她警告說，三角洲從歐威爾之後一直沒什麼改變，叫我不要在那裡待太久。

渡輪響起震耳欲聾的號笛聲，宣示船隻即將抵達謬米亞。我垂掛在欄杆上，看著船靠往碼頭邊。濱水區矗立著一排舊日殖民風格的店屋，上頭的薄荷藍油漆已經結成厚厚的硬塊，因為發霉而有些褪色。我可以看到後方高大、優雅的棕櫚樹，而天邊則低垂著厚重的積雨雲。挑夫穿著破爛的海軍藍T恤，手臂刺著粗糙的龍虎圖案，在碼頭邊等著裝貨卸貨。船還沒完全固定在碼頭邊，岸上一群小販便端了錫盤，擺好切片的鳳梨、蓮葉與蒸好的甜玉米吆喝上船，向繼續前往港市勃生（Pathein）的旅客叫賣。我收拾好自己的行李，在混亂的人群簇擁下上岸。

繆米亞的軍情人員沒花多大的工夫就找到我。在鎮上的第一晚，我到一間生意很好的緬甸小餐館吃晚飯——崩大碗（pennywort）沙拉、辣魚咖哩與加上少許豆蔻的蔬菜湯，美味極了。我吃到一半，餐館的老闆——一名肥胖的禿頭男子，他的籠基沾滿了動物油脂——跑來我的桌邊，客氣地請我返回旅店。

「為什麼呢？」我問道。

「請不要多問，」他回答說：「現在請先回去，只需要耽擱妳一點時間。也許不用多久，妳就可以再出來逛逛。」他給我一個罐子，裡面裝滿褐色的硬粗糖——用甘蔗製成的甘味料：一種清理貨架的傳統做法，象徵用餐結束。

我走了五分鐘回到旅館，這是一棟位於鎮中心的狹小四層樓建築。我發現旅館老闆坐在書桌前，他的周圍堆滿文件。他擡頭看著我露齒而笑，但神情帶著歉意。「我必須跟當局報告妳的事，」他說。外國人來謬米亞是非常稀罕的事，當地法律規定他必須影印我的護照給九個不同的政府部門。每個部門都要填寫特殊的格式，此外還要附上我的護照裡貼著照片與身分資料以及蓋有緬甸簽證鋼印那幾頁的影本。我必須在每份文件與影本上簽字與註明日期，然後這些文件才能送交相關單位。老闆說他必須送出這些表格，「之後」我才能在謬米亞過夜。我到了傍晚才抵達此地，在旅館登記時已是晚上八點。我問老闆，他怎麼知道我在哪家飯館。他笑著說：「要打聽這種事並不難。」

緬甸政府的監控極為徹底而有效率，令人不寒而慄。這些監控任務分屬不同的部門進行，但它們全聽命於國防情報理事會（Directorate of Defense Services Intelligence，緬甸人非正式的說法是軍情局）的指揮。軍情局的任務很廣泛：監控緬甸全國民眾。它主要的重點是留意哪些人對軍政府構成明顯的威脅，其中包括軍隊本身，以及一些公開批評政府的人士，如全國民主聯盟成員，與國內外的外籍人士。簡言之，每個人都遭到監視。一名在曼德勒的朋友曾警告我，軍情人員與告密者無所不在。他告訴我，在一些城鎮，監視機制是透過鄰里組織來運作，地方上的軍情人員每天都會向中央的軍情局提出報告。他用害怕的口氣說，這個政權什麼都知道。如果有醉漢發表反政府言論，地方市場有一籃芒果被偷，或夫妻間單純的爭吵，最可能知道這些事的就是軍情人員。這種控制方法非常有效：老大哥真的無所不在。

在歐威爾《一九八四》中，無所不在的「遠端螢幕」（telescreen）監視著所有黨員的行動。當黨員在家時，這種雙向的螢幕——既能傳輸指令，又能蒐集資訊——被安裝在適當的位置，如此一來，家中一切活動都會受到監視。透過遠端螢幕，黨的思想警察可以監控民眾日常的一舉一動：

> 黨員從出生到死亡，沒有一天逃得過思想警察的眼睛。即使在他獨自一人的時候，他也無法確定自己是不是真的獨自一人。無論他在哪裡，睡眠或醒著，工作或休息，泡在澡盆裡或躺在床上，他都受到無預警地監視，而他也不知道自己受到監視。他做的事沒有一件是無關緊要。他的人際關係，他的休閒活動，他對待自己妻兒的方式，當他獨自一人時臉上的表情，他睡覺時說的夢話，甚至他的肢體動作，全都受到詳細檢視。

在緬甸，監視的方法也許沒有那麼高科技，但效率一點也不差。軍情局獲得一些法令授權來監視民眾，登記制度規定每戶人家的所有成員都必須向地方當局登記。如果客人要留宿過夜，他們也必須填寫登記表格。旅行也有限制，全國各地道路遍設檢查哨以進行盤查。所有的通訊設備，例如電話、傳真機與數據機都必須登記；任何人在未經准許下使用這類機器，可能會受到監禁的處罰。「他們非常、非常厲害，」一名在仰光的緬甸記者告訴我有關軍情局的事。「訓練他們的是最優秀的人員：前蘇聯的國家安全委員會（KGB）與中國的祕密警察。」要調查軍情局隱密的內部運作方式是極為困難的事，但的確有證據顯示軍情局接受前蘇聯與中國的指導，以及其他擁有豐富監視經驗的國家訓練，包括以色列、新加坡與東德。因此，即使沒有已開發國家那種能用來監控電梯與購物中心的隱藏式攝影機或錄影設備，軍情局掌握情報的能力仍無遠弗屆。他們知道你在哪裡睡覺與跟誰睡覺；他們可以攔截你的郵件與閱讀你的信件，他們可以監聽你的電話對話。而且他們幾乎在每個公共場所都埋伏了告密者，從大學與辦公室，到寺院與茶館。

身為英國警察，歐威爾也負責類似的情報蒐集工作。監視是英國警察在緬甸最基本的任務。在從英格蘭出航的船上，一名新上任的警官遇見一名蘇格蘭警察，這名警察給了他幾個控制緬甸人民的祕訣：「聽好了，這裡有三個重要原則：第一個是監視，第二個是監視，第三個還是監視。」

英國警察在緬甸的工作，非常強調仔細監視民眾以達成偵查與預防的目的。已知的罪犯被貼上「前科要犯」的標籤，而他們的名字與罪行也被列在所謂的「流氓名冊」中，警察可以依照這份紀錄特別留意這些人的行動。警察會定期監視前科要犯——通常是在深夜，他們要確認這些人安穩地躺在床上，並未從事犯罪或破壞帝國權威的行為。警察在科技上的不足，就由官僚來加以彌補——英國行政組織大量的文書工作令緬甸人難以招架。每個省府記下每日的犯罪摘要，然後匯集成每星期出刊一次的《犯罪情報公報》（*Criminal Intelligence Gazette*），裡面詳細記載最新的殺人案、結夥搶劫與其他嚴重的犯罪行為。這份公報分別以緬甸文與英文印製，除了送到仰光的中央情報局外，也分送到緬甸各地的警局。有些警官變得極度熱衷於追捕緬甸的罪犯。我曾閱讀過一份報告，這是與歐威爾相同層級的警官呈送給警司的文件。就在嫌疑犯的姓名旁邊，警司用紅色蠟筆潦草地寫下一行字：「我要這個人！一定要將此人逮捕歸案！」

我在謬米亞住宿的旅館老闆把影本與表格逐一遞給我，而我也乖乖在上頭簽字。現在，有九個部門知道有一名外國女子隻身來到此地，這九個部門分別是鎮陸警、鎮水警、區陸警、區水警、移民部、地方和平與發展委員會、軍方，當然，還有軍情局。幾天後，當我退房付帳單時，我注意到老闆向我索討所有的影印費用，以及他用來買通已經下班的影印店幫他影印的錢，五百緬元（約合五十美分）。

「所以我們軍政府的獵犬追蹤到妳了，對吧？」繆基（Myo Kyi）笑著說。我們坐在謬米亞一家茶館裡，我剛告訴他我在旅店的遭遇。我在曼谷認識了繆基的親戚，他在泰國一所大學教書，聽說我計劃要去謬米亞，他於是要求我帶一封信與一點錢給繆基。繆基的親戚不願寫下住址給我：他要求我默記起來。（「如果他們沒收妳的筆記本，並且在上面發現他的名字與地址的話，那會發生什麼事呢？我想那絕對會為他帶來無妄之災，」親戚這麼警告。）我得到的指示相當模糊（過了佛寺之後左方的第三條街，等到過了運河之後，右方的第五間房子），我幾乎花了一整個下午的時間才找到他。

謬米亞是以兩條與河平行的主要幹道為中心發展起來的。絕大多數的建築物都是低矮的殖民時期店屋。我在一棟建築物牆上辨識出英國王冠的紋章，以及它的建築時間：一九二三年。反覆上漆，加上數十年來不斷翻修，房柱的表層看起來就像蛻下的蛇皮一樣成片剝下。

建築的外觀陳舊破損，四處都是波狀鐵皮與防水布的補丁，黴菌也順著牆面緩緩上爬。謬米亞的市中心是一座英國建立的市場建築，有著優美的立柱與熟鐵鍛造的屋頂。市場裡，肥胖的婦女坐在好幾籃蔬菜與鮮花當中。小攤子上擺放著五顏六色的塑膠桶與雨衣。更往裡面走去，在陰暗的屋頂下，只見鐵鉤上掛了一串串生腿肉。走下市場面河的一端，三角洲的貨物從這裡裝運上船運往仰光。黃色的芒果一堆堆擺放在稻草上，雨水的潤澤使它們看起來閃閃發亮，香蕉則是吊掛在竹竿上，遠遠看來好像腳爪一般。謬米亞曾是熙來攘往的貿易站，吸引來自緬甸各地的商人。這裡同時存在著清真寺、佛寺，此外還有塗上紅漆，寫著像紙漿一樣厚的金色漢字的中國廟宇。然而當我走入街道旁的小巷時，發現路面逐漸變成了泥土路，叢林也近在眼前。

我沿著充滿綠意的小路走去，終於找到謬基的家。謬基不在家，但他的妻子說我可以在當地的茶館找到他。「他每天下午兩點到五點都會待在那裡，」她對我說。

謬基是一名退休工程師，他大半輩子都在為政府設計橋梁與水壩。他有著一張茶褐色的粗糙臉龐，他的嘴唇因為嚼檳榔而染成深赭色。「妳必須謹慎小心，」他提醒我。「軍情人員無所不在。就算他們不在，也還有告密者盯著妳。」在緬甸話裡，告密者有時被稱為「pasein yo」，意思是「斧柄」，比喻用來砍樹的斧頭，它的柄也是木頭做的。（耐人尋味的是，軍政府也用「斧柄」來稱呼翁山蘇姬。）「告密者就像獵犬一樣，為獵人搜捕獵物，」繆基解釋說。透過這些非正式的告密者，軍情局的監控變得非常有效。這套系統之所以管用，理由很簡單：你根本不知道誰是告密者。

我與繆基交談的茶館非常狹小。它的牆壁在烹飪與煮茶的柴火燻烤下，呈現出亮澤的糖蜜色。在一張空出來的桌上，茶館夥計擀著油酥麵糰製作咖哩角。他在每張薄得像紙的麵糰上澆油，然後將它拋到架在火上的黑鍋子裡，他將鍋子翻轉兩下，隨即將麵糰送回桌上，他仔細撫平上面的皺褶，就像整理剛熨好的手帕一樣。茶館角落有一名僧侶，他倚著桌子前傾身子，茫然地看著店外耀眼的馬路，行人就像電影臨時演員一樣來來去去。一名面帶愁容的男子頭上頂著大錫盤，上面盛滿了烤鴨走了進來。茶館老闆從店後頭走了出來，每隻鴨子他都挑起來仔細檢視一番，翻起充滿彈性的鴨翅看了看內面，最後他買了兩隻。一名婦女從街上走了進來，她看到有人賣鴨子，於是湊過來瞧個究竟。當男人做完最後一筆買賣，他再度把盤子放到頭上，然後走出店外。「bhe-tha kin!」他吆喝著——「烤鴨！」我猜想著茶館裡到底誰是告密者。

每次我遇到緬甸朋友總是會問，你怎麼認出誰是告密者或誰是軍情人員。這裡面沒有簡易的方法，每個人的建議也不盡相同，有荒唐可笑的，也有晦澀難懂的。緬甸南部一名退休足球員告訴我，軍情人員總是將手錶戴在右腕，用右手抽菸。「這是他們識別彼此的特殊標記，」他認真地說。我聽了他的話之後，有一段時間總是疑神疑鬼地看著用右手抽菸的人，直到我發現有許多朋友，或許可以說緬甸有一半以上的人口都是用右手抽菸，而且也把錶戴在右手腕上。歐威爾書迷俱樂部的年輕作家茂武每次到茶館總是挑正中央的位子坐，因為他懷疑坐在邊邊角角的人很可能是軍情人員，因為這些位子的視野較佳，可以掃視整間茶館。他告訴我，告密者絕不會選房間正中央的位子坐。我的一名英國攝影師朋友想記錄緬甸強制勞動的證據，他發現自己被一名軍情人員跟蹤，因為他注意到這個人的籠基裡浮出一對手銬的形狀。還有一名緬甸朋友宣稱他有第六感：「有時你可以感受到環境的變化。我可以感覺到有人站在門邊或正在監聽電話。你能做的就是機伶一點，多注意一點。」

繆基問我知不知道十八世紀英國哲學家邊沁（Jeremy Bentham）設計的圓形監獄。圓形監獄的運作原理就跟歐威爾《一九八四》無所不在的遠端螢幕一樣，可以無時無刻監視人群。圓形監獄只需要少許警衛就能控制大批的犯人。中央塔面對每間牢房，犯人一天二十四小時都受到監視。要看見中央塔裡面的狀況是不可能的：犯人根本不知道中央塔裡到底有沒有人。圓形監獄的原理就在於，如果你以為自己受到監視，那麼你的行為就跟你實際受到監視沒什麼兩樣。「所以妳看，」繆基說：「告密者存不存在根本不重要。只要我們相信到處有告密者就夠了。光是我們整天疑神疑鬼就能達到他們要的效果。」

繆基深深嘆了一口氣，辛辣的檳榔味也往我這邊飄來。他撫摩著我從泰國帶給他的信，帶著勝利的微笑說：「但他們不可能無所不知。至少我心裡面想什麼，他們不可能猜得透！」

我揮別待在茶館裡的繆基，繞了一段路回到旅館。想到無所不在的監視，確實讓我心神不寧。我像偏執狂一樣懷疑每一個人，估量著他們到底是告密者還是軍情人員。當我一個人坐在茶館裡，如果有人接近我問了太多問題，我會冷淡地避而不答。之後，我會產生一陣恐懼。我甚至對於我在眉苗遇見的慶薇感到歉疚。她一邊哭泣一邊告訴我她的故事，然而事後我卻開始懷疑，她該不會是用這種方式來套我的話，讓我把來緬甸的目的告訴她。

我試著效法我的緬甸朋友，也在公共場所裝出另一套臉孔。上一次我來緬甸，一名朋友介紹他的牌搭子給我認識。我看他打牌時一副高興開玩笑的樣子，然而當我們離開時，他卻對我說現場玩牌的五個人裡面他只相信一個人。我曾在切斯瓦夫·米沃什（Czeslaw Milosz）《被禁錮的心靈》（*The Captive Mind*）中讀到類似的在公眾場合隱藏自我的描述，他提到一九五〇年代波蘭在受到納粹與史達林專制統治影響下的生活情態。米沃什寫道，生活在這種環境下，每個人勢必要成為演員。「大家表演的地方不是戲臺，」他說：「而是街上、辦公室、工廠、會議廳乃至於自己居住的房間。這些表演是高度發展的技巧，主要來自於心靈的警戒。在話還沒說出口之前，必須先在心裡估量幾下。在不對的時間微笑，在不對的場合露出不適切的眼神，都可能引起懷疑與指控。」我把米沃什的形容說給那名玩牌的朋友聽，他頓時眼睛一亮。「沒錯，就是這個！」他熱情地說道：「這跟我們一樣。我們好像困在一場戲裡——或許是莎士比亞的某一齣悲喜劇。」

當然，無論我們生活在哪兒，我們都必須在環境影響下被迫扮演某種角色，然而對於生活在自由社會的我們來說，這場表演並不會帶來多大的危險。我們不會因為對錯誤的人說了錯誤的事就被關到牢裡。在緬甸，人們很容易因為受到壓迫或欺凌而密報周遭的人有不法行為，所以你一定要謹慎，避免與人發生爭吵。如果你惹惱了鄰居，他有可能對軍情人員告狀，說你是間諜，或者你正在醞釀反政府情緒。然後，在某天深夜，就會有人來敲你的門。「他們指控你的罪名是否真實根本無關緊要，」一名朋友告訴我：「總之他們會把你帶到監禁中心，然後屈打成招，要你承認你從未做過的事。然後你會被送進監獄，他們甚至不告訴你的家人你去了哪裡。你可能被關了幾個月或幾年才獲釋，到時候你的家人才知道你這段時間去了哪裡。或者更糟的是，他們永遠無法得知你的消息。」

歐威爾住在謬米亞這段期間，大部分時間都在巡邏、航行於各個運河、追捕前科要犯與調查犯罪現場。我在市場打聽在哪兒可以租船到運河上遊歷整個鎮。有人告訴我去找水警運輸隊，這是位於河邊的一棟小屋。我向官員解釋我想做什麼以及我願意付多少錢。「明天再來，」他這麼說。我不抱什麼希望，但當我第二天再度前往時，對方確實準備了一艘船。這是一艘萊姆綠的小船，上面搭蓋著簡易的屋頂。一塊潮溼的藤蓆鋪在屋頂下的木板上，讓我有地方可坐。有三個男人在船上：一名操縱馬達的船夫，以及另外兩名男子。他們告訴我，其中一名是預備的船夫，另一名是嚮導。後者的個頭很高，他留著軍人的髮型，五官輪廓分明。他的上身穿著亮眼的白色鱷魚牌T恤，下擺紮進籠基裡，他的兩個手腕與食指、拇指之間的凹處有著小小的環狀刺青——據說這種圖案可以讓人不怕子彈。

那天是多雲的一天。當船隻響起吵雜的馬達聲，載著我們離開岸邊時，船棚裡也吹進一陣溼熱的微風。我決定問嚮導一些問題，於是我屈身攀行到他坐的船頭。

「河裡面有什麼魚？」我用緬甸語問他。

「魚，」他回答道。

「是的，但是是哪一種魚？」

「名字叫『魚』的魚，」他略帶驕傲地給了這麼一個簡明扼要的答案。

我退回到船棚裡，在馬達聲中，看著景物緩慢經過。這個地區草木生長得十分繁密，而且土地極為肥沃。樹枝上垂掛著濃密的蔓藤，蜘蛛蘭細長的白色觸毛與木槿的緋紅色花瓣像宴會彩帶一樣散落下來。布袋蓮像漂浮的小島，綻放出小巧像鐘一樣的花朵，顏色就像淺淡的勿忘草。岸邊則是常見的像匕首一樣的水椰，它長出尖端呈黃色的葉子。歐威爾返回英國以後過了十年，他無意間在一篇書評裡寫下這麼一個段落：

> 對於居住在印度的英國人來說（緬甸當時屬於印度帝國的一部分），比寂寞或炎熱更重要的一項基本事實是，這裡的景色相當奇異。起初，這個異國的景色令他厭煩，而後令他憎恨，但最後他會逐漸喜愛上它，他的意識以及他的信念或多或少受到這種景色不可思議的影響。

東方的景色顯然已經滲入歐威爾的血肉之中，當他撰寫《緬甸歲月》時，他寫下了最精緻的描述文字：這部小說被賦予了異國場景，它完全浸潤在霧氣與熱帶花朵之中。歐威爾其他的作品缺乏《緬甸歲月》的抒情風格——無論是西班牙還是英格蘭都未能產生如此生動的「紫色描寫」（他自己的說法）。而在歐威爾臨終時，他腦子裡一直縈繞的也是緬甸的風光，他試圖從中尋找靈感來構築他的下一本小說。

獨木舟沿著河岸航行。眼前偶爾出現竹林，與水椰交織成濃淡不一的綠色拼布。有一群人蹦蹦跳跳地穿過一片空地，明亮的粉紅與紫色單肩背包像飾帶一樣斜揹在他們的身上。赤裸的男孩們戴著用棕櫚葉編成的鐘形帽，歡呼尖叫著順著土堤滑進河裡。一名女子身上裹著淡紫色塔曼，跪坐在運河旁的大石上，背對著我們，緩緩梳著長可及腰的烏黑秀髮。絕大多數時間我們經過的都是一大片綠色的樹林。有些地區的叢林特別濃密，唯一可以瞧出人跡的就是獨木舟（用一根原木挖空製成）的船尾，從低垂枝葉的下方露了出來。

幾個小時之後，船夫把船靠往岸邊，並且把船拴在樹上。「我們要在這裡下船，然後四處走走，」我的嚮導說。我們抵達一個村落，裡面的房子是用竹子與棕櫚葉蓋的，看起來搖搖欲墜，房子四周圍繞著陶製的水瓶、雞、豬與長滿疥癬的狗。這些看起來相當雜亂的居住地，沿著河邊的一條漫長而狹窄的小路一直延伸出去。我的嚮導直接引領我走到村落的末端，過了末端就是一處警察的崗哨。我猜我們大概得向警察報備我們抵達這裡；不過嚮導只是說，或許我想看看警察局長什麼樣子。我們花了二十分鐘才走到那裡。我在一條像奶油一樣溼軟的泥土路上滑溜地走著，一路上蜿蜒曲折，但無止盡的青綠稻米田畦也盡收眼底。牛群小心翼翼地走在水田間的泥土田梗上。在崗哨裡，四名警員的駐點是一間竹編的小屋。他們的簡陋棚屋用支架托高，底下是一灘豬群打滾的泥巴，整個結構看起來相當危險而不穩定。「非常好，」我不知道要說什麼，只能隨口應付。

當我們回頭朝村落走去時，一名警員也從旁隨行。當我們走在一條兩旁遍布垃圾與更多泥巴的小路時，我逐漸跟不上他們的步伐。整個村子靜悄悄的，我唯一聽到的就只有泥巴將我的鞋跟緊緊吸住的聲音，然後突然間，一陣笑聲打破了沉默。「妳在別的地方大概沒看過這麼好的路吧？」他一邊用緬甸語對我說，一邊露出微笑，他的嘴已經沒幾顆牙，看起來格外帶有嘲諷的意味。他有著滄桑但親切的臉龐，灰白的平頭使他看起來精明俐落。他的手臂刺著神祕的刺青圖案，隨著年老而變成暗藍色。我停下腳步跟他說話。八十六歲的他告訴我，他在這個村子住了一輩子。我問他記不記得英國統治時期的事。「記得，他們曾經待在這裡，」他說：「但他們從未來過這個村子。他們是大人物；他們待在大城鎮的大房子裡，」老人指的是謬米亞。我們還未進行多少對話，就看到嚮導與警員拖拉著泥巴走回到我們身旁。老人在他們面前擺出一副困惑的樣子。耐人尋味的是，他突然聽不懂我說的話，只是沉默地搖頭。他太老了，聽不懂妳的問題，警員笑著說。我們於是繼續前進。

我想跟這名長者多聊幾句，我想問他三角洲繁盛與沒落的故事。他出生的時候，這片泥濘沼澤的稻米產量在世上首屈一指。但現在他卻經歷此地最艱苦的時期。根據一名英國文官的說法，一八五二年英國併吞下緬甸之前，這個地區只有「瘧疾肆虐的沼澤」與「水陸交雜的蠻荒」。但英國人看出這個地區肥沃土壤的潛力。殖民官員開始移民該區並且鼓勵農民種植稻作。不久，事實證明這片土地有著驚人的肥沃度，它生產的稻米量比一般田土高出百分之五十。緬甸各地敢於冒險的移民者紛紛雲集於此，在沼澤地上開闢自己的農田。歐威爾抵達此地是在一九二〇年代初期，當時的三角洲已是緬甸主要的稻米出口地，年出口量達到三百萬噸以上——是世界稻米總供給量的一半。如今的三角洲已不見往日繁盛的景象，也沒人記得緬甸過去曾有亞洲米倉的稱號。根據資料，緬甸現在每年只出口兩萬噸的稻米。農民被迫將收成中一定的配額賣給政府，賣價竟只有市價的六分之一。軍政府用稻米補貼公務員與軍方人員，若有剩餘才予以出口。無法滿足配額的農民必須用自家的珍貴牲口抵償，或被關到牢裡。由於三角洲的土壤非常適合種植稻米，因此這裡的農民受政府政策盤剝也最為嚴重，軍政府極為仰賴這個地區的資源。這個村落已經顯得極度貧困。許多民眾罹患甲狀腺腫，除了眼睛浮腫外，雙足也不良於行。這裡的人不歡迎我們——就連在佛寺廢墟玩耍的孩子也一樣。當我們一行人接近孩子們時，他們停止了尖叫聲，只是站著看著我們，靜止得宛如雕像一般。

警員帶領我們朝內陸的當地學校走，這座學校是一棟馬蹄形單層建築，水泥牆居然像厚紙板一樣薄。此時學校早已放學，我們看見校長坐在書桌後方，桌上堆滿了破爛的練習簿與紙張。他的個子不高，舉止間似乎有點神經質，他穿著一件灰白色T恤，外面再添了一件編織的背心，他將稀疏的頭髮梳往旁邊固定，黏乎乎的頭髮就這樣僵硬地貼在滿是汗水的頭頂上。當他用不靈光的英語跟我交談時，我們一行人——我，我的嚮導，預備的船夫與警員——也圍著書桌坐定。校長告訴我，三年前他從家鄉謬米亞調到這個村子。「我很喜歡這裡，」他一邊說著，一邊推著鼻梁上的眼鏡。在他書桌後面的牆上，掛著一幅丹瑞將軍（General Than Shwe）的巨大肖像，他是緬甸最高統帥與軍事領袖。這是一場令人尷尬的聚會。我感覺得到校長想告訴我些什麼——或許是關於村落的現狀——而我想鼓勵他多說一點。然而，雖然陪我前來的人宣稱他們不會說英語，但他們卻聚精會神地聽著我們的對話。因此，我沒有提出自己想問的問題，而是另外想了一些問題。「你有多少學生？」五百名。「你教什麼科目？」歷史、地理、數學與英語。

「好了！」我的導遊說：「我們走吧！」

我心想，在場所有的人大概都因此鬆了一口氣。當我走出門口，校長叫住我。「能不能請妳寫下妳的大名，」他說。他沒解釋原因，但也許是因為他必須向上級呈報我們曾經見過面。所有的公務員，從街上的掃地工到老師，只要曾經與外國人交談，都必須報告上級。我很遺憾讓他這麼焦慮。

當我們上船時，一群村民在岸邊排排站，看著我們出發。我向他們揮手，但沒有人理我。天空開始轉陰，一切變得灰濛濛的，船夫連忙把防水布固定在船棚的入口。在返回謬米亞的路上，我們駛進了暴雨之中。從雨水拍擊的防水布縫隙，我隱約看見岸邊的香蕉樹在風中來回搖晃，宛如歇斯底里的女妖精。一名小男孩站在稻田邊上，赤裸的肩膀裹著塑膠布，頭上戴著一頂草帽，帽緣不斷滴落著雨水。大雨傾盆，河水變成石板般的灰色，眼前什麼都看不到，只有雨與雲構成的濃霧。當船終於回到謬米亞的碼頭，我向他們道謝，然後笨拙地爬上溼滑的走道，跑進已經廢棄的木造倉庫躲雨，等待天晴的時刻來臨。

歐威爾在謬米亞只受了四個月的訓練，在英國警司的指導下，他學會執行勤務的方法。隨後，歐威爾被派往鄰近的小鎮端迪（Twante），這裡同樣也位於三角洲地區。為了前往端迪，我必須搭船到馬烏賓鎮（Ma-U-Bin），在當地過夜，然後第二天轉乘巴士。馬烏賓是三角洲的貿易中心，是一座大型的市集城鎮，該區生產的稻米與蔬菜都在此地市場進行交易，然後運往仰光或出海到孟加拉灣運往國外。我前往馬烏賓時剛好遇上另一場大雷雨，在黑暗中，這座城鎮的輪廓隱約可見。雖然才只是晚上七點鐘，整座城鎮卻已漆黑一片。閃電照亮了大型河邊市場空無一人的建築。我上岸之後，經過詭異無人的攤位，走進了大街。整條街在滂沱大雨中完全不見人影，我一邊走著，手上的傘似乎抵擋不住這猛烈的雨勢，就這樣子，我抵達了當地的旅館。

從這棟水泥建築物的小房間裡透出微弱的光線。在吵雜的大雨聲中，我聽見發電機持續運轉的聲音，它努力地讓這條長而狹窄的走廊勉強維持微弱的光線。我遞出護照，支付了一千緬元（相當於一美元）做為住宿一晚的費用，然後我被帶到一個陰暗的小房間，裡面只有一張木床，連床墊也沒有。床的上面掛了一張灰色蚊帳，上面沾了檳榔汁，而且散發出啤酒與汗水的異味。由於我無處可去，所以今晚只好在此過夜。我把身子弄乾之後，坐在床上看著自己從倫敦大英圖書館印度事務檔案草草記下的筆記。這份筆記摘錄了歐威爾在三角洲這段時間當地警政單位做的報告。我還清楚記得自己在寫下這些紀錄時內心的不安：圖書館冷淡的靜默與這份報告描述的暴行完全格格不入。

歐威爾第一年負責巡邏工作，這件差事對緬甸的英國警察來說簡直是一場災難。退休的文官史丹佛（J. K. Stanford）在回憶錄中寫道：「每個人都知道每個區充斥著各種令人吃驚的犯罪類型——殺人犯、土匪、小偷、強盜、闖空門的人、偽造者、偽造貨幣者、敲詐者等等。這些犯罪就像龍的獠牙一樣不斷生長出來，直到犯罪紀錄簿已沒有足夠的表格記錄為止。」緬甸暴力犯罪增長的速度已達到令人觸目驚心的程度。當時的紀錄提到，過去十年，土匪——超過五人以上的匪徒到處流竄犯下的罪行——增加了一倍；殺人案件增加的幅度也一樣，緬甸因此隱然成為印度帝國最暴力的地區。有一份治安報告指出：「謀殺在這個國家橫行無阻。」犯罪表現出來的殘忍震驚了英國行政官員。土匪強姦婦女，最年輕的受害者甚至只有十一歲，之後他們用浸了煤油的毯子將女子包裹起來，放火將她們活活燒死。有描述提到一名土匪頭子以將受害人釘在十字架上著稱。有人發現井裡有一具印度人的屍體，一根竹棍硬生生地插進他的肛門。一名僧侶被誘出住處，結果喉嚨被人割斷。有人為了搶奪漁夫當天的漁獲而將漁夫砍死。「今年，」一九二四年治安報告極為保守地表示：「對警方來說是相當艱困的一年。」

緬甸史無前例的犯罪潮使警力陷入混亂，歐威爾發現自己正處在最前線的位置。「犯罪季」——這是警方的用語——介於一月到六月之間，這個時期的農業勞動需求較少。歐威爾正是在這個時候派駐當地。英國警察當局設立無數的委員會，負責調查「殘忍野蠻」（某份報告的說法）的根本原因，並且找出最好的因應對策。在犯罪季期間，所有休假的警察都被召回。九十名英國警官與一萬三千名緬甸警察必須在這塊擁有一千三百萬人口的土地上進行監督。緬甸警察的薪水普遍太低，訓練也不足。地方法官貪汙腐敗，就算抓到罪犯也很少將其定罪。這種狀況很可能衍生出災難性的後果。

英國當局努力想找出解決之道。某個委員會抨擊酒是觸發謀殺的元凶。到處可見的水椰——成排生長在我搭船經過的岸邊——可以蒸餾出具毀滅性的酒，而棕櫚酒則能用任何一種棕櫚樹來釀造。委員會建議在緬甸全境禁酒。另一個委員會則指出從國外引進的冒險電影——美國蠻荒西部電影絕大部分充滿了暴力——產生道德敗壞的影響，這些電影透過四處巡迴放映而流傳全國。一名警官責怪三角洲可憎的蚊子造成暴力的高發生率。有些說法更令人惱火，當中提到「緬甸人天生就具有犯罪性格」。只有一份報告指出英國對緬甸文化的干預造成的影響：英國政府把原本受人尊敬的地方領袖撤換掉，代之以自身的官員。一名緬甸警官在報告裡補充「一點不同的看法」，他指出現在的緬甸學童必須上英式教育系統的學校，而非傳統的寺院學校。他覺得政府必須要有遠見，要瞭解廢除緬甸古老的宗教教育系統將造成災難。他寫道：「沒有理由認為緬甸人比其他民族缺乏道德。」

在曼德勒，我在拉圖的書報攤裡找到一本書，是阿爾吉爾・薩克斯比（C. F. Argyll Saxby）寫的《緬甸的老虎人與其他冒險奇談》（*The Tiger-Man of Burma and Other Adventure*

Yarns），由倫敦「英國男孩週報」（Boy's Own Paper）於一九二〇年代初出版。標題故事——一個名叫鮑伯·哈伍德（Bob Harwood）的男孩與負責照顧他的緬甸人潘義（Pan Yi）的絕妙故事——似乎捕捉到當時的精神。十年前，鮑伯的父母被一個惡名昭彰名叫老虎人的土匪殺害，鮑伯與潘義為了追捕他，展開了一連串精采的冒險。老虎人抓到了鮑伯，並且在他身上塗滿了糖，然後把他扔在叢林裡任由螞蟻活活把他咬死。但鮑伯沒有死：他可靠的緬甸僕人跑來救他。「潘義，你是個可靠的好人！你實在太可靠了！」鮑伯感謝地說。後來輪到可靠的緬甸僕人被抓，他被關在佛寺裡，身上纏繞著大蟒蛇，眼看就要被吞吃下肚。雖然成功的機會微乎其微，但鮑伯最後還是拯救了他的僕人，抓住了土匪。這篇故事是以老虎人的話做為結尾：「『英國人總是贏。我應該記住這件事，』土匪說道。他似乎喪失了勇氣，整個人一蹶不振。」

歐威爾的童年時光是在亨利（Henley）與伊頓公學（Eton College）寧靜的環境中度過，很難想像緬甸的暴力事件對年輕的他產生什麼影響。歐威爾在伊頓的同學回憶說，歐威爾談到東方，也就是自己的出生地時，經常帶有一種浪漫而多愁善感的情懷。年輕的歐威爾一定從他母親的描述中——談到她小時候在南方港市毛淡棉的生活——得到不少靈感；他的阿姨還說歐威爾的外公就像王子一樣，有三十名赤足的僕人打理他的生活。印度公職考試顯然無法讓歐威爾瞭解他未來將遭遇的是什麼狀況。他接受的是英語（「寫一篇老獵場看守人的簡介」）與歷史（……「如果納爾遜輸掉了特拉法加（Trafalgar）海戰呢？」）考試。一年後，在曼德勒經過了軍事訓練與相對較為文明的寧靜日子之後，歐威爾被派到三角洲的泥淖與暴力之中。這一回，歐威爾不可能躲在房裡念書了：他在謬米亞與端迪的長官都是相當知名的犯罪剋星，他們的表現總是在每年的警察公報上名列前茅，其中端迪的長官甚至曾獲得左輪手槍射擊比賽冠軍。日後在歐威爾的人生中，當他討論到奧登（W. H. Auden）的詩〈西班牙〉（Spain）時，他對於奧登所說的戰場上殺戮是「必要的謀殺」提出批評。歐威爾寫道：「就個人來說，我不會把謀殺看得這麼輕鬆。我曾經看過無數被謀殺的人的屍體——我指的不是戰場上的死屍，而是被謀殺的人的屍體……因此我對於謀殺抱持著一定的看法——恐怖、仇恨、家人的嚎哭、驗屍、血液、氣味。」顯然，這一定是緬甸的經驗帶給他的影響。

在馬烏賓，這些貪婪的蚊子不需多久的時間就穿過掛在床上的多孔蚊帳。歐威爾在二次大戰期間寫的日記也提到他在緬甸時曾飽受蚊子的騷擾。這是使用蚊帳的索德定律（Sod's Law）*：當你認為你已經殺死蚊帳裡最後一隻蚊子，並且關燈準備睡覺時，此時另一隻蚊

* 譯注：索德定律指的是，若有對與錯兩種選項，人總是會選到錯誤的選項。或者說，會出錯的，就是會出錯。

子又開始在你耳邊嗡嗡作響。

第二天早晨，我逃離旅館，走過毫無特色的灰色會議廳、崩塌的殖民時期店屋，與百葉窗緊閉的木造房，最後終於找到一間茶屋。一杯冒著熱氣的茶才剛端到我的桌上，一名我從未見過的男子突然走到我面前，告訴我旅館有一名訪客正在等我。我感到又吃驚又不悅。就在前一晚，旅館櫃臺已經拿了我的護照而且還盤問我一些事。（「妳什麼時候要離開馬烏賓？……妳要去哪兒？……妳要怎麼過去？」）我不情願地把茶喝完，然後返回旅館。在陰暗的走廊上，一名中年男子用破舊的咖啡桌權充書桌，坐在桌後等我回來。他沒有表明身分，也沒有穿制服，他只是遞給我幾份官方表格要我填寫。我告訴他我已經把護照拿給旅館，而且也填寫了詳細資料。「我知道，」他說，「但我們看不懂英文，所以我們希望妳能告訴我們妳寫了些什麼。」他需要知道我的國籍，我的姓名、年齡、職業，我從哪裡來，我要前往何處，以及我來馬烏賓的目的。我一一填寫了必要欄位，在職業欄我寫下看似無害的「顧問」，至於旅行的目的則是「觀光」。我寫完之後，男子告訴我他是馬烏賓的移民官員，並且問我有什麼需要幫助的地方。事實上，他才剛草草寫下我將在十五分鐘內搭上往端迪的巴士。

當我回房收拾行李時，我經過廁所，這些爬滿蟑螂的蹲式廁所是整棟旅館最令人生畏的地方。一名女子正彎腰用力擦洗廁所。她看我經過，於是走過來站在房門口看我打包。她是一名矮小、黝黑的印度女性，有著拳擊手特有的彎鼻梁，臉上露出孩子般的笑容。她的上身穿著破舊的莎麗服（sari），下身破爛的塔曼則僅能遮住她長了老繭的膝蓋。我猜她大約快七十歲了，但她告訴我她只有四十五歲。當我問起她的生平時，她開始哭泣。她說，沒有人想知道她的事。她在十六歲時被安排嫁給了比她大二十五歲的男子。他現在又老又病。她告訴我，她的丈夫現在幾乎動彈不得，因此日常大小事都必須由她獨自處理。他們有一個兒子，但他沒有工作，而且還酗酒與注射海洛英。她在這間旅館已經工作八年，每個月賺四千緬元，用來支撐她兒子吸毒的惡習與病倒的丈夫。「他們都是壞人，」她指的是經營旅館的人。「他們要我整天工作。我甚至不能停下來休息吃午飯。我每天早上五點來這裡，到太陽下山時才能離開。有時候，如果我來不及一天之內打掃完所有的房間，他們還會打我。」我給了她一千緬元——相當於一美元。她把錢推回來給我。「我不是為了錢才講自己的故事給妳聽，」她說。我聽到旅館老闆的聲音就在附近，擔心他可能看到我拿錢給她，或許之後他會把錢搶走；於是我把額外的一千緬元塞進她的手裡，這回我十分堅決。她又忍不住流下淚來，於是她把錢摺好塞進她的胸部，合掌做出祈禱的手勢對我說：「感謝妳。」她告訴我，她名叫「斯里」（Sri），是印度女神的名字，象徵好運與富足。

在旅館前門，有一名男子正等著帶我到巴士站。他不告訴我他是誰，只說他為政府工作。他用摩托車載我前往。當我們抵達巴士站時，他一直在原地候著，直到我在前往端迪的巴士上找到位子坐下為止。他幫我買了一瓶水，並且站著看著我，直到巴士開車。

前一晚的雨讓端迪的街道成了一片流沙，當我動身尋找歐威爾曾經待過的警局時，我必須要躍過沙包與破損的人行道。戴著木製安全帽的三輪車駕駛在街上濺起了水花，他們的車子載滿了蔬菜與漁獲。在街頭一角，一名婦女賣著黑色塑膠籃裡的鮮花。這是悶熱、多雲的一天，坐在大街旁木造店屋外的民眾，全拿著報紙或棕櫚扇搧風。此時彩券亭的擴音器也傳來震耳欲聾的音樂聲。

端迪的警察局位於鎮中心的小山丘上。在通往警察局的陡峭樓梯底部立了一個告示，上面用緬甸語寫著：「讓我們為您服務。」警局的主建築物是一棟最近剛粉刷過的單層建築物。

我一走進警局，馬上就被帶到一間房間，局長正對著坐在大桌旁的警官們做簡報。局長的體格壯碩、皮膚黝黑，聲音有點沙啞。「我能幫妳什麼忙？」他問道，臉上閃現了一抹微笑，露出鑲補了銀粉的牙齒。我告訴他，我對英國史與過去的英式建築有興趣，我問他是否能參觀這棟警局。他彎著腰，相當大聲地往桌子下方的痰盂吐了一口檳榔汁。整齊坐在局長面前的警官們默不作聲地看著我，或許他們跟我一樣猜想這種奇怪的要求會得到什麼答案。局長擡起頭來，又露出微笑。他宣布他會派一名警官陪我參觀警局，但我無論如何都不許拍照。我答應他的要求。

臨時指派給我的嚮導是一名沉默寡言的年輕人，他穿著制式的警察制服——單調的卡其上衣與卡其褲。他迅速帶我走遍警局。「這是監牢，」他說道，幾乎是慢跑著經過這棟位於主大樓後方已經廢棄的殖民時期建築物。從這棟建築物的鐵窗，我可以看到犯人陰暗的身影，他們靜靜地跪成一長排，等著領他們的午飯。在行政大樓後方，是一處廣闊的綠色空地，中央有一棵巨大的榕樹。榕樹粗大糾結的樹根就像蟒蛇一樣盤踞著地面，而幾棟小巧的白色屋子就座落在它的枝葉之間。其中一座神龕供奉著俊美的Myin Byu Shin小木雕像，祂是通稱為納特（Nat）的三十七個神靈的其中一員，納特是緬甸人敬拜的神明。Myin Byu Shin的小房間放滿剛摘來的黃色花朵，而在祂的上方，也就是在榕樹的心形葉子之間掛著祂的座騎，那是一只白馬木偶。

我們快步走過以木柱撐高的木造平房，這些房子整齊地圍繞著中間的綠地。「這是警員宿舍，」我的嚮導說。我從這些屋子開著的門望進去，隱約看見了月曆還有緬甸流行明星的海報，小巧的佛壇，以及炭火燻黑的鍋子上冒著米飯的泡沫。在某間屋子的走廊，嬰兒睡在用舊籠基做成的吊床上。一名警員站在井邊刷洗沾滿泥巴硬塊的靴子，附近有一群婦女蹲在小販周圍為一包包小包裝的草藥討價還價，這裡面裝了乾燥的藥草根，像乾胡椒一樣大小的藥丸，以及磨成鏽褐色的藥粉。

警員與他們的家人必須靠少得可憐的薪資過活。（一名在與端迪大小相仿的城鎮服務的高階警官告訴我，他一個月的薪資是八千五百緬元，相當於八點五美元，靠這筆錢他要養活自己、妻子與兩個孩子。）結果使得緬甸的警察貪汙問題嚴重。「警局外面的告示寫著：『讓我們為您服務』，」一名緬甸朋友說：「事實上要先給錢他們才會服務你。」緬甸警察制度是英國人建立的，當時必須受到民事法規的限制。今日，所有最高階的警官都由軍官充任，警察實際上已形同裝備較差、較無效率的軍方分支機構。我問過的緬甸人沒有一個人對警察懷有敬意。「警察就像被兩根刺扎著的水果，」我的朋友解釋說：「一根刺是軍隊；另一根刺是人民。」

結束簡短的參觀之後，我們回到總辦公室，局長已經為我準備了一瓶氣泡的羅望子果汁。我坐下來與在場的警官們閒聊。我問他們，在端迪是否要處理許多犯罪事件。局長露出他的銀牙，對我微笑著。「不，」他說：「端迪沒有犯罪事件。」我曾在曼德勒聽朋友談起，貧困迫使民眾鋌而走險：據說搶奪、竊盜、強姦、攻擊與謀殺在全國各地有與日俱增的趨勢。此外，緬甸的警察單位也憂心忡忡。為了討好中央的軍政府，警察遇到犯罪都不上報，藉此讓他們的轄區看起來治安良好，至少書面上是如此。當民眾前往警局報案時，警察通常會問他們是否打算填寫詳細的文件表格，並且試圖說服民眾不要這麼做。我曾在曼德勒丟失錢包，當我跟朋友說我打算去報案時，大家都笑了。

離開警局時，局長問我打算去哪兒。我沒有明確的計畫，但我告訴他，我可能會到舊日的英國教堂看看。他再次對我微笑。「希望妳有個愉快的旅程，」他說：「請好好參觀我們的小鎮，如果妳需要任何幫忙——哪怕是任何小事——請過來找我。」

後來我的確去了教堂，只不過是在第二天。這座教堂位於端迪外圍的寧靜地區，大約要走上十五分鐘的路程。前往教堂的路是一條蜿蜒的泥土小路，兩旁種植了高大的棕櫚樹，途中可以看到一些茅草屋頂的房子，而房子外圍的竹籬傾斜得十分厲害。在路旁的溝渠裡，我看見一條帶有黃色花紋的蛇，那是一條年輕的眼鏡蛇，牠優雅地將頭露出水面，就像在公共游泳池游蛙式的老婦人一樣。孩子們在街上玩著跳格子遊戲與滾球。由於端迪離仰光只有幾小時的路程，因此觀光客往往會來此參觀端迪歷史悠久的陶瓷產業，而此地民眾也遠比三角洲其他不習慣見到外國人的地區來得友善。當我問起教堂怎麼走時，大家不是咯咯笑就是歡喜叫嚷著帶我前去。

這座教堂是一座相當簡單的建築物，它用深色的木頭建成，上面是傾斜的錫製屋頂，最頂端則是一個小巧的十字架。教堂周圍的土地種滿菜園，邊緣長著多刺的星形灌木叢，這些全是一顆顆的鳳梨。殖民統治時代，天主教、浸信會與英國國教派傳教士可以在緬甸全境傳教。緬甸目前擁有約二百二十萬基督徒，占總人口的百分之五。然而，傳教士今日已不許進入緬甸，因為軍政府不信任基督徒，懷疑他們可能與外國勢力接觸。身為少數宗教族群的基督徒公然受到軍政府的歧視。基督徒通常很難取得公務員資格，就算能夠取得，也很難有晉陞的機會。雖然教會可以保留自己的土地，但所有的教會學校全遭軍政府接管，並且改制為公立學校。教會對於自己受到的待遇深感不平，教士們面對訪問者也往往不避諱表示自己對政府的看法。由於緬甸人認為絕大多數西方人是基督徒，所以西方人上教堂也被認為是無害的舉動，因此每次我來到緬甸，總會到各地教會拜訪。

端迪教堂旁有一棟荒廢的傳教屋，我在裡頭找到了一名身穿白袍的緬甸教士。我們在傳教屋前面的房間裡，一起坐在會議桌旁，椅子上的座墊早已發霉。教士端來陶製茶壺與水果蛋糕。我問起端迪周圍鄉村的情況。教士先是默不坐聲，而後才緩緩地說，村民的日子很苦。「政府把他們的米拿走——直到軍隊能夠吃飽才肯罷手。農民沒有別的選擇：他們只能把稻米交出來。如果軍方要他們幹活——例如修築道路或挖掘運河——他們也必須照做。這種工作，政府稱之為『勞役』。」他又笑著加了一句：「在教會，我們稱之為『強迫捐獻』。」教士要我切塊蛋糕去吃。而當我切下一塊之後，他馬上把剩下的部分包起來拿進廚房。

國際特赦組織與國際勞工組織對於緬甸強制勞動的現象有很詳細的記載。它們的報告主要根據逃往鄰國難民營的村民訪談，以及緬甸軍政府偶然同意外人進入所蒐集的資訊。從村落到城鎮，強制勞動在緬甸是相當普遍的現象。建設計畫——新的道路、橋梁、水壩，乃至於觀光飯店——通常都是強徵民力完成的。軍政府對於年齡或性別一視同仁：我在緬甸各地看見老人、婦女與兒童從事重度勞動。在離謬米亞不遠的路上，我看見一群年紀大約九到十歲的孩子，他們用鶴嘴鋤擊碎石頭，然後將碎石放進藤籠裡，再用頭頂著到路邊倒掉，這條路的拓寬工程顯然是靠兒童的力量完成的。這些孩子的臉全用破布幪住，並且隱藏在草帽底下，他們臉上塗了樹粉以避免午後毒辣陽光的曝曬。他們隱藏在黃色如鬼魅般的面具後面，唯一可以辨識的是他們的眼神。我想問他們，從事這麼辛苦的工作是否有工資可領，然而在工頭的監視下，我沒有接近他們的機會。

為了合理化強制勞動，軍政府援引英國殖民時期的兩項立法：一九〇七年的鎮法（Town Act）與一九〇八年的村法（Village Act），這兩項法律使各鎮各村的領袖或警察有權要求居民援助政府機關。一九九八年，國際勞工組織針對緬甸的報告指出，強制勞動在今日已形同奴隸制度。國際勞工組織的調查結果令人震驚，軍政府有系統地運用未支薪的勞工，而且「完全無視民眾的人性尊嚴、安全與健康」。緬甸政府駁斥這項報告是「一面之詞而且充滿偏見」，它表示，軍隊與人民一起努力建設緬甸。民眾從事的建設，例如灌溉工程、學校與醫院，最後獲利的還是當地民眾。軍政府第二號人物，同時也是緬甸軍情局首長欽紐中將（Lieutenant-General Khin Nyunt）宣稱，西方扭曲了緬甸內部的現實：「我們強烈相信，這些說法完全是對緬甸人民的處境與心態產生錯覺與誤解所致。」他堅稱村民都很高興能為軍方做事，他們想加快建設的腳步。「在緬甸人的思維裡，貢獻勞動不只能為目前的生活帶來立即物質上的好處，也能讓下一代雨露均霑。」他解釋說。

當我向教士告別時，他告訴我前一天已經有兩名警察來找過他。他們問他是否有一名外國女士來參觀教堂。我這才知道當我高興地告訴局長我要去哪兒的時候，他已經派了他的手下跟蹤我，確認我是不是說了實話。

正午時分，端迪的主要佛寺空無一人。我在入口處脫下鞋子，沿著鋪上毯子的階梯走到一處寬廣、開闊的平臺，這裡是信眾順時針繞著黃金鐘形尖塔參拜的地方。白色的陶瓷地磚在日曬下灼熱無比，我必須沿著平臺的邊緣，利用周邊神龕、冥想廳與榕樹的遮蔭才能繞行一圈。在佛塔的底部散布著一些小神龕，它們標誌著一星期裡的每一天，目的是用來召喚太陽系每個特定行星的力量，而每個行星都有特定的代表動物。舉例來說，星期一是由月亮主掌，代表動物是老虎。星期二的代表動物是獅子，受火星影響。緬甸人相信自己的命運是由自己出生那天所決定，因此適當的神龕與個人的宇宙圖有著特定的關聯性。這些神龕五顏六色，每個神龕都供奉一尊描繪動物的神像：蛇、象、鼠。這些神像套著花環，而供奉的蠟燭（最近才燒的）滴落到地上形成一灘蠟池。

佛寺是緬甸精神生活的中心，每個城鎮與村子必定有一間佛寺。民眾每日或每星期參拜佛寺一次，表達對供奉的佛陀遺物的尊敬。信徒也可到佛寺冥想打坐，施捨物品或參與宗教節日的節慶。寺院被視為提升精神與增長學問的地方。通往平臺的樓梯上彩繪了佛教傳說的教化繪畫，通常描述的是與佛陀前世有關的闍陀迦故事，充滿道德教化的色彩。佛教的和平原則——鼓勵智慧與同情——便透過這些故事灌輸到民眾心裡。

端迪的佛寺據說有千年以上的歷史，目前這間佛寺正在整修，外圍搭建起鷹架。我在官方英語報紙《緬甸新光報》（*The New Light of Myanmar*）中讀到，欽紐將軍在上星期曾抵達端迪視察佛寺的整修進度。這篇報導的第一段值得一讀，因為這可以讓我們稍微瞭解緬甸頭版新聞都在寫些什麼：

> 國家和平與發展委員會第一書記欽紐中將，在仰光區和平與發展委員會主席敏隋（Myint Swe）少將與委員會各部部長、副部長及官員的陪同下，於今日七點三十分抵達三角洲傑提（Delta Jetty）。他在當地受到第一軍區司令欽貌索（Khin Maung Soe）上校、仰光南區和平與發展委員會主席盛萊（Sein Hlaing）中校以及達拉（Dalla）、端迪和塞克逸卡蘭托（Seikkyi-Khanaungto）鎮和平與發展委員會、各部官員、團結與發展協會聯盟成員與社會組織成員的歡迎。

我每次拿起《緬甸新光報》，總會看到一些段落寫著將軍們視察佛寺整修或新佛寺的建造。這種做法可以追溯到緬甸王朝時代，王室一直是佛教的獎掖者。就像今日的將軍一樣，歐威爾《緬甸歲月》裡貪汙的官員吳波金（U Po Kyin）也認為自己是個好佛教徒。他相信自己此生犯下的惡行——詐騙錢財、陷害無辜與欺凌年輕女子——將累積起來使他在來世投胎成為低等的生物，例如蟑螂。因此，他打算在下半輩子多做善事，來抵銷他上半輩子做的壞事，以化解他的業障。歐威爾總結吳波金的哲學：

他的善功指的也許是蓋佛塔。四座、五座、六座、七座佛塔——僧侶們會告訴他該蓋多少——這些佛塔務求精雕細琢，鍍金的雨傘與小鐘在風中叮噹作響，每響一聲就代表一次祈禱。如此他才能再度轉世為男人——因為女人的地位就像老鼠或青蛙一樣卑微——或至少能轉世成比較尊貴一點的動物，例如大象。

報紙又報導，欽紐在端迪佛塔上層的佛像面前供奉鮮花素果，然後順時鐘繞行佛塔一圈。而後地方上有頭有臉的人物捐贈金錢資助佛塔的整修。報導中列出最高的捐助金額。這些金額就緬甸的標準來說算是天文數字，而欽紐本人則捐了九十萬緬元（大約九百美元）。報導又提到將軍在端迪的最後一站是訪問當地一所小學，他贈送了五百支鉛筆給該校的學童。

在緬甸，凡事都離不開政治——佛寺亦然。許多佛教僧侶參加了一九八八年的抗議行動，有數百人遭軍隊殺害。兩年後，約有七千名僧侶沉默走過曼德勒街頭，他們托缽收集施捨，以紀念一九八八年的死難者。但這場和平紀念儀式卻以流血收場，軍隊向群眾開槍，造成許多僧侶死傷。「僧伽」（sangha，神聖的佛教教團）於是向軍政府發動全國性的宗教杯葛，拒絕接受軍人家庭的施捨，也拒絕主持軍人家庭的婚禮與喪葬儀式。這項行動稱為「翻轉缽盂」。這場消極的抗議行動觸怒了軍方，因為此舉使他們無法掌握自己靈魂未來的去處：在佛教喪葬儀式中，僧侶是引領人們脆弱的靈魂前往來世的必要嚮導。軍方的回應是打擊僧眾。士兵突擊一百間以上的寺院，逮捕超過三千名的僧侶與見習僧。今日的僧伽受到政府嚴密的控制。所有僧侶在任命之前都必須經過政府的審查，即使只是短暫出家幾個星期或幾個月（許多信佛男子會短期出家）也不例外。傳統儀式需要經過地方政府批准。告密者（他們也穿著緬甸僧侶的磚紅色袈裟）也在僧伽內部擴散蔓延。許多高僧遭到威脅與收買，被迫遵從黨的路線。寺院的住持以往對村落具有強大的道德權威，如今卻成為監視村民的人物。

我步下寺院階梯，往鎮中心方向走去。在佛塔的影子下，有一座傾頹的古塔，堆積如山的瓦礫，上頭爬滿蔓藤與灌木叢。幾尊小佛像散置於瓦礫堆中，前頭還擺放著香爐，裡面插著線香與蠟燭——顯示這座佛塔曾供奉過的力量仍逡巡於此。幾輛運貨馬車停在附近的樹蔭下，小馬緊繫著貨車，遠離正午熾熱的日光。馬車的主人要不是在車上打盹，就是跑到廢墟柔軟的草地上睡上一覺。

一九八八年暴亂期間，一則奇妙的傳言在緬甸國內流傳著。有一個村落遭到惡龍荼毒，每年這條龍都要村民獻上一名處女做為供品。而每年村裡都會有一名勇敢的年輕英雄爬上附近的山嶺與惡龍搏鬥，但沒有任何人生還。當又有一名年輕人自告奮勇接受這項必死的任務時，有人偷偷跟在他後頭想知道會發生什麼事。龍穴裡擺滿黃金珠寶，當男子抵達時，他用劍殺死了惡龍。男子坐在屍體上，讚賞著光彩奪目的珠寶，結果他逐漸長出鱗片、尾巴與角，最後終於變成村民懼怕的惡龍。這則傳說的啟示與歐威爾《動物農莊》完全相同。

歐威爾作品中，只有《動物農莊》被翻譯成緬甸文——這是一九五〇年代，也就是軍隊掌權之前的事。譯者是已經過世的德欽巴當（Thakin Ba Thaung），在緬甸歷史與文學上，他是一名廣受愛戴的人物。緬甸文的「thakin」是「老爺或主人」的意思，是緬甸人稱呼英國人的用語。巴當是德欽運動的發起人，這個運動旨在對抗殖民政府尋求獨立，而它的成員也大膽地將「thakin」這個名銜冠在自己頭上。歐威爾如果知道他的作品被煽動反對英國殖民者——德欽巴當曾因為故意將喬治五世的郵票反貼而被英國人關進監獄——譯成緬甸文，想必會非常高興。

德欽巴當在翻譯《動物農莊》時，把故事改編成緬甸的場景，給予它更詩意的書名：《四條腿的革命》（*The Four-legged Revolution*）。在《動物農莊》中，一群農場動物決定推翻人類主人，自己來管理農場。（在德欽巴當的譯本中，農場主人瓊斯夫婦被換成了因馬賓農場〔Yinmabin Field〕的吳塔考〔U Tha Kaung〕與杜歐薩〔Daw O Sa〕。）豬群為了建立平等的烏托邦，推翻暴虐的人類，而領導農場動物們發動革命，但當權力進到牠們的腦子裡，牠們就逐漸放棄了理想，變得殘酷而貪婪。牠們下令只有豬才能吃果園裡的蘋果（牠們宣稱，蘋果可以補充豬動腦所需的養分），而豬也豢養了恐怖的狗群來看管農場上的雞群、羊群、牛群與馬群。當豬群獨享牠們推翻的人類的奢侈生活時——睡在屋內，暢飲威士忌——其他的動物卻因為過度勞動與饑餓而死。歐威爾是以俄國一九一七年革命為藍本而寫了《動物農莊》，史達林將蘇聯農場予以集體化，導致數百萬農民死亡。我傾向於將這部作品解讀成歐威爾無意間針對緬甸歷史寫下的三部曲的第二部分。

緬甸可悲的社會主義實驗始於一九六二年，當時的軍隊領袖奈溫（Ne Win）奪取了民選政府（英國人離開後，接替英國人的位置）的權力，並且建立他所謂的革命委員會。在軍事政變期間，整個國家陷入混亂。緬甸在二次大戰期間成為英軍與日軍的主要戰場，國家的基礎設施被破壞殆盡。共產黨軍隊發動戰爭想推翻政府，而少數民族也進行武裝抗爭爭取獨立。我交談過的許多老人說，當軍方控制整個國家時，大家都鬆了一口氣。然而，就像《動物農莊》的豬一樣，奈溫並不是什麼善類。他發動所謂的「緬甸特色的社會主義道路」，一種馬克思主義與佛教的輕率災難性混合。所有的政黨都被宣告非法，而奈溫的政敵也全被捕入獄。所有私人企業全部收歸國有。許多住在緬甸的外國人，絕大多數是印度與中國商人，資產全被沒收，於是他們只能逃出緬甸或被迫離開，而緬甸也從此關上對外的大門。沒有商業經驗的軍事強人負責管理緬甸的工業與農業。在此之前，他們已花光了外幣儲備，因此沒有辦法進口日常必需品——除了機器的備用零件外，連牙刷都無法進口。商店的貨架馬上就被清空，民眾開始排隊領取配給的食用油與白米。奈溫與他的軍政府把原本富於自然資源的緬甸變成了荒地。在奈溫統治了二十五年之後，也就是一九八八年暴亂的前一年，聯合國宣布緬甸是世界上開發程度最低的國家之一，其他十個國家絕大多數都位於撒哈拉以南的非洲。

當我在曼德勒與歐威爾書迷俱樂部討論《動物農莊》時，屯林，也就是那位生性樂天的退休老師是發言最多的。他喜歡說自己曾身處在真實版的《動物農莊》裡。屯林說奈溫統治期間是「戴著綠色眼鏡看世界的時代」。用綠色眼鏡看世界，意思是說明明看到的是壞事，卻硬要把它想成是好事。這個詞其實有一段有趣的淵源。二次大戰期間的戰爭與轟炸摧毀了緬甸的稻田與種植園，最後日軍終於占領緬甸，而農民發現要種出可吃的農作物相當困難。就連農場的動物與馱獸都不願吃這些乾枯的穀物，因為它們的外觀是不健康的白色。日本人擔心用來在上緬甸山區馱運武器的驢子會因為不願吃這些穀物而餓死，於是想出一個好主意。他們製作了綠色的眼鏡，然後用鐵絲將眼鏡掛在驢子的耳朵上。「驢子看到穀物是綠色的就很高興地吃了，」屯林解釋說：「這就是我們在緬甸《動物農莊》裡做的事。整個國家就像驢子一樣被迫戴上了綠色眼鏡。」

我發現屯林喜歡講笑話，於是便告訴他我從緬甸語老師聽來的有關奈溫統治失當的笑話。一名士兵住在仰光茵雅湖（Inya Lake）畔的小屋裡，距離奈溫雄偉的住處並不遠。有一天午飯時間，士兵走到湖邊，打算抓點什麼來當午餐。他釣到一條又大又肥的魚，於是很興奮地將牠放到籃子裡帶回小屋。他打算切點番茄與洋蔥做咖哩魚。但是，當他回頭看他的碗櫃時，發現既沒有番茄也沒有洋蔥：碗櫃是空的。「沒關係，」他想：「我可以油炸——或許這樣還比較好吃。」但是，當他尋找食用油時，發現瓶子也是空的。「我知道了，」他想了想：「我可以在爐子上烤魚；這樣嚐起來簡單但好吃。」但是，當他去木炭箱找木炭時，發現箱子也是空的，一根木炭也沒有。最後，他察覺自己只能把魚放走然後餓肚子。他回到湖邊，把一息尚存的魚扔進湖裡。那魚躍出湖面快樂地擺動魚尾說：「奈溫萬歲！」

屯林聽過這則笑話，但他還是笑得很開心，他提醒我歐威爾曾經這麼描述政治幽默：「每個笑話都是個小革命。」

查札溫也是我們討論會的一員，她才剛從大學畢業，她的年紀太輕，並不清楚奈溫時代或一九八八年的暴動。但《動物農莊》有一句話對她意義特別深遠：「革命後會有糖吃嗎？」她記得小時候曾聽父親自言自語地說過這句話，一直到討論前一個星期她讀了《動物農莊》之後，她才瞭解這句話是歐威爾書中愛漂亮的母馬莫莉說的。「我還以為這些動物會清醒過來，」她提到《動物農莊》裡的動物：「母馬莫莉問革命後會有糖吃嗎，牠得到的回應是斷然的『不』字。」

《動物農莊》在一九五〇年代首次在緬甸出版時並不是很受歡迎。主要是因為當時許多知識分子立場左傾，他們認為這本書批判的是他們喜愛的社會主義。當美國大使館印行節錄本做為反共產主義宣傳時，這本書的命運就此決定。贊助翻譯的組織因而必須以贈送的方式消化庫存。但多年之後，當人們重讀這本書時，發現與自己國家的歷史有許多雷同之處。我曾遇見一名大學講師，她告訴我她曾想把這本書列為英語系學生的必讀作品，卻遭到當局的警告：這本書與緬甸目前的狀況太類似。幾年前，英國廣播公司的緬甸語節目曾經播送《動物農莊》的廣播連續劇。幾個星期之後，屯林告訴我，曼德勒茶館鬧哄哄的，大家都忙著配對目前緬甸的領導人相當於小說裡的哪些角色。你可以把民主領袖翁山蘇姬比擬成流亡在外的革命派小豬雪球嗎？哪一頭豬是奈溫將軍？他是不是少校，也就是預見自己將突然死亡專橫不可一世的老豬？（希望是。）或者奈溫是拿破崙，也就是愈來愈強壯卻也愈來愈精神錯亂的怪誕統治者？（或許是。）

奈溫或許兩者兼有。他是出了名的隱遁統治者，他口出惡言，有好幾段婚姻，而且相當迷信。他對命理的一知半解對緬甸造成戲劇性的影響。一九八七年，奈溫廢除部分通貨，改發行面額四十五緬元與九十緬元的鈔票——每種面額都能用九整除（九是占星學的吉利數字，也是奈溫最喜歡的數字）。民眾已經極為微薄的儲蓄一夕之間化為烏有，於是在一無所有的狀況下，一年後，民眾全走上街頭，釀成一九八八年的暴亂。

二〇〇二年十二月，奈溫在仰光的湖濱別墅去世，享壽九十一歲。這樁緬甸史上劃時代的大事發生時，我正在仰光。奈溫自從一九八八年離開政府之後，就很少在公共場合露面，許多分析家認為，他去世的時候其實已沒有任何政治影響力。這一點明顯表現在一場高度公開的審判上，他的女婿與三個外孫因為陰謀顛覆丹瑞將軍而被判處死刑。官方媒體唯一提到奈溫去世消息的只有《緬甸新光報》，而且是在背頁一個小角落登上不起眼的訃聞。整個事件被仔細安排成什麼事都沒有發生的樣子。奈溫的遺體在他去世當天下午就私下予以火化。我注意到，在奈溫去世當天晚上，仰光的軍人似乎多了點，而且有幾家茶館比往常早打烊。但是除了這些微不足道的小事外，幾乎沒有任何事情標誌出這名緬甸專制統治者的死亡。我問查札溫，她對奈溫去世有什麼看法。「沒感覺，」她說：「他去世不會對現狀有任何影響。他的死並不是那麼重要，一切還是照常運作。」或許她是對的：我注意到，即使奈溫已死，茶館裡的人還是不敢高聲提到他的名字。

兩名男子在我們鄰桌坐下，我們對《動物農莊》與奈溫統治時期的討論也告一段落。一名同伴不讓人察覺地用肘輕輕推了我一下，而屯林則是前傾著身子到了桌子中央。我可以從他的表情看出——眉毛揚起像是打了問號，暗示著露齒而笑——又到了講笑話的時候。「你們聽過牙醫的故事嗎？」他問道。「曾經有一名緬甸人，他走了很遠的路到鄰國去看牙醫，」屯林說：「當他抵達牙醫診所時，牙醫得知他走了非常遠的路，感到非常驚訝。『貴國難道沒有牙醫嗎？』他認真地問這名男子。『有的，有的，我們有牙醫，』男子回道。『問題是我們沒有得到允許是不許開口的。』」

我花了幾天的時間在塵土飛揚的端迪街道閒逛。我去參觀手工製作的赤陶罐。我坐在河邊看著超載的貨船來來往往，以及漁人結束數個月的海上生活返鄉。在曼德勒，我遇見一名退休的緬甸警官，他曾派駐到與歐威爾相同的城鎮執勤。「身為一名三角洲的英國警官，歐威爾應該非常寂寞，」他對我說：「英國人有自己的社區，他們不與緬甸人雜居。我小的時候幾乎沒看過英國人——偶爾會在清晨看到他們騎馬出現。」與歐威爾同時居住在謬米亞與端迪的英國人，恐怕除了他以外只能再有一人，頂多兩人，一起在殖民地官署做事。歐威爾一定曾經在家書中提及他對三角洲的第一印象，可惜這些書信無一留存。他的兒時好友布迪康記得自己曾收到歐威爾三封信，信中提到他在緬甸有多麼不快樂：「第一封信很長，語氣大概是這樣的：『妳絕對無法瞭解這裡有多糟糕，只有身歷其境才能體會這一點。』」在《緬甸歲月》中，悲慘與寂寞折磨著弗洛里，他描述緬甸生活宛如「孤獨地獄」。弗洛里每在緬甸多待一年，他愈感到「異鄉的樹木、花草、風景與異邦人的臉孔」為他帶來更多的孤獨與苦澀。他只能躲進書本與幻想中，夢想能有異性的陪伴，以及有一天能逃回英格蘭。

當英國應徵者應徵帝國警察的工作時，他們必須表明自己想在帝國的哪個地區工作。他們允許選擇五個地點，而且必須為自己的第一個選擇說明理由。歐威爾的第一個選擇是緬甸，然後他在底下潦草地寫著：「我的親戚住在那兒。」（當時他母親的家族仍住在毛淡棉，而他後來也調到那裡工作。）若不是家族的關係，緬甸恐怕會是一個古怪的選擇。絕大多數的應徵者都把緬甸排在末位。這個國家被視為帝國的落後地區，是印度額外的省分，政府人員可以獲得「緬甸津貼」來補償他們的辛勞。印度事務檔案裡有一份耐人尋味的報告，裡面提到派駐緬甸的「年輕警官，精神錯亂的比例高得異常」。這份報告完成於歐威爾派駐緬甸之前的幾年，而且對於近年來有六名年輕英國警官精神崩潰與兩名警官自殺表示關切。報告最後留下了令人難以滿意的結論：人們一直搞不清楚為什麼這類事件在緬甸層出不窮。

在端迪的最後一晚，我到鎮上街旁的小飯館用餐。吃到一半，突然傳來跳電的聲音，整個鎮陷入黑暗。一開始是短暫的靜默，接著當用餐者逐漸熟悉黑暗之後，餐具的碰撞聲與低語的對話再度響起。逐漸的，街上開始出現溫暖的光線，年輕的服務生像天主教侍祭一樣，捧著粗厚的蠟燭到每一張桌上。鄰桌一名男子告訴我，端迪經常停電。「只要仰光需要用電，他們馬上就會把這裡的電切斷，」他解釋說。「當然，一個星期之前有一名將軍來到此地，他在這裡的時候電力是二十四小時供應。」

晚飯後，我返回旅館，這裡也是一片漆黑，我必須摸黑爬上二樓的房間。房裡有扇寬大的窗戶，上面罩著一塊透明的塑膠布，透過塑膠布我可以看到芒果樹長而薄的葉子，以及如淚珠般纍纍的果實，在月光下，芒果泛著銀綠色的光輝。我打開手電筒，裡面裝的是我在市場購買的廉價電池。光線忽明忽暗，最後完全熄滅。我甩了甩手電筒，這回它又亮了一會兒，剛好讓我有時間看到一隻肥碩的壁虎，牠的眼睛像黑色珠子似的。壁虎快速在天花板爬行，在燈光下，投射出五倍於身形的影子。

我鑽進掛在床上的亮綠色蚊帳裡。雖然窗戶的縫隙吹進些許微風，但仍無法穿透細密的聚酯蚊帳，頂多只是讓它輕晃幾下，就像巨大的綠果凍似的。我聽著旅館的吵雜聲。大概是聲音傳遞效果的關係，樓下的人咳嗽，那聲音彷彿是從我腦袋旁發出來似的，宛如咳嗽的人就站在蚊帳外的某個陰暗角落。我可以聽見鄰近房間裡收音機傳來改編的緬甸流行歌曲：

她不再愛我；
理由是什麼，只有天知道。

過了一會兒，一切歸於寧靜，我唯一聽見的聲音來自於天花板上的壁虎，牠咯咯地發出快樂的叫聲。

第三章
仰光

權力就是把人類的心靈撕成碎片
然後依照你自己選擇的新形體
再次將心靈組合起來。
《一九八四》

在緬甸首都仰光的市中心*，座落著一棟宮殿般的宅邸。英國統治時期，這座宏偉的維

* 編注：緬甸軍政府二〇〇五年將首都遷至奈比多（Naypyidaw），參見本書〈新後記〉。

多利亞式建築被稱為祕書處，它是殖民政府的辦公地點。這棟建築物其實由一群不規則延伸的建築物組合而成，它有著無止盡的黃褐羊皮紙色柱廊、紅磚外牆以及挑高的百葉窗。在圓頂與圓頂之間，只見烏鴉旁若無人地振翅飛翔，鄰近的公園矗立著青綠的椰子樹與扇形的旅人蕉。緬甸獨立之後，祕書處轉而成為新緬甸內閣辦公的地方，今日它則是軍政府的中央辦公室。入口處有穿戴鋼盔的士兵把守。吉普車與裝甲卡車則依序停放在彎曲的車道兩側。建築群的四個角落都有軍人拿著機關槍把守，外圍則繞上一圈鏽蝕的鐵絲網。

仰光到處可見這種英國式老建築。事實上，仰光有些地方就像移植到熱帶荒廢了一兩個世紀的倫敦一樣。鄰近碼頭的地區可以看見英國法院宏偉氣派的白色多立克式圓柱。這間法院至今仍在使用，法律訴訟仍持續在此地進行。政府人員穿著朝氣蓬勃的白色襯衫，下擺紮進厚實的絲綢籠基裡，他們快速穿過建築物，手裡擺動著人造皮公事包。獅子像的嘴唇呈現出華麗的緋紅色，它們居高臨下，從老電報局大樓的屋頂俯視街景。在原本的英國羅伊（Rowe & Co.）百貨公司入口上方有一塊空的鐘盤，鐵製鐘緣鑲刻著繁複的浮凸雕花。仰光大街兩旁的巷弄是一排排殖民時期店屋。走進屋內，你可以看到陡峭的木造迴旋梯往上隱沒在黑暗的樓梯井內。青紫色的苔蘚沿著龜裂的灰泥牆蔓生，蕨類也從山形牆的石縫裡蹦出芽來。

歐威爾後來從三角洲轉調仰光市郊警局——先是過河到南部的希里阿姆（Syriam），然後再到距離仰光市中心北方約十五分鐘火車車程的因盛（Insein）。當時的仰光以擁有許多帝國雄偉建築著稱，對殖民官員來說，在滾燙的緬甸熱帶沼澤裡，仰光如同一座西方文明的綠洲。在仰光，你可以在著名的河濱飯店（Strand Hotel）享用法式料理與美酒，或者到吉姆卡那俱樂部（Gymkhana Club）聆聽最新的舞曲唱片。「喔，仰光之行實在太美好了！」《緬甸歲月》的弗洛里回憶說：「急忙到斯馬特與穆克敦（Smart and Mookerdum's）書店搶購剛從英格蘭運來的新小說，到安德森餐廳（Anderson's）享用以冷凍倉儲運送了八千英里來此的牛排與奶油晚餐……」

斯馬特與穆克敦書店在奈溫軍政府掌權後已收歸國有，而安德森餐廳早已歇業，但你仍然可以到河濱飯店享用晚餐。我在一九九〇年代中期首次來到緬甸，當時的河濱飯店是一棟由政府經營的破爛旅館。發霉的房間塞滿突兀的家具，床上鋪著破爛的亞麻被子。幾年前，一家國際連鎖飯店業者整修這棟建築，使它搖身一變成為五星級飯店。河濱飯店準備了法式餐點——由法國聘請來的主廚親自掌廚。客人可以在下午茶時間，躺在休息室的藤椅上，一邊吹著天花板的黑色風扇，一邊享用烤餅與進口果醬。

自從軍政府於一九八九年向國際投資客開放之後，為了興建公寓、辦公大樓與飯店旅館，許多仰光老房子都面臨被拆除的命運。我們不僅看見販售進口零食（能多益〔Nutella〕、品客〔Pringles〕與〔Pop Tarts〕的超級市場，也發現能購買國際品牌商品（露華濃〔Revlon〕化妝品與〔Guess服飾〕的百貨公司。你可以在鋪有時髦磨痕地板的酒吧吃到用木頭爐火熏烤的披薩與凱撒沙拉，以及在平板螢幕播放著MTV的咖啡廳裡啜飲卡布奇諾。英語週刊的社交版面刊出外國商務人士舉杯暢飲香檳以及緬甸美女對著鏡頭親切微笑的照片。這些新奇的事物使仰光看起來與其他繁華的亞洲首都無異，然而這一切不過是粉飾太平。這些舒適生活只有非常富有的企業人士與將軍的家人才能享有。緬甸是東南亞所得最低的國家——比寮國或柬埔寨還低。一方面，緬甸的薪資停滯不前，另一方面，仰光每年的通貨膨脹率卻高達五成。仰光絕大多數市民僅能做到收支平衡，有些人則是入不敷出。每到清晨，領取政府配給（食用油與白米）的人大排長龍，在仰光街頭經常可見這些隊伍彼此交織。

我認識一名緬甸老婦人——她是一名退休老師——每次我到仰光都會去看她。她總是堅持在她家附近剛開張的超級市場碰頭。我們會花幾分鐘的時間在空調的走道上來回閒逛，她一邊讚賞這些商品，一邊仔細看著有機洗髮精，閱讀杏仁巧克力上的成分。她告訴我超級市場有多麼方便，全世界你需要的東西在這裡都能找到。她提醒我緬甸在奈溫主政的時代完全沒有這些東西。她認為超級市場是國家進步的象徵。然而我們從未在結帳櫃臺前排過隊，因為她從來沒在這兒買過東西。她買不起超級市場的商品，就像絕大多數緬甸的家庭主婦一樣，她的日常用品都是在當地市場的露天攤商購買的。

在祕書處旁邊，有一棟外圍繞了兩圈鐵絲網的附屬建築物，駐守祕書處的士兵就住在這裡。這些建築物的風格看起來跟祕書處一樣，有著紅磚與黃色飛簷，不同的是你可以更靠近地觀看這些建築物。黑色汙水像灑出來的墨汁一樣從雨水浸滲的屋頂滴落。赤裸裸的燈泡搖晃著掛在破舊門框上面。窗戶玻璃絕大多數都已破損，改以波浪狀的鐵片或厚紙板代替。建築物之間散置著幾處小菜圃。雞隻在草叢裡啄食，有幾頭豬躺臥在泥巴裡。到了夜裡，祕書處隱沒在黑暗中，只能約略看見它巨大黑色的輪廓，就像怪誕童話故事裡的鬼屋一樣。在祕書處的前方，建築物的邊緣有幾處廢墟，士兵與他們的家人在這裡生火煮他們的晚餐。

抵達仰光之後，我第一個見的人是我的好友哥葉（Ko Ye），他是研究緬甸軍政府如何控制現實的專家。哥葉在仰光從事出版業已有三十年的歷史。他的出版社（連同緬甸每一家出版社）出版的每一頁的每個字，在流通市面之前都必須通過政府審查。仰光之所以能維持表面的平靜，或許是因為嚴密審查的緣故。

哥葉的出版社位於仰光鬧區車水馬龍的地帶，這裡的街道塞滿公車與汽車，攤販幾乎把人行道的每一寸都占滿了。他們販售佛教海報、草藥與盜版光碟。一名纏著腰布的印度人蹲在一只裝滿熱油的鐵鍋前翻攪著一口大小的咖哩角。一名年輕女孩揮舞著塑膠袋，好趕走覬覦新鮮柚子的蒼蠅。客人蹲坐在矮錫桌前等著湯麵端上桌，小販從大桶子裡鏟起印度香飯放進塑膠飯盒。在道路兩旁，民眾坐在人行道上的茶館裡，他們的腿整齊盤坐著，外面罩著籠基，冷眼看著混亂的車流來來去去。

我走在街道相對安靜的另一側，不久便找到哥葉位於一樓的辦公室。有人到後頭房間找他過來，要我稍等一下。我看著出版社排演流暢的芭蕾舞——一臺跟汽車一樣大小的吵雜黑色機器，一名光著上身的男子穿著勞工常見的及膝籠基，操縱著控制桿，另一名男子蹲伏在機器下方接住推送出來的印好書頁。一名女子盤坐在機器旁的地板上，她把剛印好的書頁疊好，摺進封面之內，然後用粗線將留有餘溫的書頁縫製成一本書。在她身旁，一名雙手墨漬身穿灰白色汗衫的男子把印好的書整齊地疊成一落。他將刻有出版社商標的橡皮圖章上墨，然後結結實實地在每本書的封面蓋上印章。

不久，哥葉——一名身材高大五十出頭的男子——走進房間，嘴裡還叼著一根菸。

「喝茶嗎？」他輕快地問。

「好的。」

哥葉叫一名年輕小伙子過來，他正在門口將一捆捆的雜誌綁在腳踏車的後架上，準備運送到仰光各家書局。他塞了幾張鈔票到他手裡，要他買茶回來。哥葉要我坐在他書桌前的小凳子上，他自己則坐在書桌的另一邊，用手上的菸點起另一根菸，然後談起他最喜愛的話題：出版登記與審查部（Press Registration and Scrutiny Department）。出版登記與審查部隸屬於軍情局下，是名副其實的出版審查部隊，負責搜尋每一份印刷品（不管是學校課本、雜誌、月曆或歌詞）的每一個字、每一句話、每一張圖是否有反政府內容。哥葉拿起擺在桌上的生活雜誌。在粗糙、灰色的書頁上登滿了短篇故事、有關電影的文章以及流行歌手的簡單介紹。他迅速翻過雜誌，指出審查人員用粉紅色螢光筆草草畫過的某些段落、某些頁面，甚至一整篇文章。在每個記號旁邊都潦草地寫了一個字「hpyoke」，就是刪除的意思。

「為什麼是這幾頁？」我問。

「我也搞不懂，」他回答：「恐怕審查部的人自己也不知道。」哥葉解釋出版登記與審查部規定了十一個空泛的條文，概略地提到哪些主題不能寫。條文相當模糊抽象，只要扯上一點邊的，他們就會禁止：

- 「有害國家意識形態」
- 可能「有害安全、法治、和平與公共秩序」
- 「錯誤觀念與悖逆時代的意見」
- 雖符合事實，但「內容不適合出現在目前的時間或環境」

「他們從不明確地說明『為什麼』某些內容會被禁，」哥葉說：「我們只能用猜的。」有些禁忌明顯是不能提的，例如全國民主聯盟領袖翁山蘇姬、一九八八年的民眾暴動事件，與「民主」這個詞。每個月，編輯都要去聆聽簡報，瞭解這個月又多了哪些不能談的話題——審查部的規定變來變去，通常要看緬甸內部發生了什麼事來決定——而在我與哥葉碰面的時候，這些規定包括了稻米（面臨嚴重短缺，促使政府必須進行配給）與黃金（金價上漲進一步顯示緬甸經濟的困境）。最近幾個月，緬甸與鄰邦泰國發生政治糾紛，審查部因此要求刪除所有與泰國有關的新聞。哥葉說，這意謂著所有跟泰國有關的東西，包括泰國人，以及泰國產品的廣告。有一本月刊不小心登了一則泰國公司廣告，結果審查部就禁止那一期的月刊出刊。審查部的命令也涵蓋了國際新聞。太密切反映出緬甸自身歷史的報導也禁止出現在緬甸的報紙與雜誌上，例如一九九八年印尼發生的群眾暴動導致專制領導人蘇哈托將軍（General

Suharto）下臺。

小伙子回到辦公室，手裡提著一袋熱騰騰的茶水。哥葉在桌上放了兩只茶杯，然後熟練地把茶水倒出來，他抓著塑膠袋的一端，搖晃出最後一滴茶水。

「不只政治消息會被禁，」哥葉又說。即使是基本的公共資訊，例如就在我抵達緬甸之後，火車票價就漲到原來的四倍，也不許出現在報紙上。人們只有透過口耳相傳或到火車站買票時才會知道這件事。「這些將軍不想看到自己國家的壞事被印成白紙黑字，」哥葉解釋說。

一九一四年，一部名叫《凱絲琳的冒險》（*Adventures of Kathlyn*）的電影遭英國緬甸政府禁演。這部電影是關於一名白人女性在一座以印度為藍本的虛構小島的冒險故事。英國審查人員甚至不需要看這部電影。他們只要看一下廣告小冊子，就用紅色蠟筆把他們反對的句子圈起來。其中一句提到不幸的凱絲琳被賣到奴隸市場，另個句子則炫耀說：「你將看到凱絲琳被狂熱的原住民捆綁起來！」英國政府覺得白人女性在這種難堪的情境裡呈現的形象帶有貶意，可能給緬甸觀眾帶來壞的影響。當局對於媒體描繪英國人的方式非常敏感，而且把所有媒體的批評都視為對英國王室正當性的貶損。一九三三年，緬甸的英國審查人員禁止風評甚佳的電影《亨利八世的私生活》（*The Private Life of Henry VIII*）上映，片中描繪國王用手狼吞虎嚥地吃東西：他們不希望有人看見英國國王不用餐具吃東西的樣子，但絕大多數緬甸人至今仍是這樣飲食。運用嚴格的出版管制法（人稱「封口法」），英國對報紙、雜誌乃至於書籍進行審查與禁止。《印度愛經》（*Kama Sutra*）與《我的奮鬥》（*Mein Kampf*）同被列入禁書清單之中。只要被審查人員貼上「仇恨」、「煽動叛亂」、「不忠」或「不滿」的標籤，就會被處以高昂的罰金，最嚴重的甚至要坐牢。

從英國獨立後的短短十年間，緬甸出版業經歷了一段自由而活潑的時期。但奈溫掌權之後，他重拾過去英國箝制媒體的法律，並且自行增添了一些限制。近年來，既有的法律陸續進行增補，對媒體的控制愈來愈嚴厲。當局持續更新所有在職作家與編輯目前的動態。與英國殖民時代一樣，只要稍稍越界，就會受到重罰或坐牢。有一名出版商正面臨三到七年的刑期，因為他未經授權出版了學生的小冊子，裡面都是一些學生的詩文與校園新聞。另一名出版商在印行某一本書時，數量超過了當初登記的兩百本，因此被處以高額罰金，公司也禁止營業半年，實際上已形同破產。「審查制度愈來愈嚴苛，」哥葉說：「隨著列入黑名單的作家數量愈來愈多，要寫東西也就愈來愈難，編輯自然而然膽子也愈來愈小。」

雜誌編輯尤其辛苦。雜誌必須印好之後才能送去審查，如果審查人員要求變更內容，編輯就必須自行吸收成本。如果一整頁都是冒犯性的內容，就會直接撕掉，如果是一整段，那麼就用黑墨或銀漆、金漆蓋住（這樣就算把書頁對著光看，也看不到上面的文字）。舉例來說，一九八四年，有一名雜誌編輯打算刊出歐威爾《一九八四》的節譯本，審查人員直接把它撕掉。現在，審查部要求的手法更精細了：它不希望民眾發覺媒體受到審查。但哥葉向我解釋怎麼樣看出內容被刪掉。因為編輯有截稿時間的限制，很難有時間重寫文章，於是就預先準備好可以塞進被審查人員刪掉的空格。他拿了一本雜誌給我，編輯用很多廣告來填滿這些空間。光數廣告有幾個就可以看出審查的力道。我把整本雜誌翻過之後，發現裡面占四分之一頁的廣告有六個，占半頁的有七個，而占全頁的有三個。

我們被印刷機傳來的巨大刺耳聲響打斷，緊接著是工人們的抱怨聲。電力中斷，機器振動幾下，最後停了下來。一名工人到外頭開啟小型發電機，幾分鐘後，印刷機咳了幾聲，又回過魂來。雖然仰光的電力供應比緬甸其他地區來得穩定，但每天還是會有停電的時候——有時幾分鐘，但更常見的是幾小時。在仰光的某些地區，例如黃金谷（Golden Valley），這處位於仰光北區的富人社區住著許多將軍，這裡的電力供應就相當穩定。仰光其他地方的夜間電力大概只能維持幾小時。對絕大多數企業來說，自備發電機是必不可少的，在大飯店與集合住宅外頭，經常可見像屋子一樣大小的發電機一天二十四小時不斷發出轟隆響聲。

哥葉從倫敦牌子的菸盒裡敲出最後一根菸來。「審查部控制出版已經有四十年以上的時間，」他說：「有一整個世代的年輕人是在審查部塑造的片面現實裡長大的。」哥葉告訴我，他兒子現在正在閱讀一九五〇年代，也就是緬甸短暫享有出版自由的年代的政治小說，他很驚訝地發現過去在緬甸是可以批評政府的。當然，他知道想批評政府必須關起門來（他在家裡大概聽了太多次哥葉對政府的批評），但他不曉得也可以在印刷品上批評政府。「總有一天他們會給予我們更多的經濟自由與遷徙自由，」哥葉認為軍政府最終將會如此：「但他們絕對不會允許我們擁有言論自由。他們知道一旦我們能報導真實的事物——如果人民知道事實——完全的事實，他們不到一個月就會垮臺。」

歐威爾相信，文學不可能在極權主義下生存。極權主義政府知道它的權力來源不具正當性，因此從不允許記錄真實。想維持現狀，就必須仰賴謊言。「現代文學本質上是個人的事物，」歐威爾在〈文學與極權主義〉（Literature and Totalitarianism）中表示：「文學如果不能真實地表達人們的想法與感受，它便一無是處。」簡言之，極權主義斲喪了創造力：「想像力就像野生動物一樣，無法存活於獸欄之中。」歐威爾寫道。

「鬼扯！」一名緬甸年輕作家在讀了我給他的歐威爾文章之後，用一種挑戰的語氣對我說：「走在潘索丹街（Pansodan Street）上，妳會發現緬甸的文學還活得好好的。」潘索丹街還有另一個充滿感情的名稱，叫「街邊大學」。這是一條穿過仰光市中心的繁忙大街。這裡的書店櫛比鱗次，賣書報雜誌的小販幾乎占滿了每一寸人行道。目光所及之處全是書籍，它們要不是堆置在地上，就是擺在臨時的木製書架上：滿是灰塵的古老英文經典、科學教科書、剛出版的緬甸小說、英語系學生的書籍、殖民時期的舊報紙、當代緬甸詩集與短篇小說集，以及世界各地的小說與非小說類翻譯作品。每月出版的書籍約有一百本，月刊一百種以上，另外週刊也有八十種。顯然，軍政府的鐵腕審查無法澆熄緬甸人閱讀與寫作的熱情。

在緬甸，想讀出字裡行間的言外之意是一門藝術，而緬甸的出版者、編輯與作者也發展出一套微妙的手法，足以順利逃過審查者的眼睛，將資訊夾帶進書內。我在仰光曾讀到雜誌上的一篇短篇小說，講的是狼群攻擊大象的故事。仔細思考其中的寓意，你會發現它指的分明是翁山蘇姬以奮勇不懈的力量對抗軍政府對她的政黨的百般迫害。屯林，歐威爾書迷俱樂部那位退休老師，他花了一整個下午的時間向我解釋《獅子王》（*The Lion King*）這部電影其實是緬甸的翻版。辛巴（Simba），那頭被迫離開家園的年輕獅子，指的是翁山蘇姬。辛巴的父親就像翁山的父親一樣遭到謀殺。刀疤（Scar），這頭邪惡的獅子奪取了王國，並且將美麗的樂土變成寸草不生的荒地，使得許多動物餓死或遠走他鄉，指的就是奈溫。屯林愉快地提醒我，辛巴最後擊敗了暴君，並且讓王國再次成為充滿彩虹與陽光的地方，不僅流著清澈的河水，所有的動物也都能在此和平地生活。

想規避審查，不一定只靠諷喻。雜誌編輯者也刊載了瑞典的醫療制度，希望讀者能比較出國內幾乎不存在醫療制度的狀況。有些出版社出版了像後現代主義與解構理論這類思想學派的入門書。「我們想用這種方式慢慢削弱他們的體系，」一名譯者對我說：「透過這些書籍，我們可以教育年輕人，幫他們張大眼睛看看四周的現實是什麼樣子。這種方法並不直接，但我們很希望人們能夠體會。」

在潘索丹街，我注意到有很多勵志書籍翻譯成緬甸文。西方最暢銷的幾本書，在這裡全找得到：《與成功有約》（*Seven Habits of Highly Effective People*）、《心靈雞湯》（*Chicken Soup for the Soul*）、《誰搬走了我的乳酪？》（*Who Moved My Cheese?*），以及續集《立志做懶人》（*I Moved Your Cheese*）。我曾聽過一種說法，因為勵志書籍能教導人們讓自己更有力量，因此這些看似無害的書籍其實是瞞天過海地告訴緬甸民眾要掌控權力。我問一名緬甸作家：「這些勵志書籍是否暗示一股寧靜革命正在形成？」他隨即否認：「這種書在哪個國家不紅呢？」我這才發現，有時候人們也會犯了過度解讀的毛病。

我在仰光遇見一位著名的短篇小說作家，他跟緬甸許多作家與新聞記者一樣，曾在監獄裡待過幾年。他是一名快五十歲、說話溫和的男子，當他說話時，會用手勢協助表達他的意思，就像默劇演員一樣。「我寫的故事是以我身邊看到的一切做為素材，」他說。他的故事記錄了一般平民的生活，通常集中在軍政府統治下民眾生活的貧困上（不僅是物質，也包括精神）。雖然他仍打算出版自己的作品，但他想寫的故事絕大多數還是必須（至少目前是如此）保留在自己的腦子裡。「我有許多、許多的故事，」他說。他在坐牢時，由於不許寫作，因此訓練出記憶故事的技巧。他跟我說了一則故事，一則關於想像力的故事。

他說，監獄裡有一名老人，他的工作是將典獄長房子周圍打掃乾淨。其他犯人都不許進到這個區域，老人每天要花上一整天的時間才能完成這份工作。作家覺得他很可憐，於是決定每天從自己分配到的米飯省下一點給他。米飯很粗劣——幾乎難以下嚥，但他沒有別的東西給他。當他將自己省下的米飯分給老人時，老人向他道謝，然後一下子就把米飯吃下肚，彷彿那是他吃過最好吃的食物。「這麼難吃的東西，你怎麼有辦法吃得這麼香甜？」作家問。老人回答說，他每天掃地的時候，都會聞到典獄長太太在廚房裡煮飯的香味。他吃飯的時候，只要回想一下他牢記在腦海裡的那股誘人的香味，譬如說豬肉咖哩燉馬鈴薯，那麼再難吃的飯也能變得異常可口。

「依我看，這是如此簡單而美好的故事，」作家最後說：「但我卻不能將它公諸於世。」

我在緬甸見到的作家，幾乎每一位都至少有一本書遭到審查部查禁。結果使得緬甸存在著一個未出版圖書的祕密檔案庫——在作家腦子裡不斷徘徊的故事，以及藏匿起來的完稿。有些作家寫下他們知道無法見容於軍政府的故事。我的一個朋友每天花幾個小時坐在破舊的電腦前面，記錄他透過祕密管道得知的每天發生的事件。「我必須這麼做，」他說：「這裡的官方新聞什麼也不報導，所以，如果我不把這些事情寫下來，明天這些事情就會遭到遺忘。」我也看到有歷史學家忙著編纂緬甸東部撣邦（Shan State）的現代史。他解釋，這是一部被政府軍事占領的撣邦史。「我知道這本書無法出版，但我必須寫下來。我必須留下紀錄。至少它會留下來，也許有一天……」

一名緬甸作家跟我開玩笑說：「在緬甸，我們有想寫什麼就寫什麼的自由。我們只是沒有公開發表的自由。」

《一九八四》一開始，溫斯頓．史密斯進到他破舊的公寓裡。他蜷縮在狹窄的壁龕，如此就有幾英寸的空間處於遠端螢幕監視的範圍之外。他坐在一本記事本前，裡面是空白的鮮奶油色書頁，他的手裡握著一支偷夾帶的筆。當他在日記第一頁寫下日期時，他想著自己要寫給誰看，因為在《一九八四》的世界裡，不管給誰看都是不安全的。他開始記錄前一天的事件，然後，在幾次中斷之後，他將筆浸回墨水池裡，並且在書上題詞：「獻給未來或獻給過去，獻給思想自由的時代，當人們彼此不同且不孤獨生活——獻給真實存在與已經記錄就不會再被塗銷的時代。」

我在緬甸旅行時，經常被問到有關歐威爾的一個問題，那就是他如何能為《一九八四》想像出這樣的場景。歐威爾自己從未受到這樣的壓迫；他如何能描述壓迫？這是個好問題。《一九八四》被世界公認為對極權統治下的生活做出了極為精確的描述。這本書描寫一個被無所不能的黨統治的無靈魂社會，這個黨透過無知（所有歷史都被塗銷而眼下的事件也被改寫）與恐懼（透過無所不在的遠端螢幕與人間蒸發的恐懼）來控制人民。

那麼，歐威爾是怎麼做到的？通常，我會提供制式而不太令人滿意的答覆。有些學者認為英國寄宿學校的寒冷宿舍與頻繁鞭打給了當時八歲的歐威爾《一九八四》的雛型。有些人則相信，歐威爾在一九三〇年代志願參加西班牙內戰，而且在巴塞隆納遭受俄國警察追捕的經驗，使他產生深刻的體會。我自己的想法是——我愈瞭解歐威爾在緬甸的生活，愈對這個想法深信不疑——他擔任帝國警察的經驗，是他有能力描寫壓迫的主要來源。

當我把這些想法說給我認識的一名緬甸詩人聽時，他的反應並不熱烈。他告訴我一位名字他已經忘記的英國詩人的故事。這名詩人曾因一首談及俄國的詩作而獲獎。在獲獎之後，卻傳出這名詩人從未到過俄國的消息，他因此遭受嚴厲的批評。「在我看來，這種批評實在錯得離譜，」我的朋友說：「這名詩人是用她的想像在寫作，而這才是真正的藝術：去想像你從未經歷過的事物。」

我下榻的飯店位於緬甸鬧區，我很快就成為附近某家茶館的常客。這家茶館的茶間都相當狹小，而且每一間都面向馬路。兩排高可及腰的桌子緊靠著牆壁，旁邊擺滿了塑膠凳。在房間後方一個被炭火熏黑的角落，一大壺茶水在火爐上直冒泡，平底鍋裡的圓形印度薄餅也嘶嘶作響。這種薄餅你可以搭配一小碟白糖甜甜地吃，或者是配上乾豌豆瓣與洋蔥，鹹鹹的也很有滋味。客人們一群群圍坐著，一邊吃早餐一邊聊天。天花板的風扇攪動著暖風，緩緩吹送著方頭雪茄的煙味、薄餅的奶油香與輕柔的對話聲。

這家茶館有六名服務生，他們快速穿梭在顧客之間，為桌上的熱水瓶添滿茶水，遞上香菸，腳步極為輕快。在光顧幾次之後，我與其中一名服務生有了交情，他是一名瘦弱的男孩，有著天鵝絨褐色的眼睛，他的頭相較於身體似乎顯得大了點。每次我來到茶館，他都會趕在我前面抵達我最喜歡的位置，抽出身後紮在籠基裡的髒抹布，以一種戲劇化的動作將桌面擦拭乾淨。很快的，我甚至不用點東西，只要對著他使個眼色。他會正經地向我點點頭，然後向廚房的師傅吼著，「paw kya t'kwet! Peh palata t'pwe!」不到幾分鐘，熱騰騰的薄餅與一杯不要太甜的濃茶就端上桌。

我的位子就位於茶館前方，這是觀察人群的絕佳地點。街道兩旁成排的老店屋，肯定曾經風光一時。它們陽臺的灰泥壁面上裝飾著花紋，在大門上方是古老的彩色玻璃窗，數十年累積的灰塵，使它變得黯淡無光。每棟建築物一樓的角落與隙縫處，開著昏暗的單間商店。有一家裁縫店，女裁縫在裡面彎著身子使用腳踏縫紉機，有一家零食店藏身在樓梯間底下，以及一家狹小的影印店，裡面兩臺老舊的機器經常因停電而無法使用。小販歌唱般的叫賣聲響徹街頭巷尾。「Pyaung bu!」一名婦女反覆叫嚷著，她拉長了母音，喊起來像極了女聲樂家：「甜玉米！」她頭上頂了一個圓形藤籃，此時倚在門邊的老頭拍了拍手，吸引她的注意，她走了過去，把籃子放在老頭前面。她打開頂蓋，冒出好大一團蒸氣，老人的眼鏡罩上一層霧。他選了兩穗煮熟的玉米，然後付錢給婦人。婦人蹲了下來，把籃子底搭在自己頭頂上，然後繼續往前走。「Pyaung bu! Pyaung buu-uu-uu!」其他的小販，如一名婦人賣著優格搭配棕櫚糖，一名男子揹著一捆掃帚，另一個人則在竹竿上掛了一堆塑膠桶。

這些住在高聳店屋裡的仰光居民發明了一種聰明的方法，省去了爬樓梯的麻煩。他們在每一層的陽臺綁上繩子，讓它垂到地面。每條繩子的末端都綁了一個重物——例如一個大鋼夾，一個小吊桶，一個球形門把——讓它保持垂降，當我在某個吹著微風的日子走進邊巷時，就看到風吹著這些繩子搖來晃去，繩末的重物也撞擊著發出風鈴般的響聲。我曾看見送報人用繩末的夾子夾住摺起的報紙。如果沒人在家，報紙就會繼續在那裡搖來晃去，直到有人把它拉上去為止。一名小販綁了兩袋麵條在繩子上，給在樓上等候的客人，一名少女綁了彩券給在樓上的母親。有一次，我離開朋友位於七樓的住處，等我下了樓，發現外頭飄著毛毛雨，這才想起我把傘忘在朋友家裡。當我擡頭看著她的陽臺時，發現她已經用繩子綁好雨傘，垂降到一樓給我。

我每到那家茶館喝茶，就能多瞭解一點男孩的事。他的名字叫玖玖（Kyaw Kyaw），他說他十三歲，但看起來似乎不到十歲。緬甸各地貧窮家庭的孩子很多來到首都茶館擔任廉價勞工。家人把他們送來，這裡管吃管住，在仰光，一個月的薪水平均約四千緬元（約四美元）。當我問玖玖問題的時候，他會站在我身旁咧嘴笑著，而且興奮地跳來跳去。他告訴我，他來自三角洲的一個小鎮，父母是當地市場的魚販。他的兩名比他年長的手足已經死了——他不知道他們是怎麼死的。兩年前，父母把他送到這間茶館工作，好讓他把賺來的錢寄回家裡。「你多久回家一次？」我問他。「一年兩次，也許三次，」他不加思索地回答。然後他停頓了一下，稍微擰了一下手裡的抹布說：「不，我還沒有回去過。也許我再也不會回去了。」

我們的談話被熟悉的噓聲打斷（經常如此），緬甸人會發出這種聲音來叫喚茶館服務生。玖玖拿著抹布很快繞過我的桌旁，他微笑著，對我露出一口白牙，然後趕緊去招呼已經在等候的客人。

茶館從早上六點開始營業，一直到晚上九點打烊。有一天晚上，我走回飯店，順便到茶館旁看一下。鐵柵門已經拉起來，阻礙了入口通道，上面上了掛鎖與鍊條。在側面牆上，佛壇旁掛的小燈在房間裡散發出微弱的橘黃色光線。茶館的凳子整齊地靠著牆邊疊放，桌子全部往中央靠攏，當成孩子們睡覺的地方。他們橫七豎八地睡著，手臂、腿與籠基交疊在一起。我認出玖玖穿的那件紅綠格子紋籠基，並且看到他的頭枕在另一名男孩的肚子上，一條腿掛在桌緣。房間非常安靜，只聽得見厚重的氣息聲與偶然間有蟑螂從水泥地上跑過。

一九二五年，歐威爾在與仰光一河之隔的希里阿姆區住了九個月。他前往首都時，必須搭乘渡輪。今日，這段簡短的旅程可以藉由汽車來完成。某日早晨，我租了一輛計程車帶我到希里阿姆做一日遊，正要出發時，仰光突然下起一陣傾盆大雨。行人四處奔跑躲避，他們抓起籠基，低身進到建築物的入口或公車亭。流浪狗也鑽進停放的汽車底下。這場雨大得驚人，當我們快速駛過路上的積水時，我看見路旁水溝已然溢流到兩旁，夾雜著汙水與泥巴的混合物，散發出陣陣惡臭。當我們到了橋邊，準備渡過滾滾的勃固河（Pegu river）時，大雨突然間停止了，彷彿朝仰光傾倒的巨大水桶終於在此時洩足了水量。

希里阿姆——現已改名丁茵（Thanlyin）——迂迴的街道與寧靜的巷弄在潮溼之下閃爍著亮光。店家設置的雨篷因頂上積水而下陷。四處可見的膠樹，廣闊的枝葉不斷滴落雨水，紅土街道也成為流淌的小溪。在打漩的溪流中有一堆紅磚，一頭進退兩難的山羊站在上面不斷地叫著。三輪車夫把車上的塑膠套卸下來，擦拭著車輛的把手。茶館服務生擦乾人行道上的桌子與凳子。在幹道兩側，可以看到被大水淹沒的稻田，閃耀著銀灰色的亮光。

歐威爾住在這裡的時候，希里阿姆是全緬甸經營最好的區域。這裡因設置了許多煉油廠而繁盛一時。緬甸盛產石油，殖民政府在平坦、乾燥的中央平原建立油田，這裡是大英國帝國第二大石油生產地。原油順流而下運往希里阿姆進行提煉，生產出煤油與燃油。當時這裡散布著高聳的煙囪，不斷排放出黑色的煙霧。這裡也住了許多美國鑽油工人。當時一名駐緬甸的英國警察記錄這些美國人引起的種種不快以及他們的穢言穢語。美國人總是不斷在他的犯罪檔案上出現：他發現一名鑽油工人與一名娼妓在車上喧鬧，此外他還必須處理另一名工人指控警察偷他手錶的案子（其實是他自己忘記放在什麼地方）。

歐威爾想必也很討厭這些派駐於希里阿姆的美國人，因為在二十五年後，他在未完成的中篇小說〈一則吸菸室的故事〉裡，把這些陳年舊事挖了出來。歐威爾構想的場景是一艘從緬甸開往英格蘭的船上的吸菸室，他概略描述了在場的四名美國鑽油工人：「美國人粗厚的手指將三明治與威士忌，塞進、倒入厚重的雙唇之間。他們內心相信，人類天生應該玩撲克牌與喝威士忌。」（吸菸室裡的英國人吃得並沒有比美國人好：筆記本上還記著，「盎格魯撒克遜種族這兩個分支要比較誰更容易冒犯別人，英國人顯然居於下風。」）

現在只有幾家煉油廠由緬甸政府經營：英國當局在第二次世界大戰之前摧毀了絕大多數煉油產業基礎設施，以避免日本軍隊使用。但是在歐威爾那個時代，經營良好的區域還是有一些設施留存下來。這裡有一些破損程度不一的教堂。在一間上鎖的教堂臺階上，一名半裸的印度小女孩一邊坐著，手裡還抓著黃色帶著粉紅的石榴外皮，石榴子灑在她的周圍，就像多彩的碎紙花。教堂附近有一處老英國墓園，一名農夫蹲在石棺上面慢條斯理地嚼著檳榔，他的牛則是吃著墳上的青草與雛菊。收歸國有的教會學校，有著龐大的柱廊與鋪著鵝卵石的拱道，它座落在木造房屋與竹林當中，顯得極不調和。我往一間空教室裡偷看了一眼，發現黑板上有條不紊地寫著一句古老的兒歌：「Hickory dickory dock, /The mouse ran up the clock...」（滴答滴答滴，老鼠爬上鐘）。

歐威爾在當地人心中留下的唯一記憶，就是在仰光發生的，而這段記憶並不是非常正面。一九六九年，已故的仰光大學副校長陳昂博士（Htin Aung）在倫敦皇家中亞學會（Royal Central Asia Society）演講，他提到自己在學生時代遇到的一件事。年輕的陳昂在仰光火車站月臺等朋友，此時一名身材高大但憔悴，身穿合身灰色西裝手裡拿著手杖的英國人走下樓梯來到月臺。另一名與朋友嬉鬧的學生不小心跌撞到那名英國男子腳邊，使他重重地從樓梯上摔了下來。英國人暴跳如雷，拿起手杖打算朝男孩的頭上打。但在最後一刻他克制下來，轉而用手杖打男孩的背。被打的男孩與他的同伴，包括陳昂在內，都對這種不必要的暴力行為感到憤怒。火車站的站長告訴他們，這個英國人名叫艾瑞克·布萊爾，於是他們跟著他上了火車，一路與他爭論，直到他在傳道路（Mission Road）車站下車為止，著名的英國俱樂部吉姆卡那就位於此地。

陳昂說，一九二〇年代是緬英關係的黑暗期。雖然沸沸揚揚的民族主義能量要到下一個十年才會正式噴發，但陳昂描述英國人與緬甸人被「一堵比花崗岩還堅固的種族偏見高牆分隔開來」，使雙方變成苦澀的仇敵。他說，緬甸人與英國人之間的溝通充滿了「懷疑、絕望與厭惡」。因此，一九二〇年代其實是一段在政治上極為緊繃的時期。當時，全國各地的學校與大學都在罷課，而這股風潮起於仰光第一座大學成立之時，學生們要求設立不受英國控制的全國教育制度。各個村落自行成立政治組織拒買英國貨物並且拒絕向英國繳稅。一名英國史家提到，緬甸年輕人最喜愛的活動就是「捉弄警察」。

《緬甸歲月》中，在上緬甸經營木材公司的艾利斯（Ellis）是一名具有暴力傾向而且有嚴重種族歧視的英國人，他把嘲弄他的男孩打成重傷。五個孩童在街上與艾利斯擦身而過，極度敏感的艾利斯發現他們衝著他笑，於是質問他們在笑什麼。其中一名男孩用生硬的英語回他：「不關你的事。」艾利斯怒不可遏，拿起手杖就朝男孩的眼睛刺去。其他男孩則不斷撿起紅土上的卵石朝艾利斯身上扔。「你們這些該死骯髒的小黑鬼！」艾利斯大聲咒罵他們：「你們這些見不得人、長滿疥癬的小老鼠！」男孩的眼睛最後還是瞎了，這起事件激起了暴亂，憤怒的緬甸民眾衝進俱樂部，要求他們把艾利斯交出來接受懲罰。

歐威爾日後曾在《通往維根碼頭之路》（*The Road to Wigan Pier*）這部半自傳的作品中提到毆打僕人與苦力的事。他解釋說：「在東方，幾乎每個人都做過這種事，但無論如何只是偶一為之：東方人有時候很惹人厭。」我發現自己無法想像歐威爾這名支持受迫害者與記錄下層民眾生活的作家，居然會對苦力拳打腳踢。然而這段時期的歐威爾確實有著非常不像歐威爾的回憶。克里斯多福·霍利斯（Christopher Hollis）與歐威爾熟識，他是歐威爾在伊頓公學高兩屆的學長。當歐威爾來仰光時，他曾請歐威爾到家裡吃晚飯。歐威爾去世後過了幾年，霍利斯回憶當時的歐威爾的確在各方面已經是一名帝國警察，他一方面認為英格蘭的公學應該廢除體罰，另一方面卻認為這種寬大措施不適合用來治理緬甸人。霍利斯從這名年輕警察身上嗅不出任何自由派的氣息。一名在希里阿姆石油公司工作的英國化學家，讓歐威爾與其他警官在他的住處借宿幾晚。第一天晚上，這群警員穿著睡衣在陽臺上喧鬧地唱起歌來。（包括一首過去在中學唱的歌：〈用吸管喝蘋果酒，呵呵！〉〔Zipping zyder through a straw, haw-haw!〕）化學家回憶時表示，帶頭唱歌的正是歐威爾，而且他一邊唱一邊還抱怨現在已經沒有好聽的猥褻歌曲。而在《緬甸歲月》中，歐威爾嘲弄弗洛里年輕時在仰光的輕狂歲月，當時的他狂飲威士忌而且高聲唱著「不堪入耳的下流愚蠢」歌曲。

歐威爾在緬甸究竟只是虛應故事配合演出，還是他骨子裡真的帶有一點帝國建設者的性格？多年後，他曾對自己在帝國時期的生活表現出某種程度的懷舊感受。當歐威爾與小說家安東尼·鮑威爾（Anthony Powell）見面時，他懷念起過去身上穿的警察制服。「這些礙事的肩章為你的人生帶來與眾不同的意義，」歐威爾對他說。

在返回仰光的路上，計程車司機與我在一座葡萄牙教堂的廢墟前停留，這個地方就位於河畔的山丘上。教堂已所剩無幾——僅存仿羅馬式（Romanesque）建築的骨架，連屋頂都已消失無蹤，顯見此處已遭受數百次季風暴雨的摧殘。教堂牆上垂掛著厚厚一層蔓藤帷幕，中殿的位置有一塊墓碑，上面刻著粗略的骷髏頭與交叉的兩根骨頭，兩旁還有兩個沙漏的圖像。這座教堂的歷史可以回溯到十六世紀，一個名叫德．布里托（Philip de Brito）的葡萄牙探險家在希里阿姆的蠻荒地帶建立了小王國。他組織自己的軍隊，劫掠鄰近的緬甸勃固王國。緬甸人集結軍力進行報復，他們包圍希里阿姆，抓住了布里托，然後將他處以穿刺之刑。在烈日曝曬下，布里托極度痛苦地在木柱上掙扎了三天才死去。

我一邊坐在教堂外休息，一邊望向河對岸的仰光。緬甸最受尊崇的佛教聖地大金寺，它的佛塔就像金山一樣聳立在城市低矮的建築中。此外，還可以看見幾座格外突出的灰色辦公大樓。再往北有幾座內陸湖泊，周圍散布著一大片如拼布般的綠色森林。近處的河口只見一團陰暗的雲層愈積愈厚，散發著不祥的氣息，司機催我上車，想趕在暴雨來臨前返回仰光。

看著歐威爾時代的英國緬甸地圖，你會發現仰光北方有一座奇怪的星形建築。與附近的建築物相比，它顯得特別巨大，而且被一個圓圈包圍起來。這個星形其實是從中心塔向外呈扇形展開的一連串房舍，而外側圍起的是高二十英尺的圍牆。這裡是因盛監獄，由英國人設計，同時也是殖民地最難脫逃的牢房。因盛（Insein）——發音就像insane（精神錯亂）——是依照監獄座落地點的城鎮與區域命名的，現已成為緬甸最惡名昭彰的監牢。

一九二五年九月，歐威爾轉調到因盛，在此地服務了六個月。當時，英國警方對緬甸日益猖獗的犯罪問題傷透腦筋，而因盛又是緬甸治安最惡劣的地區，有著最高的暴力犯罪率與最低的定罪率。從一九二五年到一九二六年，謀殺案的數量居然增加了百分之六十八，這是相當驚人的數字。當局嘗試各種方式想改正這種令人不解的暴力習性，而英國招募了更多警力針對有前科紀錄者進行更嚴密的監控，並且將重點放在暴力犯的定罪與懲罰上。一份政府報告建議為慣犯設立流刑地，認為應該把所有的「緬甸壞蛋」送上船，然後把他們丟在一座名叫科科島（Cocos Island）*的無人島上，對他們施予再教育，使其成為受人尊敬的公民，如果做不到這點，至少可以讓他們永遠待在這個地方，與社會隔離。另一份政府報告則大力宣傳「鞭刑法」（至少抽三十下；罪行重大的抽五十下）的廣泛運用，認為「適度鞭打可以帶來好處」。「在緬甸，我們面對的是蒙古人種，」這份報告在解釋時表示：「而蒙古人種似乎總是需要以殘酷的懲罰來加以矯治。」然而，對付犯罪最簡單的方法就是監禁，而英國的監獄已經人滿為患。每年約有兩萬名犯人被關進牢裡，在一九二一年，也就是歐威爾抵達此地的幾年前，因盛監獄已經關進了兩千三百三十五名「緬甸最窮兇惡極的人犯」。

身為警察，歐威爾肯定到過因盛監獄幾次，他曾在《通往維根碼頭之路》描寫英國緬甸監獄之恐怖：「不幸的犯人蹲坐在臭氣衝天的監牢裡，重刑犯嚇得臉色發白，曾受過竹子鞭笞的人屁股滿是傷疤，婦女與孩童因丈夫與父親要被帶走而嚎啕大哭——當你直接經手這些事務時，這一類的景象總是讓人看了難以忍受。」

因盛監獄原本設計的容納人數是兩千五百名犯人。今日卻有一萬名囚犯擠在高牆之內。來自緬甸各地的犯人當中，估計有一千五百名政治犯。這些政治犯包括學生、作家、醫生、老師、全國民主聯盟成員、比丘與比丘尼，他們都是因為發表反政府言論而遭逮捕入獄。一九八八年民眾暴動事件之後，政府開始有系統地展開獵捕與摧毀行動以清除緬甸社會裡的「麻煩」因子。當局的目標放在參與暴動的學生領袖身上，而後則針對一九九〇年大選中當選的全國民主聯盟國會議員。在這個過程中，有數百人入獄，還有數百人轉入地下活動，另外有數千人逃往鄰近的泰國。

＊譯注：位於哥斯大黎加外海。

我花了一個下午的時間包計程車到因盛繞了一圈。今日的因盛是仰光一處舒適而充滿綠意的郊區，這裡有一些過去英國遺留下來現在仍繼續使用的行政大樓。此外，還有一些兩旁種滿花草的小徑，可以通往小農舍。監獄周圍除了辦公室與大門，並沒有什麼可看之處，這點早在預料之中。我對因盛監獄內部的瞭解，主要來自於泰緬邊境一處名叫美索（Mae Sot）的小鎮。在返回泰國更新緬甸簽證的路上，我到美索與一個前政治犯團體見面——政治犯援助協會（Assistance Association for Political Prisoners）——他們建立了一個小型博物館，只有一個房間大小，裡面介紹緬甸的監獄生活。博物館的維護者是奈連覺（Nay Rein Kyaw，這是他的本名），一名三十三歲的前政治犯。我在返回泰國，並且準備再次動身前往緬甸之前，先到了美索，奈連覺向我介紹了模擬的監獄牢房，他殷勤地打開牢房的門，讓我攀爬進去。

奈連覺於一九九二年遭到逮捕。某天深夜，兩名軍情局人員在士兵與警察的陪同下來到他的住處，對他的寢室進行搜索。他們搜出他祕密散發的民主改革傳單。（有些傳單要求無條件釋放所有的政治犯。）奈連覺於是遭到拘禁與訊問。「他們一連三天不讓我吃也不讓我喝，」他說：「我渴得要命，我心想，如果我能到廁所的話，就可以喝那裡的水，但當他們讓我到廁所時，守衛擋住了我，不讓我有舀水的機會。」奈連覺不斷遭到拷打，而且生殖器也遭到電擊。「他們問我，為什麼要寫東西批評政府，」他說：「他們要我寫悔過書：要我說政府是寬大的，是公平的。但這種事我做不到。」

在《一九八四》中，當溫斯頓打開日記本，違背了自己的理智，寫下「打倒老大哥！」的話語時，他的命運就已注定。溫斯頓藉由這種重新宣告自由的方式來反抗執政黨，他與女友茱莉亞（Julia）偷偷溜到鄉間，在灌木叢中做愛。他最後終於與歐布萊恩（O' Brien）領導的地下組織接觸，並且宣誓至死都要反對黨的壓迫。但歐布萊恩竟是黨安排臥底以打擊異議人士的雙面間諜，溫斯頓最後進了仁愛部（Ministry of Love）的監獄，並且受到慘無人道的訊問：

> 他們打他耳光，擰他的耳朵，扯他的頭髮，要他用單腳站立，不許他尿尿，用強光照他的臉，直到他的眼睛不斷流淚；但這些做法只是為了羞辱他，摧毀他辯駁與推論的能力。他們真正的武器是無情的質問，持續不斷，一小時接著一小時，讓他犯錯，讓他掉入陷阱，扭曲他說的每一件事，逐步用謊言與自我矛盾來定他的罪，直到他不僅因為羞恥，也因為神經疲乏而開始哭泣。

溫斯頓經過幾個星期的拷問，已經瘦成了皮包骨，但他仍堅守最後一份尊嚴。他也許承認自己從未犯過的罪行——散發煽動性的小冊子，行刺黨員——但他從未背叛他的女友茱莉亞。然而後來他被帶到一〇一號房，在這個可怕的房間裡，每個犯人都將面對他最害怕的事物。對溫斯頓來說，那件東西就是老鼠。籠子裡裝滿了又大、又餓且發出吱吱聲的老鼠，當籠子愈來愈靠近他的臉時，他不斷忍受內心的恐懼，然而一旦籠子的鐵絲刷過他的臉頰，他馬上就崩潰了。「去找茱莉亞！」他叫道：「去找茱莉亞！」

緬甸軍情局使用同樣殘酷的拷問手法來迫使犯人說出他們的朋友與夥伴名單。波基（Bo Kyi）是前政治犯，也是政治犯援助協會的創立者。他表示，緬甸活動分子很清楚，要忍受極端拷問是不可能的，所以他們只能向朋友保證一件事：他們會支撐三天。藉此爭取時間讓其他人有藏匿的機會。訊問的過程可以持續數星期乃至於數個月；結束訊問之後，被拘禁的人通常會送到軍事法庭定罪，然後從訊問中心送往監獄。

奈連覺拿起放在博物館架上的一只藍色麻袋，然後套在自己頭上。他的聲音在僵硬的布料下顯得低沉：「我被送到因盛監獄時，頭上就蒙著這個東西。」在因盛，他與其他四名政治犯關在一間小囚室裡。牢房長寬各約七英尺與八英尺，裡面什麼都沒有。每個犯人有一個粗麻布袋與一張毛毯，讓他們鋪在水泥地上睡覺。廁所是一個淺陶盤子，每天會有人來清理。牢房外頭有一個小水缸，他們一天能用的水就是這些，而且必須與隔壁牢房一起使用。每個犯人有一個錫盤，一天兩次，用來盛放稀粥、豆子湯與ngapi（一種發酵的魚糊）。「食物難以下嚥，」奈連覺說：「有時候我們發現湯裡面有草，而粥裡面還有碎石與砂粒。」每星期一次，犯人能吃到含蛋白質的食物：一小片煮熟的豬肉。每天放風十五分鐘，犯人可以到外面走走與洗澡（最多只能從中央水槽舀十五盆水）。

懲罰是家常便飯。奈連覺說，如果你要更多的粥或在不該說話的時候說話，你就會遭到懲罰。他解釋獄方如何給犯人拷上十二磅重的鐵腳鐐好讓他動彈不得，讓犯人在尖銳的石頭上匍匐前進，或者讓他們一直維持難以忍受而且羞辱的半蹲動作。奈連覺說，最糟的懲罰是關在單人囚室裡。在因盛監獄，有些犯人會被關在原本關軍犬的狗籠裡。

在因盛待了六年之後，奈連覺被轉送到緬甸中部的敏建監獄（Myingyan Prison），在這裡，絕大多數的政治犯都被關在單人囚室裡。曾在敏建監獄待過的政治犯都認為此地是緬甸最殘酷的監獄。奈連覺在這裡關了兩年兩個月。放風時，就算他經過走廊走出室外，眼睛也不許瞄著兩旁的囚室，更不許與隔牆的犯人交談。和其他犯人一樣，奈連覺整天一直忙著毫無意義的工作。「獄方人員要我們擦拭自己牢房的鐵欄杆，直到它跟不鏽鋼一樣光亮為止，」他說。「但他們並沒有給我們任何清潔用具，我們只能用手邊的東西清理：米飯與沙子。」

我在美索還遇到另一名前政治犯。寧埃於一九八八年參與暴動時首次遭到逮捕，當時他才十四歲。起初他在因盛監獄服刑，但不久就跟其他受刑人一樣被遷往離家人居住地較遠的監獄。他每個月有一次與直系親人見面的機會，他的母親因此必須花八小時的時間搭巴士到監獄，卻只有跟他說上短短十分鐘的話。寧埃三年後出獄，他原想完成高中學業，但沒有任何一所學校的校長願意收容前政治犯。後來他又再次被捕，罪名是參與成立學生聯盟，並且被判刑七年。就在他第二次服刑期間，他的父親過世了。「就在我父親過世那幾天，我做了一個夢，夢見他來牢裡看我，」寧埃告訴我：「他說：『我的寶貝兒子啊，你怎麼會在這裡？你為什麼不回家？趕快回來吧！』」

奈連覺與政治犯援助協會其他前政治犯努力為緬甸政治犯的數量與狀況建立檔案，他們詳細記錄每個人遭到逮捕的理由與刑期的長短。博物館牆上掛著目前被監禁者的照片，並且依照主題井然有序地排列著。在某面牆的上方，是幾十張目前被囚禁的僧侶照片，他們被剝奪了穿著袈裟與誦念佛經的權利。另外一面牆擺著八十五張照片，他們是從一九八八年以來陸續死於獄中的人士，死因只有兩種，營養不良與缺乏適當醫療。這些照片的品質也不完全一樣：有些是像護照一樣的古老黑白大頭照，有些則是在比較快樂的時刻拍攝的。這些照片裡的男男女女許多仍深鎖於因盛監獄的高牆內。當我看著這些色彩各異、形象各殊的照片時，感覺這些照片如同一大片拼圖，它們正逐漸一片一片地拼湊起來，試圖予人一種印象，那就是所有破碎的生命終有一天可以回復原狀，與他們失落的一切團聚一堂。

我問在仰光的一名記者朋友，有沒有可能與選擇留在緬甸的前政治犯見面。「那太容易了，」他回答：「只要走進緬甸任何一座城鎮任何一間屋子，每個人都有父親或女兒或表親或姻親曾經是或現在是政治犯。就算沒有，那麼問問他們的朋友，肯定找得到。」

在緬甸，監獄是一個無所不在的地下世界，無論是誰都有可能在任何時候掉進去。我在緬甸認識的人當中，許多人都曾因為觀點與政府不合而被捕入獄。我的緬甸語老師被關了四年，出版社老闆哥葉兩次短暫入獄。方才我提到的記者朋友則是獨自一人關在長寬各十英尺與十二英尺的囚室裡許多年。他告訴我：「妳可以在緬甸找到許多、許多監獄的悲傷故事。」

某天晚上，朋友找我與兩名前政治犯共進晚餐。我們約在仰光熱鬧的中國城見面，這裡其實是一條狹窄的街道，兩旁全是中國式的店屋。狹小的店家在店門外生火燒烤，整條街瀰漫著煙霧與刺鼻的大蒜味。用餐的客人圍坐在搖搖晃晃的錫桌旁，他們笑著、唱著乾掉好幾杯啤酒。衣衫襤褸的孩子在人群間穿梭，他們抓著你的手乞討剩餘的零錢。頭頂的電線因為鴿子棲息而顯得更加低垂，店屋上頭的樓層開敞著窗子，隱約可見彩色燈籠裡透出的微光。

翁瑪（Ohn Mar）與索翁（Soe Aung）坐的桌子剛好夾在兩群喧鬧的食客之間，他們已經點了烤鵪鶉蛋與烤秋葵配辣椒醬，正等著我們過來。我們坐定之後，朋友叫住小販，只見小販用錫罐從自己挑來的大桶子裡挖出蒸熟的花生，然後將花生和上油、蒜與鹽，再把混合好的東西倒在盤子上，給了我們一人一根牙籤，用來戳起花生仁。翁瑪是一名四十出頭的女性，她用一堆事實介紹自己。「我被指控犯了四項顛覆政府的罪名，並且坐了快六年的牢，」她一邊說，一邊像少女般笑著。

我不懂眼前這名弱女子到底做了什麼事，能對緬甸強大的軍隊構成威脅（她被發現借了一本異議分子雜誌給友人），但我後來才瞭解，行為本身根本不是重點。軍政府會以保護國家為名制訂多如牛毛的法律陷人於罪。民眾稱緬甸的法律是「thayay-gwin」，意思是橡皮筋，因為它非常有彈性。在《一九八四》中，溫斯頓在訊問中心牢房裡意外遇見一名熟人，他問他為什麼被逮捕。

「說實話，」他的朋友回答：「這裡只有一種罪名，不是嗎？」

「而你犯了這個罪？」溫斯頓問。

「顯然是這樣。」

在緬甸也是一樣。這裡只有一項真正的罪名，那就是反對政府。

我們點了烤魚與清湯之後，朋友鼓勵我問他們監獄的事。「妳要問什麼都可以，」他說：「問啊，他們會很樂意跟妳說的！」然而，坐在這種地方，一邊喝著啤酒，一邊吃著花生，我發現自己（至少對我而言是如此）很難直接談論如此難以想像的經驗。

「妳怎麼受得了呢？」我換個方式問，不過感覺相當笨拙。

翁瑪微笑說，她每天都會打坐，並且專注於小小的勝利上。她告訴我，有一次她妹妹來看她，而且帶了四顆芒果給她。所有的包裹都要送去檢查，而當獄方把包裹交還給她時，她發現芒果不翼而飛。她想知道芒果到哪兒去了，並且告訴獄方人員他們沒有權利拿走屬於她的東西。她表示，如果她不准拿到芒果，那麼這些芒果應該還給她的妹妹。最後獄方屈服了，不過他們把芒果放了兩個星期，等到她妹妹來看她時才還給她。「想也知道，芒果早就爛掉了，我妹只好把它丟掉，」翁瑪說：「但至少我可以逼他們做正確的事。」

翁瑪的朋友索翁是一名記者，他看起來似乎不太熱衷，只是靜靜地聽我們講話，我的朋友於是慫恿他講一點他試圖在牢裡寫作的故事。索翁在牢裡待了超過十年，而且才剛出獄幾個月。他用緩慢而沉靜的聲音說明他如何在牢裡保持心靈的活躍。在牢裡，閱讀與寫作當然是禁止的，於是他只能透過家人送來的糧食來賄賂獄方，這樣家人就能夾帶一點紙筆給他。

而在連紙都無法取得或保留的時候，他只好用小樹枝在塑膠袋上劃出字來。他記錄了自己對政治的看法，並且從家人用來包裹糧食的報紙上獲取資訊並加以分析。他把文章藏在囚室的磚頭後面，等到每天的洗澡時間，他再將文章帶到監獄的庭院傳給別的犯人閱讀。「藉由這種方式，我可以繼續在監獄裡擔任新聞記者，」他說。我朋友認為索翁很幸運，居然可以躲過獄裡審查部的檢查，我們聽了全都笑了。當笑聲停止之時，索翁告訴我們，他寫的一篇文章詳細描述政治犯受到不公平對待的狀況，因為這一點，他的刑期加了七年。

儘管充滿危險，但監獄有時被認為是緬甸境內另類的學習中心。我認識一名作家，他曾在因盛監獄專門拘禁異議分子的牢房待過幾年，他告訴我，他在獄中成了一座祕密圖書館的管理人。有些書籍與雜誌偷偷運抵他的手裡，他利用自己在監獄各處種菜之便，把書埋在土裡。他足足埋了五十本書，而且記得它們的位置。如果有犯人想看什麼書，只要告訴他書名，他就會把書挖出來，偷偷送進那人的牢房裡。我有一個朋友是出版商，他拿了一本在監獄裡徒手製作的書給我看——那是一本由英文譯成緬甸文的現代藝術家傳記。這本精美書籍的文字其實是刻在像錄音帶磁帶一樣小的頁面上。

索翁說，即使拿不到書與筆，犯人還是有辦法找到學習的機會。每間牢房約有四到五人，他們會輪流講故事與分享自己的知識。僧侶可以低聲誦經。大學教授可以教英文文法。詩人可以在腦子裡作詩，然後一個牢房一個牢房地傳出去。守衛不巡房的時候，囚室裡的犯人們就開始討論緬甸憲法的必要性或討論曼德勒作家的文學風格。他說，每個人都擁有能與別人分享的知識。

從人群深處傳來一陣扣人心弦的哭聲，我轉頭一看，是一名擁有栗色肌膚的美麗女子。她有一條腿嚴重萎縮，或許是因為小兒麻痺的關係，她夾著丁形拐杖，一跛一跛地蹣跚而行。走了兩步路，她停下來用不知名的曲調唱了幾句歌詞，拿著杯子收集人們的捐獻。隔桌一名男子給了侍者一點錢，要他拿過去給她。那女子緩慢地走著，穿過人群，消失在我們面前。

翁瑪說，重新適應監獄以外的生活並不容易。政治犯剛出獄的那段日子，軍情人員會持續跟監，當局會警告他們的朋友與同事不許跟他們有任何瓜葛。許多前政治犯最後罹患嚴重的憂鬱症，或者是藉酒澆愁而染上酒癮。翁瑪告訴我，她很幸運能擁有家人的支持。她喝了一大口飲料，若有所思地說：「或許，在監獄之外跟待在牢裡差別並不大。即使我們已經出獄，很多時候還是覺得自己生活在牢裡。只是外面的監獄大了點，如此而已。」

九點鐘左右，我們彼此道別，我叫了一輛三輪車返回飯店。車子一路發出喀嚓喀嚓的聲響，我看到熱鬧的大街兩旁，繁忙的人行道上擺滿茶館的矮桌，有些甚至擺到夜裡停在路旁的卡車與汽車縫隙。唱片行播送著動感的緬甸流行音樂，攤販向行人叫賣著現烤的棕櫚芽，以及裹上麵糊的油炸蔬菜。飯店附近比較寧靜的區域，兩名男子在人行道上下棋，他們的棋盤是用藍粉筆在地上畫成的。在他們身旁圍繞著一小群安靜的觀棋者。當三輪車轉進飯店所在的那條街，成群的流浪狗連忙小跑步經過我們身旁，對著無形的入侵者吠叫。

這次聚會之後沒過幾天，我又遇到那位監獄圖書館員。他現在仍熱心蒐羅書籍，我告訴他我想讀點東西。「妳想讀什麼？」他問。我不知道他是否能幫我找到狄更斯的作品，然而幾天後，他真的將一本《小杜麗》(*Little Dorrit*)送到飯店來。這本書是從他朋友的私人圖書館借來的，看得出來已被閱讀了無數次。整個書脊都要分離了，有些書頁也磨損嚴重。有讀者用鉛筆在頁緣做筆記，我很感興趣地研究他或她寫了些什麼。這名讀者顯然不只將《小杜麗》當成年輕女孩的父親因欠債而入獄的故事，而是認為這本書將整個社會當成了大牢籠。《小杜麗》描述一個家道中落的士紳住在狹窄的公寓裡，卻不願承認自己的貧窮，反而做著上流社會的美夢。隔了好幾段又有一則筆記，上面工整地用草寫字體寫著：「監獄！虛假，孤立，封閉。」

緬甸軍人節是每年的三月二十七日，這是緬甸官方最大的慶典節日。這天也是緬甸的建軍日，旨在紀念一九四五年第二次世界大戰期間緬甸首次成立軍隊對抗日本占領軍。仰光是這場重要慶典的舉行地，而我也來到了仰光，且從儀式舉行當天的前幾個星期就開始觀察緬甸當局的準備工作。卡車把軍隊運往仰光進行盛大的閱兵預演。安全措施增加，政府建築物經過一番清理與重新粉刷，宣揚軍方的看板高高懸掛在主要十字路口與圓環等顯眼之處。這些巨大的看板與其說是軍隊形象宣傳，不如說更像是電影廣告。柔和的粉蠟色彩描繪英挺士兵身著草綠色制服，邁步走在淡黃色的道路上，群眾夾道歡呼。在士兵上方，粉紅色的戰鬥機群平穩飛過如明信片般完美的廣闊藍天。

然而，軍政府將領的大日子卻是在陰雨潮溼的早晨揭開序幕。我發現閱兵並不是在首都街頭舉行，而是在市中心以北的抵抗公園（Resistance Park）內進行。所有通往公園的道路都被鐵絲網與卡車構成的街壘封閉，當我朝公園走去時，發現那裡幾乎空無一人。有一小群觀眾隔著馬路遙望公園門口，他們踮起腳尖、伸長脖子想看看閱兵的樣子。我擠到群眾最前頭，卻什麼也看不見。公園邊緣高大的樹木遮蔽了視線，公園外巡邏的士兵也阻止民眾靠近。唯一能讓人對公園內發生的事產生些許想像的，就是數千雙靴子整齊踩踏時發出的轟然巨響，以及偶爾從樹木枝葉間穿透過來的刺刀閃光。

我沿著空曠的道路走到公園另一邊。有時我看見樹叢晃動了幾下，仔細一看，原來是全副武裝的士兵穿著迷彩服俯臥在灌木叢裡。遠處刺耳的警笛聲逐漸達到高潮，此時摩托車隊以及烏黑發亮連窗戶也暗得無法看透的加長型禮車發出轟隆聲響從我身旁呼嘯而過。大約二十分鐘後，我走到一處寬廣的人行道，原來是公園的正門。然而這裡也一樣什麼都看不到。大門緊閉，我把頭伸進鐵欄杆內，對門裡的士兵說話。他穿著全新的橄欖綠工作服，手中握著一把步槍斜放在胸前。

「我要到哪裡才能看到閱兵？」我問他。

「沒有這種地方，」他回答。

「你是說，今天不閱兵？」

「不，今天要閱兵。」

「所以你是說，我不能去看閱兵？」

「對，妳不能去看閱兵。」

在我還想提出下一個問題之前，這名士兵機伶地轉過頭去，不再理會我提出的問題。此時已經快中午了，根據時程，慶典會在正午毒辣的陽光出現前結束。知道自己看不到閱兵，我感到有些沮喪。幸好《緬甸新光報》有特別版，我才稍感釋懷。封面顯示的是三軍統帥丹瑞將軍的照片，當他向軍隊致詞時，可以看到他的肩膀與胸前掛了沉甸甸的肩章與勳章。想寬厚地描述他的長相並不是件容易的事：他健壯結實，皮膚黝黑，扁平的鼻子上架著一副大眼鏡。年過七十的他，從未念完中學，他的人生幾乎全在軍隊裡度過。與所有高級將領一樣，丹瑞躲藏在祕密的堡壘之中，外人罕能得知他的全貌：他喜歡嚼檳榔，據說還喜歡收看國際足球賽與閱讀中國武俠小說。

《緬甸新光報》刊登了丹瑞的軍人節演說全文。這篇演說概述緬甸軍隊的歷史，強調軍人總是「與人民攜手同心」。他表示：「緬軍由人民組成，也與人民站在一起。」緬甸軍隊是為了從英國的統治尋求獨立而產生的。軍隊的創建者翁山是一名學生民族主義者，他於一九四一年率領一小群自由鬥士投靠日本接受訓練。這群「三十志士」（thirty comrades，其中一人就是緬甸最近去世的領袖奈溫）*在日本協助下於二次大戰期間返回緬甸。然而，在目睹日本占領緬甸的倒行逆施之後，志士們轉而與英國人合作以驅逐日本人。戰後，深獲民眾喜愛的翁山將軍與英國協商緬甸獨立，並且即將出任新政府的領導人。然而在一九四七年七月，距離獨立生效只剩幾個月的時間，翁山與許多新內閣成員在祕書處開會時遭政敵刺殺

* 編注：本書二〇〇四年在英國首次出版，奈溫是在二〇〇二年過世。

身亡。最後則由奈溫成為三軍統帥，而他日後也成為緬甸的領導人。

軍政府在描述這段簡短歷史時經常遭遇一些問題，其中最大的問題出在翁山身上。在奈溫統治時期，軍方宣稱翁山是軍隊偉大的殉國英雄，是激勵與指引軍隊的源頭。然而到了一九八八年，傳奇將領的女兒返回緬甸並且組織政黨，這個政黨居然成為軍方最大的敵人。而翁山蘇姬與她父親長相的肖似（高顴骨與吸引人的杏核眼），使傷害更增添了一點侮辱性質。難以想像被視為建軍之父的男人，卻也是軍隊死敵的父親。

軍政府的做法是逐漸將翁山從他的歷史角色抽離。這不是件簡單的任務。翁山是受尊崇的緬甸英雄，他的肖像不僅懸掛在全國各地的政府機構，也懸掛在民眾家裡。不只是全國運動場，連仰光的中央市場以及其他許多建築都是以翁山的名字命名，而他的臉孔還印在緬甸紙幣上。現在，新紙幣開始出現比較不複雜的圖案，例如緬甸神話裡的獅子（chinthe）。* 烈士紀念日曾經是緬懷翁山逝世的神聖節日，現在已遭到降級，而翁山的名字也從軍方的演說中消失。

同樣的，軍政府將領也試圖將翁山蘇姬排除於政治之外。她返回緬甸這十五年間，幾乎都被軟禁在破舊的家中。一九九五年，當她重獲自由時，一下子就可以看出民眾對她的支持絲毫未減。歡欣鼓舞的群眾齊聚到她住所門前，國際媒體也爭相採訪。當局在翁山住處的街道兩側設置鐵絲網拒馬，而且試圖公開羞辱她，例如刊登貶損人格的諷刺畫，以及在電視節目中將她醜化成沒有牙齒的醜老太婆。

然而，儘管軍政府想盡辦法，這對父女仍然——用《一九八四》的話說——頑強地難以蒸發。對許多緬甸人來說，翁山仍是睿智與公正的領袖代表，翁山蘇姬則是廣受鍾愛的希望象徵。翁山蘇姬的照片在緬甸禁止流通。但在全國各地市場，你仍然可以買到翁山膝上坐著正在學步的女兒的照片。

軍人節當天下午，我與一名住在仰光的美國朋友見面。他遞給我一份美國大使館發給生活或暫居於仰光的美國公民的警告通知。上面提到斯雷佛塔（Sule Pagoda）附近發生了一起爆炸案，而這座香火鼎盛的佛塔就位於仰光市政府旁邊。這起爆炸造成兩人死亡，數人受傷。稍後另一枚炸彈在仰光其他地方找到。警告通知表示，這些炸彈的用意是要破壞軍人節，因此美國公民應在當天避免前往主要觀光景點與仰光市中心。

晚上，我看電視新聞，但上面並沒有提到炸彈，倒是大幅報導了軍人節的閱兵儀式。即使是從飯店的小電視螢幕上觀看，那幅畫面仍讓人感到吃驚與畏懼。閱兵的地點剛好被覆蓋

---

* 編注：chinthe是一種具獅形或獅身人面的神獸，通常成對出現，被視為佛塔的守護神。

在仰光大金寺金色鐘狀尖塔的陰影之下。數百名身穿軍服的士兵以整齊劃一的步伐踏過抵抗公園寬廣的閱兵場。閱兵結束後，士兵跪下來讓將軍夫人們把大把的白色茉莉花圈掛在他們脖子上。

我唯一一次有機會與軍人聊天，是因為我湊巧僱了一輛由退役軍人拉的三輪車。他告訴我，他因為酒醉誤殺了一名男子而被軍隊趕了出來。「你有坐牢嗎？」我問。他含糊地回答，軍隊的事情由軍隊自己處理。他說，在他加入軍隊之前，原本是在緬甸中部的一個小農村幫父親種地。跟許多窮苦農家的年輕人一樣，他也嚮往軍人穩定而富足的生活。他的孩子可以到軍方學校接受更好的教育，如果他或他的家人生病，也可以到任何軍醫院治療。他告訴我，他懷念軍中的生活。「軍隊是我的家。它是我的母親，我的父親，」他這麼說著，讓人想起耳熟能詳的軍隊標語。

我有個朋友，他的弟弟在軍中官拜少校。「我沒辦法跟他溝通，」我朋友說：「他已經完全被洗腦了，沒辦法獨立思考。」朋友的弟弟有一回到辦公室探望他，妻子對於他讓軍人踏進屋內大為光火。等到這名軍官一走，她馬上用牛奶用力刷洗椅墊，彷彿要去掉軍人留下的汙漬似的。

我再次見到哥葉是在仰光一家豪華飯店，盛貿飯店（Traders）。相較於仰光吵雜悶熱的市中心街道，飯店挑高的天花板與空調大廳宛如一處清靜綠洲。穿著絲質籠基的侍者輕柔地走在大理石地板上，西裝革履的西方商人邁開大步走著，胳膊下還夾著一份《國際先鋒論壇報》（*International Herald Tribune*）。哥葉幾天前曾打電話給我，告訴我關於外匯券（Foreign Exchange Certificate）即將停止流通的事。外匯券是軍政府用來支撐美元儲備的工具，一張外匯券相當於一美元，觀光客一抵達仰光機場，就必須馬上兌換價值三百美元的外匯券。雖然外匯券與美元可以在飯店與絕大多數場合使用，但緬甸最普遍的通貨仍是緬元。哥葉打電話告訴我這件事時，我算了一下手上的外匯券。還剩下二十張——足夠兩個人在盛貿飯店喝個下午茶。

盛貿的下午茶廳在閃耀的吊燈照射下，顯得極為明亮。絲質襯裡的椅子與蓋著玻璃罩的桌子，點綴在綠意盎然的室內植栽之間。哥葉與我選了一處安靜的角落，兩人各點了一杯卡布奇諾。鄰桌有兩名旅外的主婦享用著黑森林蛋糕與伯爵茶。另一桌的外國與緬甸商人則早早喝起了雞尾酒。室內洋溢著鋼琴聲，哥葉將身子靠在椅背上，點起香菸，然後便開始講起此次外匯券停止流通的內情。

幾個月前，仰光有流言傳出國內有家民間銀行即將破產，人們因此認為其他十九家民間銀行也可能瀕臨崩潰，存款戶於是蜂擁到各銀行櫃臺提領存款。銀行不得不規定每個存款戶每週提領現金的上限，民眾因此必須排隊數小時乃至於數星期才能逐次將自己的存款提領完畢。不久，銀行的現金都被提領一空而被迫停止交易。有報導指出緬元出現嚴重短缺的現象——這意謂著企業，或許還包括政府，很可能在月底付不出薪水。經濟學家懷疑銀行的放貸金額可能已遠超過它們的資本儲備，而與其他國家一樣，緬甸的中央銀行也無力挹注資金給這些銀行。有些人認為，將領們已經耗盡了印製鈔票所需的墨水與紙張。無論事實為何，我們都不可能得知，哥葉說，因為政府已經封鎖了與銀行有關的任何消息。

女侍從銀色托盤上端起兩杯奶泡打得極好的卡布奇諾放到我們面前。我利用這個機會打斷哥葉。新聞封鎖是緬甸生活中一個令我相當感興趣的生活面向。如果你無法從報紙、雜誌或電視上看到新聞，你怎麼知道生活周遭發生了什麼事？

哥葉一邊將糖倒進咖啡，一邊笑著說：「我們緬甸人善於注意生活上少了什麼東西。這一點妳應該多學學。妳必須注意什麼東西消失了，並且試著去找出消失的原因。」他舉了一個例子。在緬甸銀行出問題之前，你可以在雜誌上讀到銀行的消息。然而，當銀行危機達到高峰的時候，緬甸最重要的財經雜誌封面故事居然是絲質籠基的傳統染料。心思細密的新聞觀察者會懷疑，一定發生了什麼事。「當某個主題從新聞中消失時，你幾乎可以確定那個領域一定出問題了，」哥葉說。

「此外妳還應該注意周遭的事物，」哥葉說：「妳不需要報紙也能瞧出很多學問。」黑市匯率是一項非正式的指標。黑市的美元匯率過去從一千緬元漲到一千三百緬元，但自從緬元短缺之後，緬元便一路走揚到一美元兌換九百緬元的價格。（附帶一提，官方匯率一直維持不變：一美元兌換六點三緬元，完全脫離現實。）「當我走在仰光街頭時，我會注意一些線索，」哥葉說：「我看到領取糧食配給的隊伍愈來愈長，我發現香菸漲價，一根菸漲了五緬元。」

我回想自己在仰光的經驗，發現自己的確無意間碰到了一些暗示，足以看出表象背後的真實：我只是不知道該怎麼解讀。我想起仰光中央市場（位於一座老教堂的尖塔下方）附近的繁忙十字路口經常出現一堆活力充沛的賣報男孩。我搭乘的計程車每到此處都會塞得動彈不得，在瀰漫著柴油廢氣與駕駛們不耐煩的喇叭聲中，這些男孩會跑來敲車窗。他們賣的是從這個地區蒐集來的《曼谷郵報》（*Bangkok Post*）與其他英文報紙。這些報紙是飯店裡的外國人不要的，但這些男孩生意總是不錯，而我也常買他們的報紙。如果有翁山蘇姬的照片，他們會摺起報紙，露出有照片的那一頁，但他們會小心翼翼地用足球雜誌或其他不重要的新聞暫時先把它遮起來。一旦發現我正在注意他們，他們會對我眨眨眼，然後秀出翁山女士的玉照。現在，回想起來，我已經好幾天沒看到他們了。路口唯一的小販不是賣香菸檳榔，就是賣可以讓司機掛在後照鏡上，用細繩纏好的花朵。此時，翁山蘇姬已然解除軟禁，得以在全國民主聯盟其他領袖的陪同下到緬甸某些地方旅行。當翁山蘇姬還受到政府嚴加看管時，當局還可以忍受賣報男孩的存在，然而現在翁山蘇姬所到之處獲得群眾熱情歡迎，證明人民對她的支持絲毫不減，當局因此不想讓任何與她有關的東西出現在人們的視線之內。

哥葉召喚女侍過來，只見她在房間裡優雅地走動著，手裡端著櫻桃蛋糕與多層三明治。當她傾身與我們說話時，我聞到她髮上別的新鮮茉莉花散發的香氣。哥葉問她，我們是否能用外匯券支付咖啡的金額。「當然可以，」她說：「不過今天是最後一天。明天開始我們就不接受外匯券了。」我還有十張外匯券，所以我們各自又點了一杯卡布奇諾，女侍離開之後，哥葉轉頭對我說：「看見了吧？這樣就可以得到一點片段的資訊。妳問一個無害的問題，卻能這裡一點那裡一點地得到一些消息，然後妳把這些資訊滙集起來，就可以看出目前的局勢。」

幾天前，有個朋友向我解釋他如何運用這種蒐集與混合的方式，從緬甸各種流言蜚語中整理出有用的資訊。「我們必須仔細分析我們聽到的每件事，」他說：「我們從朋友、家人、工作場所與市場聽到各種傳言，然後我們必須分析這些資訊的內容。就像遊戲一樣，真相在跟我們玩捉迷藏，我們必須試著把它找出來。」舉例來說，他提到目前在仰光流傳著三個傳言：在仰光郊區，僧侶與軍警發生小規模衝突；有一艘軍艦在港內沉沒；有一名老師在加了棕櫚糖的飲料中下了安眠藥，造成三十名學童死亡。朋友說，最重要的是把虛假的資訊挑出來。（第三個傳言是假的。）在封鎖新聞的緬甸社會中，事件很容易遭到誇大或扭曲。「就像傳話遊戲，」我說。「沒錯，」朋友補充了一句：「但卻是緬甸式的。」

到目前為止，最可信任的新聞來源是英國廣播公司（British Broadcasting Corporation）、美國之音（Voice of America）與緬甸民主之聲（Democratic Voice of Burma）每日播送的廣播節目。為了阻止民眾收聽，政府有時會試圖干擾訊號。幾年前，一名七十歲的男子因為在茶館收聽美國之音而被判刑兩年。這幾家廣播公司在緬甸擁有一些祕密的通訊記者，他們冒著極大的危險將消息傳往國外，方法不外乎使用借來的電話線或隱藏的衛星電話等等難以追蹤的工具。然而，對絕大多數緬甸人來說，與世界其他地區通信幾乎是不可能的。我在曼德勒的時候，一名穆斯林朋友希望我能協助他把發生在緬甸北部小鎮的暴亂消息傳到國外。當地的暴民縱火焚燒穆斯林的房屋與商店，包括穆斯林的學校。穆斯林朋友遞給我的紙條，上面寫著當地穆斯林學校的三百名學童中，有兩百五十名至今下落不明。這張紙條是在急迫中寫下的，很多字眼被劃掉跟修改。緬甸很多地區不像仰光一樣擁有許多資源（例如外國使館與非政府組織），因此當地民眾只能絕望地利用各種可能的方式把訊息傳出去，哪怕是將訊息塞在瓶子裡扔進海中。

反穆斯林暴動的出現，具有深刻的意涵。軍政府刻意煽動群體間的暴力衝突，使民眾無暇注意國內的重大新聞。有些暴動甚至是由軍人（剃頭然後穿上袈裟）假扮的僧侶製造出來的。

當哥葉與我喝完最後一杯卡布奇諾時，我看著他身後的盆栽。哥葉舒服地把背靠在椅子的軟墊上，點了一根菸。附近的桌子空無一人。女侍穿著棉製天鵝絨便鞋，臉上掛著甜美的微笑，輕柔地從我們身邊走過。我再次看著盆栽，開始懷疑上面是不是裝了竊聽器。這株盆栽擺的實在太靠近桌子了。當我想著是否要跟哥葉說我擔心的事時，只見哥葉透過煙霧對我微笑。我想我似乎變得過於偏執。幾天前，我遺失了一本筆記本，上面記錄我在緬甸做過的幾次訪談。雖然我已經小心翼翼從不提及任何人的真名，而且也針對地點與事件編製了複雜的代碼（複雜到有時到了事後我還很難解開它），但筆記本的遺失還是讓我的心七上八下。我在飯店房間裡翻箱倒櫃，最後居然是在我原先藏匿筆記本的地方找到它：廁所的水箱後面。

我沒有告訴哥葉我懷疑盆栽裡可能藏有竊聽器，我只是問他如何保持理智。「我假定他們一直都知道我在做什麼，也假定他們一直在看著我，」他說：「我在做每一件事之前都已經考慮過風險。我在做的時候也已經想好萬全的解釋。在緬甸，不管做什麼事——所有的事——都是有風險的。但我們只能這樣活下去。妳不可能活在這樣的體制之下而沒有任何風險。」

我把剩下的外匯券全交給女侍。兩人一同離開涼爽的飯店，走進午後仰光如三溫暖般燠熱的空氣之中。

仰光有幾條街道相當令人喜愛，其中一條離軍政府祕書處的各部會辦公室並不遠。它是條寧靜的街道，就在繁忙鬧區的東邊。兩旁的建築物是英國人所建，用來容納在祕書處工作的政府人員。這些由獨棟小屋與兩層樓公寓構成的街廓，主要由紅磚砌成，陽臺由鍛鐵打造並且漆上怡人的青蘋綠色。高聳的棕櫚樹覆蓋了這些房舍。孩子們在殘餘的一小片花園裡玩耍嬉戲，祖母們則坐在門廊上一邊喝著檸檬水，一邊東家長西家短地閒聊。街道末端的人行道上開著一家茶館，這家茶館只有早上營業。塑膠凳散置在雨豆樹的樹蔭下。等到日上三竿，樹蔭消失之時，茶館老闆趕緊把凳子、水壺收拾到手推車上，準備推到別處去做生意。

每次來到仰光，我總找機會來此一遊。某天早晨，我轉到這條街來拜訪朋友，發現一輛大卡車停在一棟房子前面。車斗上堆滿家具，繫上了黃麻繩。上面有木製的床鋪、捲妥的竹蓆、珍貴的古董桌但上面的玻璃已經破裂，好幾箱廚房器皿以及孩子的玩具。幾天後，我看到更多卡車與小貨車載滿了家庭用品；這條街上的住戶似乎都要搬走。不到幾個星期，這裡就人去樓空。我往其中一棟房子走去。報紙在無人的玄關飄動著，門階上也散落著花瓶的碎片。

我讀了當地報紙才知道，原來這個區域已經計畫要推動耗資數百萬美元的開發案。這個地方即將興建豪宅、購物中心與最先進的辦公大樓，以吸引仰光居民與外商社區前來。拆除工作幾乎是在最後一位居民一走就開始進行。拿著沉重鶴嘴鋤的工人粉碎門窗、推倒磚牆。整條街宛如考古挖掘現場，只見戴著骯髒草帽的婦人在瓦礫堆中尋覓可供回收的物品材料。她們從木造窗框拔起生鏽的釘子，刮除磚頭與橫梁上的灰泥。屋瓦整齊地疊放在路旁，等著卡車過來載運。這些老英式建築的每塊碎片幾乎都能回收再利用。

在離開仰光，準備前往歐威爾下一個派駐地毛淡棉之前，我特別回到這條街做最後的憑弔。這裡什麼也沒留下，只剩下路旁一間破舊的小屋，它是用褪色的毛毯、裂開的木頭遮板與蛀滿白蟻無法再利用的木門拼湊起來的。舊日房屋與公寓留下的空曠地基，因積聚了雨水而形成一處處的水坑。棕櫚樹突兀地聳立在空無一人的沼澤地上。三個赤裸的男孩在其中一座池塘玩水，把原本沉靜的灰綠水池攪得水花四濺。

第四章
毛淡棉

最後，黨將會宣布二加二等於五，
而你必須相信這是對的。
《一九八四》

「它是不是很美？」和我一起坐在餐桌旁的白髮女性，一邊把瓷盤遞給我，一邊問道。盤子的裝飾是典型的英國田園風光，不過因為年代久遠，外表有點泛黃：一間農舍，屋頂以茅草鋪成，農舍周圍長滿石竹與薰衣草灌木。礫石小徑蜿蜒穿過田園直到農舍門口，屋門微微開啟。在農舍樓上，金髮的辮子女孩面帶微笑從郵票般大小的窗戶向我們揮手。畫的周圍環繞著細小的勿忘草，它們沿著盤子邊緣交織成繁複而精巧的花圈。

我讚賞了幾句，然後將盤子交給坐在我左邊的另一名老婦人。她雙手恭敬地接過去。「這個盤子或許比在座的各位都要年長，」她說：「在緬甸已經看不到這麼美麗的東西。」

我正坐在碧翠絲・湯普森（Beatrice Thompson）的家裡，碧翠絲是英緬混血兒，住在毛淡棉的南區。幾年前，我在倫敦大學學習緬甸語時認識了碧翠絲的妹妹。她給我碧翠絲的電話號碼，告訴我去毛淡棉之前可以先打個電話給她。當我從仰光打電話給碧翠絲時，她堅持要來火車站接我。我要怎麼認出妳呢？我問。「妳可以從我的藍眼珠認出我來，」她回答。

從仰光發車的日間列車往北繞過馬塔班灣（Gulf of Martaban），然後往南朝毛淡棉開去。在仰光車站，我得知外國人只能購買頭等車廂的車票，於是我花了十小時的時間坐在骯髒的躺椅上，而我在的那節車廂幾乎空無一人。火車發出卡答卡答的吵雜聲響，我望向窗外，無止盡的稻田不斷飛奔過去，此外還有小村莊與高聳的石灰岩露頭，這些是緬甸南方特有的景致。

當我抵達馬塔班（離毛淡棉最近的火車站），太陽已經西沉，夜晚的綿綿細雨使車站陷入混亂。小販展開防水布蓋住攤位，旅客們紛紛擠進車站滲漏的月臺避雨。這裡正在停電，唯一的光亮來自小販們在攤位上點的數十根蠟燭。人群往四面八方移動，悶熱的空氣中瀰漫著一股刺鼻的檳榔與燃油味。蠟油像蛋糕糖衣般滴落在成堆的木瓜上。一群披著血紅色袈裟的僧侶有說有笑地出現在黑暗中，他們光滑的頭顱在燭火照耀下顯得特別明亮。我在車站裡茫然地徘徊，試圖找到出口。突然間，從人群模糊不清的話語中，我聽到一聲清脆的英語口音：「哈囉，我在這兒。」我一轉身，就看到碧翠絲站在混亂的人群裡，一副氣定神閒的樣子。她穿著珍珠藍上衣，合身的塔曼襯托出臀部的線條。她的銀髮綁成圓形的髮髻，固定在頭頂上。碧翠絲給我一個溫暖的笑容，在陰暗光線下，我隱約看見她那淡藍色的雙眼。

毛淡棉與馬塔班火車站隔河相望，碧翠絲急忙帶我往碼頭走，好趕上下一班渡船。碧翠絲的行事作風果斷俐落，一路上她用黑傘頂走人群，推開擋路的小販，並且痛罵想向我額外收費的船夫。在船上，她從大手提袋裡拿出兩個空塑膠袋鋪在潮溼的長條板凳上：一個她自己坐，一個給我坐。當渡船航行在漆黑的河面上時，碧翠絲撐起黑傘，擋住了連綿不絕的夜雨。

毛淡棉隱約出現在我們面前，一片黑壓壓的低矮建築物，偶爾看見幾處微弱的燈火。這片建築物上方籠罩著高聳的山脊輪廓，山中佛塔燈光明滅不定，遠看宛如耶誕燈飾。我和碧翠絲躲在雨傘底下，目不轉睛地看著接近的城鎮。黑盒子般的形體逐漸成為眼前的店屋，除了鐵窗，每一棟都大門深鎖。河邊一排鳳凰木的側影。不久，渡船在空曠碼頭邊停妥，旅客爭先恐後沿著傾斜溼滑的船板上岸。碧翠絲在船員攙扶下泰然自若地下船，在她身後的我則是拖著腳步露出笨拙的樣子。她很快叫來一部正在一旁躲雨的三輪車，然後載著我前往旅店。到了之後，她給我十五分鐘的時間放妥行李，梳洗打扮，然後參加她與朋友遲來的晚餐。

碧翠絲的三個朋友都是英緬混血兒。她們是退休老師，而且都沒結過婚，她們戲稱自己是「一群快樂的老處女」。我們坐在碧翠絲的前屋——一個簡單的房間，僅靠一根巨大的教堂蠟燭照明，令人驚訝的是，擺放這根蠟燭的白鑞燭臺看起來相當貴重（碧翠絲說，這座燭臺是從她英國父親的家族傳承下來的）。晚餐吃的是緬甸冷麵沙拉配雞肉咖哩。碧翠絲的朋友們用手進食，她們還為自己的做法親切地向我致歉。「這樣感覺特別好吃，」其中一個朋友說道。飯後，碧翠絲端出一盤脆花生，並且開始用大茶壺倒茶。茶杯上頭裝飾著百合花飾，不過這些杯子其實是中國製的廉價仿冒品，於是大家開始評論起真假的差異。碧翠絲提到保存舊日的英國瓷器有多困難。幾十年來，她的瓷器幾乎全都碎裂了。她說，從兒時留下來的只剩那座白鑞燭臺與繪有揮手女孩的瓷盤。

「毛淡棉原本是一座繁榮的城鎮，」坐在我旁邊身材削瘦、臉龐乾癟的婦人說道：「它以美食著稱。我記得小時候每天晚上都能吃到龍蝦。但現在一尾龍蝦的價格居然比我們幾個人的月薪加起來還多。」

這名婦人描述毛淡棉過去的鼎盛時光，然後碧翠絲長嘆了一口氣，打斷了她的談話。「親愛的，妳知道，」她對我說：「我們的政府很糟——非常糟糕。它搶走我們美麗、珍貴的國家，然後將它打個粉碎。現在我們全注定要生活在這個煉獄裡，永遠無法解脫。」

「說話謹慎一點，碧翠絲，」一名婦人用平板的聲調警告她：「小心禍從口出！」

我想多聽聽碧翠絲的想法，為了讓她繼續就這個話題多表示點意見，我提到有非常多的民眾爭相目睹翁山蘇姬的風采，無論她走到哪裡，總有許多人聆聽她的演說。我認為，或許這表示軍政府很可能放鬆管制，而變革很快就要發生。然而沒有人回應我的話。臉龐乾癟的婦人眼睛沒離開過杯緣的百合花飾。碧翠絲則忙著摺餐巾。在經過漫長而難熬的沉默之後，我抓了一把脆花生，然後讚賞它有多麼好吃。

這場對話很快就轉換成安全一點的話題。我們談到我的火車之旅。「我們的鐵路實在丟人現眼，」一名婦人搖頭，語帶憎惡地說：「最近幾年，我還沒搭過準點的火車！」另一名婦人用古雅的英語問我今晚在哪兒「留宿」（putting up）。「妳不能住在我們家裡實在太令人遺憾了，」她說。碧翠絲解釋，她先前已經向地方單位請示，是否能讓一名外國客人住在家中，但當局不同意。「當然這樣一來，毛淡棉就沒有什麼體面的地方可住了，」我身旁的削瘦婦人低聲嘀咕著。

這些婦人不願直接談論政治，但她們——我完全瞭解她們的苦衷——卻樂於用間接的方式批評政府，例如責怪軍政府讓龍蝦的價格上漲與火車誤點。一小時後，她們看起來仍毫無倦容，此時碧翠絲說，我坐了那麼久的火車，想必已經累了，不如先回去休息吧。我感謝她的好意，於是先行返回旅店，並且承諾第二天會過來喝下午茶。

毛淡棉是歐威爾的母親艾妲·瑪博爾·利穆金（Ida Mabel Limouzin）成長的地方。我問碧翠絲與她的朋友有關利穆金家族的事，但沒有人知道這個名字。一名婦人想到，市中心往東，大概在舊木材場附近有一條街的名字就叫利穆金。我曾在一本陳舊的英國旅遊指南看過這條街的介紹，於是決定隔天到那裡瞧個究竟。

來到毛淡棉，人們很容易瞭解這裡為什麼曾是緬甸最美麗的城市。大街兩旁都是優雅的老建築物，這些建築物原本屬於殖民地商人所有。然而現在這些建築物的粉紅與奶油色外牆都已褪色，裝飾的灰泥柱頂與圓形花飾也出現龜裂，牆面因潮溼到處斑駁，就像水彩畫家筆下反覆無常的雨季天空。古老的清真寺還保留著充滿曲線之美的蔥形拱門與天藍色圓頂。老建築物當中雖然不乏新建的店屋，販售著電子商品、文具或日常用品，但走在這條街上，仍讓人有一種被遺棄的感受，彷彿所有商店都已打烊關門，而店主也到外地避暑。這些店屋的窗戶都蓋上了窗板，大門後頭已鎖上鏽蝕的掛鎖，連庭院裡也雜草叢生。

毛淡棉第一位有紀錄的利穆金家族成員是一名來自波爾多（Bordeaux）名叫G．E．利穆金的法國人。在英國於一八二六年併吞下緬甸不久，利穆金已來到當時只不過是個小漁村的毛淡棉。毛淡棉雖小，但戰略位置十分重要，從附近山區流下來的三條河川剛好在此地匯流。它是一個可以直達安達曼海的天然良港，而且也是翻越山嶺前往暹羅（今日的泰國）的商隊交通要道。英國征服這個地區之後，在此地沿河鋪設道路，建立軍事駐地與市集，為毛淡棉的建立奠定基礎。這個墾殖區附近的森林不僅棲息許多老虎與大象，也出產珍貴柚木，於是很快吸引了來自世界各地的木材商人與造船業者前來。其中包括了歐威爾的外曾祖父G．E．利穆金。他在當時只擁有一條街的英國哨站毛淡棉開設利穆金公司（Limouzin & Co.），專門製造木製船。到了一八六三年他去世的時候，毛淡棉已經成為世界性的貿易中心，印度、英國、德國、法國、美國、亞美尼亞與中國商人都群聚於此，利穆金公司也成為毛淡棉最興盛的公司之一。

利穆金死後至少有兩個兒子繼承衣缽，其中之一就是歐威爾的外祖父法蘭克．利穆金

（Frank Limouzin）。我們對法蘭克的生平所知不多，只知道他是一名技術精湛的畫家、歌喉優美的歌手，同時也是毛淡棉社交圈的常客。在第一任妻子死後，法蘭克再婚而且生下九名子女，歐威爾的母親艾妲就是他的女兒。

一九二六年，歐威爾抵達毛淡棉擔任當地的警政首長，然而就在前一年，他的外祖母——她在當地頗為知名，她舉辦的晚宴與網球聚會都深受人們喜愛——卻去世了。一名英國旅行作家形容，當時的毛淡棉瀰漫著一股「略為衰敗的氣息」。十九世紀中葉，英國控制了上緬甸，他們決定以發展程度較高的仰光做為緬甸首都。毛淡棉的榮景告終，曾一度繁盛的木材場與造船廠紛紛關門。這座城市逐漸發展成受人喜愛的退休去處，英國殖民官員經常來此舒解身心，度過他們剩餘的歲月。一九六〇年代，奈溫開始將緬甸所有的民間企業國有化，而且驅逐所有的外國商人，毛淡棉也出現英國、英緬混血兒與印度家庭大規模的出走潮。該市著名的教會學校原本由英國與美國教士與修女管理，現在也改由政府接管。毛淡棉從此江河日下。一名仰光朋友對我說：「毛淡棉已沒留下多少東西。沒有商業，沒有生命，就連空虛也談不上。毛淡棉只不過是一個擁有大建築物的村落。」

我沿著大街走著，逐漸遠離市中心，舊日的商人房屋逐漸變成簡陋的木屋，有時點綴著白色的水泥店屋。我經過一家老柚木場，裡面長滿蔓藤與野生的香蕉樹。高聳的磚砌煙囪矗立在木材場正中央，蔓生的翠綠卷鬚纏繞其上，宛如五朔節的花柱。走過木材場，不久便發現我正在尋找的路牌。那是一塊亮藍色的牌子，上面用緬甸文寫著「Leimmaw-zin」，這是最接近「利穆金」的緬文發音。

我沿著利穆金街走上去。這是一條整潔的小街，有著平滑的柏油路面，兩旁的錫頂房舍躲藏在低矮的白牆之後。橙色九重葛任意生長的枝葉覆蓋了籬笆，甚至延伸到人行道上。一排修剪整齊的灌木叢沿著佛塔圍牆的底部生長著。當我沿著緩坡往上走，我聽到路旁屋內隱約傳來收音機的音樂聲，但我什麼人也沒看見。走到小街頂端，與繁忙的大街交會，我問一名行人是否知道「Leimmaw-zin」的意思。當然知道，他信心滿滿地說：「『Leimmaw』指的是『柳橙』，而『zin』是一種架子。這條街用緬甸文講就是橙架街。」

當天下午，我再次來到碧翠絲的家。我發現這棟房子在白晝看來顯得更為破舊。碧翠絲獨自住在這棟水泥房子的一樓，一共有兩個房間。她把其中一個房間當成臥室，把前屋當成烹飪與用餐的地方。她在小後院種了一棵番石榴，果實的大小與色澤宛如一顆網球。碧翠絲為房舍的簡陋向我致歉。她告訴我，她原本住在市中心達爾豪吉路（Dalhousie Road）一棟美麗的房子裡，但房子已經拆了，而她目前能夠負擔的就是這樣的房子。

碧翠絲已經沏好茶，兩相搭配的茶壺與百合花飾茶杯也已備妥在塑膠托盤上。茶具旁的盤子上，精挑細選的餅乾整齊地排列成環狀的螺紋。她問：「我們在後院喝茶好嗎？難得今天下午天氣這麼好。」晴朗的天空，棉花般的白雲，好像直接從童書飄出來似的，今天的確是美好的一天。我把茶盤端到後院的小摺疊桌上，於是我們懶洋洋地躺在躺椅上，碧翠絲告訴我，這是她臨時向鄰居借的。她一邊倒茶，一邊提到她曾經在當地的女修道院教授女孩鋼琴與縫紉。「我小時候就是這樣長大的。我會跳舞，為妹妹畫的肖像畫也還過得去。而且……」她停了下來。「不過這些都不重要了。」碧翠絲現在把前屋當成工作室，為人縫補衣服貼補家用。

碧翠絲的父親是英國人，他出生於山區避暑勝地眉苗的一個軍人家庭。他在緬甸長大而且在電報局工作很長一段時間，他娶了緬甸女子為妻，即使後來緬甸獨立了，他也依然待在緬甸。然而奈溫上臺後不久，他就離開緬甸，當時碧翠絲只有十八歲。「有時我覺得他比較像緬甸人，而不像英國人，」她說。在緬甸家中，他與妻子和六名子女一起相處時，說的是緬甸話，吃的是緬甸食物。「他回英格蘭之後，在寫給我的長信中抱怨當地的天氣，」碧翠絲笑著說。

雖然留在緬甸的英緬混血兒數量不多，但據說緬甸的歐亞混血兒總數還是超越了印度。英國男人與緬甸女人私通的結晶構成的緊密族群，在整個殖民社會光譜裡介於英國人之下，居於緬甸人之上。英緬混血兒無法融入英國人的社交圈，也不許加入以歐洲人為主的俱樂部。在《緬甸歲月》中，歐威爾描繪了兩名英緬混血兒遭遇的不快。

在卡薩（Katha），也就是弗洛里居住的城鎮，有兩名英緬混血兒，他們是法蘭西斯先生（Mr Francis）與山謬先生（Mr Samuel）。法蘭西斯「褐色的皮膚與雪茄菸葉一樣，他是南印度婦女的兒子」，而山謬的母親是少數民族克倫族，他「有著淺黃色的皮膚與暗紅色的頭髮」。弗洛里追求的女性，膚色粉紅的伊莉莎白・拉克斯丁（Elizabeth Lacksteen），對於弗洛里不顧自己的身分與這兩個人交談感到震驚。她發現弗洛里有一日站在俱樂部門口，聆聽法蘭西斯描述自己父親的故事。法蘭西斯的父親是一名美國浸信會傳教士，他娶了兩個老婆而且寫了一本小書叫《酒的害處》（*The Scourge of Alcohol*），然而這本書由於作者本身也是米酒的愛好者而銷售不佳。法蘭西斯提到，當主教來看他父親時，年幼的他被要求穿上籠基與鄰居的緬甸孩子站在一起，不讓主教知道有他這麼一個人。這兩名歐亞混血兒熱情地向伊莉莎白打招呼：「晚安，夫人，向您致意！能遇見夫人真是莫大的榮幸！多麼悶熱的天啊，不是嗎？」然而，伊莉莎白無視他們的存在，他們就算只是向她打聲招呼她都覺得是莽撞失禮。後來，弗洛里試圖向她解釋這兩個人的遭遇有多可憐：他們在市集為一名印度放高利貸者打零工，如果緬甸人不施捨他們的話，他們恐怕就要餓死了。「他們僅有的資產就是他們身上的白人血液，」他說。

「再來塊餅乾？」碧翠絲殷勤地招待我。每當我拿起一塊餅乾，她就會小心翼翼地重新排列盤子，好讓我拿走餅乾時留下的空隙能夠填補起來。我問她，為什麼她的父親沒帶她一起回英格蘭。「我當時還在念書，」她解釋說：「當時看起來最好的做法是留在緬甸與阿姨同住，等完成學業再說。但不久為時已晚。」在奈溫統治下，緬甸逐漸與外界隔絕，而她也失去出國的機會。她的父親從此再也沒回來緬甸，而在他離開的十年之後，他在英格蘭去世。碧翠絲的親戚與兄弟姊妹絕大多數都在情勢改變前把握機會離開緬甸，因此碧翠絲的家人現在散布在世界各地，從舊金山到雪梨，到處都有親人的蹤影。「毛淡棉現在看起來宛如一座鬼城，」她哀嘆說：「這整條街原本都住著英緬混血兒。」她一邊說著，一邊看似搖頭地望著小草坪外的幾棟屋子。「現在這裡已經住滿新的居民。混血兒已所剩無幾——並不是很多。而且絕大多數年紀都很大了。」

沒有離開緬甸的英緬混血兒最後完全同化到緬甸社會之中。他們與緬甸人結婚，生下的孩子完全看不出有歐洲血統。緬甸殖民時代留下的活遺產就這樣完全消失。然而，當碧翠絲談到緬甸人時，她沒有說「我們」，而是說「他們」，於是我問她覺得自己是緬甸人還是英國人。「人們不承認我是緬甸人，而我不可能是英國人，所以我比較喜歡的說法是，我單純地活著，」她回答說：「我只是盡我所能地活下去。我不覺得有必要為自己貼上任何標籤。」

碧翠絲突然改變話題，她重提昨晚朋友阻止她繼續說下去的主題。「緬甸現在是個很糟糕的地方，」她又說了跟昨晚類似的話：「任何人想在緬甸站直身子，馬上就會被一槍打死，而且死前還不知道發生什麼事。」她的語氣沒有絲毫自憐，而是優美地說著每一個字，就像一名耐心的英語老師。「妳可以看得出來，我們是一個聰明的民族。我們可以分辨是非，但我們不許依照自己的意志做決定。我們的生活完全受到控制。我們想做什麼事，首先就是向當局申請許可。而他們總是駁回。我們被當成小孩一樣。然而當我們遇到問題時，卻沒有人可以求助。我們不知道找誰幫忙。我們必須自己解決問題。」她俐落地拍掉翠綠塔曼上的餅乾屑，然後說：「停電的時候，我們能怎麼做？我們可以去市政府抱怨，但他們會說他們愛莫能助。如果我們抱怨同一件事情太多次，他們會開始找我們麻煩。」

我在緬甸交談過的人，普遍對政府存在著恐懼，我曾請教仰光一名退休的精神科醫師，軍政府為什麼能這麼有效地威脅人民使他們變得服服貼貼。他解釋說：「一般都同意，人類的生活存在著許多不言可喻的規則。如果你對大環境感到不滿，你可以表達你的不悅。在妳的國家，妳可以向報紙投書，或參加有組織的抗議活動。在緬甸，我們不能這麼做，我們沒有這種規則。我們唯一擁有的規則是軍政府訂的規則。」由於軍政府將領可以任意使用他們訂的規則（他們的橡皮筋法律），因此民眾敢怒不敢言——他們甚至怕得連電力短缺或電話斷線都不敢說。「這個體系的隨機性，意謂著你永遠不知道你做的事情會有什麼後果，」精神科醫師說：「緬甸人民生活在恐怖中。我們最好管好自己的嘴巴，免得惹禍上身。」一九九〇年，歐洲議會將象徵思想自由的沙卡洛夫獎（Sakharov Prize）頒給翁山蘇姬，她在得獎演說上強調了這一點——她無法出席，因此只能請人代為宣讀。這篇演說後來出版成書，書名是《免於恐懼》。翁山蘇姬在演說中列出緬甸存在著種種癱瘓人民的恐懼：「恐懼囚禁，恐懼拷問，恐懼死亡，恐懼失去朋友、家人、財產或謀生工具，恐懼貧窮，恐懼孤立，恐懼失敗。」最後她說：「在權力代表真理的鐵律下生存的緬甸人民，恐懼斲喪了他們的活力，要他們從這種牢籠中解脫並不容易。然而即使面對國家機器最無情的打擊，緬甸人民的勇氣仍不斷滋長，因為恐懼不是文明人的天性。」

我跟碧翠絲一直聊著，不覺太陽已經西沉，此時蚊子開始在我腳邊飛舞。天空泛著青金色，小如蜂鳥的蝙蝠反覆掠過番石榴樹的枝頭。

「妳後不後悔當初沒把握機會離開緬甸？」我問碧翠絲。「是的，說實話，我確實有些後悔，」她說：「但這是我當時做的決定。我無法讓時光倒流。而且在那個時候，誰知道緬甸未來會是這個樣子？這個國家原本極為富足。它擁有豐富的自然資源與善良的人民，而且景色非常美麗。但政府卻把天堂變成活生生的地獄。」一九五〇年代，碧翠絲十幾歲的時候，他們全家生活在毛淡棉。「那是一段美好的時光，」她說：「我們每個星期六都會跳舞。喔，那實在是開心極了！如果妳當時也在，我會帶妳參加各種舞會，妳會體會其中的樂趣。」

在我離開之前，碧翠絲用紙把最後三塊餅乾包起來，塞到我的手裡。「免得妳半夜肚子餓，」她說。

當我沿著河邊走回旅店時，街上空無一人。在黑暗的清真寺中，房間深處透出明亮的燈光，一小群穆斯林盤腿圍坐，嘴裡誦念著祈禱書上的經文。往前走，我持續聽見短促的金屬敲擊聲與笑聲：在某個店屋的一樓客廳，一群穿著睡衣的孩子正擠在一起玩電視遊樂器。附近的人行道上，煤油燈照亮了竹竿上掛著的一串塑膠袋，裡面裝著零食。往河對岸望去，除了一片漆黑，什麼都看不見。我隱約認出河上漂著交纏的布袋蓮，空氣中則瀰漫著一股略帶鹹味的海水氣息。

我手中的地址指引我來到毛淡棉市中心大街的一棟店屋。一道鏽蝕的鐵柵欄橫越在奶油色柱子構成的柱廊之前。我用力推開柵欄，直到擠開一條細縫使我得以側身而過，而後我發現自己置身於一間寬敞、挑高的房間裡。柚木地板在經過一個多世紀的使用磨損之後，變得光滑明亮。淺綠色的牆上爬滿黑色的霉汙，宛如淤青一般。房間裡放了幾張椅子與一張桌子，桌上高高地疊起紙堆，此外還有幾只半空的茶杯。一隻染上皮癬的鴿子從我剛才打開的細縫跳了進來，牠繞著房間拍擊翅膀，一副受驚的樣子。

我試探性地打聲招呼。此時頭頂上方的木板響起了腳步聲，有人從靠在後牆的階梯上喊著：「我們在樓上，上來吧！」

樓上的房間同樣非常寬敞，雖然柚木地板也磨損嚴重而且牆壁也一樣發霉，但這裡的氣氛卻與樓下完全不同。牆壁上掛著世界地圖與英文的水果海報。書籍與雜誌堆成了搖搖欲墜的高塔，在房間某個角落，一名老人與一群年輕學生玩著拼字遊戲。他一看見我，馬上一躍而起跟我握手，動作之敏捷令我驚訝不已。塔溫基（Tha Win Kyi）原是公立學校的英文老師，現在則以擔任私人英語家教為生。我在仰光的朋友多年前曾上過他的課，就是他介紹我來見這個老師。

塔溫基要學生繼續做拼字遊戲，然後帶我朝房間另一個角落的椅子走去。他告訴我，目前他收的學生已經超過他的負荷量，因此他一天要上七到八小時的課。「我們的教育體系絕對是在走下坡，」他說：「整個情況是愈來愈糟。」他把一些填字遊戲移開，然後拍掉椅子上的灰塵讓我坐下。「學校裡已不再教導任何東西，」他接著說：「學生只是不斷死記。所有的東西都靠背誦，就連數學也是。學生不瞭解『為什麼』七乘以三會是二十一：他們只是把它背起來。如果妳問他們乘法表以外的算術問題，他們就答不上來了。」他傾身向前，透過厚重的眼鏡直盯著我說：「妳或我都不會認同這可以稱為教育。」

緬甸曾以高識字率與教育水準著稱，但教育體系遭到惡意摧毀或許是這個國家遭遇的最大一場悲劇。我交談過的許多人提到「失落的一代」，指的是一群未能接受適當教育的年輕人，而我也遇到無數關注孩子未來的父母。我認識一位年輕的母親，她有三個女兒，年紀介於九歲到十六歲之間。這名母親自己沒有完成中學學業，但已足以讓她對女兒接受的教育方式感到驚恐。她把大女兒推到我面前，要我問她，她在畢業後想做什麼。這名女孩害羞地笑著說，她還不知道。「沒有知識，她還『能』做什麼？」母親問道：「沒有知識，什麼都做不了。你問現在的孩子，他們想做什麼，他們一點頭緒也沒有。如果這個國家不能給孩子希望，那麼孩子還能對自己的人生抱持什麼夢想？」

塔溫基在公立學校教書教了十七年。一九九一年，他被迫辭職。那一年——在政府拒絕承認全國民主聯盟贏得一九九〇年大選之後——政府開始清除不忠誠的公務員。每個登記在政府公職名單上的人都必須接受考試，這項考試提出三十三個與緬甸當前情勢有關的問題。未能正確回答問題的人將遭到開除、被迫辭職或轉調到偏遠的鄉村地區。

有些問題的答案相當明顯：

- 「你支持軍政府嗎？」（支持）
- 「你同意外國廣播說的東西嗎？」（不同意）
- 「你希望一九八八年的狀況重演嗎？」（不希望）

然而有些題目相當刁鑽：

- 「軍方努力工作是為了誰的福祉，而軍方又做了什麼？」
- 「最適合我國的政治體制是什麼？」

「我誠實回答問題；我無法說謊，」塔溫基說。完成問卷後過了幾個星期，校長找他談話，然後要求他辭職。「他們這麼做是因為不希望有人的想法跟他們不同，」塔溫基說：「現在他們開除了所有的好老師，留下的只是唯唯諾諾的人。」

塔溫基相信，政府的計畫（如果真的有計畫的話）是除去思考的能力。「他們不鼓勵孩子問老師問題，而當老師問孩子問題時，孩子根本不敢回答。現在已經演變成當孩子看到假的東西時，他們不敢說那是假的。」塔溫基告訴我，過去寺院學校會鼓勵孩子針對教導的內容提出問題。「佛陀自己也鼓勵提問與思考，」他說：「他教導我們不應該盲從父母與老師。我們必須獨立思考。」

在房間的一個角落，我看到塔溫基的一個學生正獨自坐在書桌前閱讀英文百科全書。這本書已經解體成三到四個部分，靠著厚膠帶才把它固定起來，而如面紙一樣薄的頁面也像皺紋紙一樣皺巴巴的。塔溫基沿著我的視線看過去，他笑著說：「那本百科全書幾乎可算是一件古董，它出版於一九七六年。」他把那名學生叫來，這名瘦弱的年輕人名叫丁埃（Tin Aye），他恭敬地過來然後坐在塔溫基的腳邊，把籠基收攏到膝蓋旁。「這個男孩已經二十六歲，但他還沒完成他的大學學業，」塔溫基說。

從一九八八年學生暴動之後，緬甸的大學就不斷處於時開時關的狀態。我曾經向一名大學講師請教緬甸大學的學期時間，他回答說：「我們不知道。由他們來決定。也許這個星期還正常上課，下個星期就宣布停課。」

儘管英語說得吞吞吐吐，丁埃還是告訴我他從八年前就開始攻讀五年制地質學學位。他才讀了一年，大學就因為一九九六年仰光爆發學生示威抗議而停課。他被迫休學三年，這段期間他跑到腳踏車店當助手。而後大學又恢復上課，卻只持續了幾個月。丁埃目前正要完成第四年的課程。

大學課程經常中斷造成許多課程被迫縮短以消化因停課而累積的大量學生，教育品質因此直線下降。塔溫基告訴我，他曾教過一名大四的地理系學生，但這名學生居然連加拿大在哪裡都不知道，而他也知道有些攻讀化學的學生從未做過化學實驗。(「老師只是在黑板上畫出試管，」他說。) 我告訴塔溫基，我曾參加一所位於仰光附近的大學的畢業典禮。我是受朋友邀請，他的女兒剛取得英國文學碩士學位。那一天的上午相當悶熱，朋友的女兒一直罩著黑色尼龍黑袍，與同學和家人一起拍了無數張照片。當我走在人群中，試圖跟某些學生交談時，我驚訝地發現這些英文系畢業生幾乎沒人說過英語。塔溫基拍了拍手，用勝利的語氣說：「妳看，沒錯吧？」

「現在，幾乎只要參加緬甸的大學入學考試就一定能考上，」塔溫基說：「老師害怕自己的學生表現不佳會惹惱當局，所以他們通常會預先洩題給學生知道。」學生也會賄賂那些生活貧困的老師以取得高分。塔溫基告訴我，他最近被找去原先工作的學校協助批改英文考卷，因為有兩位老師病了。他改到一份考卷，發現上面附了一個信封，裡面放了三百緬元與一張紙條，上面寫著：「我沒有寫過〈我的學校〉或〈我的城市〉這種文章。我只寫過〈我的父親〉，所以我寫了〈我的父親〉。這樣可以嗎？」

「我想，」丁埃緊張地清清喉嚨然後說道：「在緬甸考試要想不及格，除非你完全沒去考試，或者是交了白卷。」他還記得有一天早晨起了大早，跑到系辦外的公布欄看大一地質學考試成績。當他實際看到結果時，感到有點失望，因為上面只寫著：「所有應考學生全都及格。」

一九八八年後，軍政府開始將大型大學分割成小型學院。仰光的朋友提到這些新學校全設在仰光外圍，通常要過橋才能進到市內，如果學生開始鼓譟，當局可以輕易封鎖橋梁來阻止事態擴大。政府也鼓吹遠距教學計畫。藉由通信與電視這類遠距教學，可以讓學生乖乖地待在家鄉，每學期只需要來學校十天，而且是為了考試才來。據估計，有百分之七十五的緬甸大學生是靠著遠距教學的方式取得大學學歷，這是相當驚人的比例。

「幾乎沒有人對我們的教育體系存有希望，」塔溫基說。緬甸流行一則笑話，村裡的長者問年輕男孩，他目前讀幾年級。學生回答說他才剛念完十年級，接下來就要念大學了。「啊，」長者說：「所以你已經受完教育了。」

房間另一邊的階梯開始晃動，另一群學生上樓準備上塔溫基下午的英文課。他們穿著公立學校制服，綠色的籠基與白色的襯衫，他們放學之後就直接來這裡補習。塔溫基說他得去上課了，於是交待丁埃送我回旅店。

丁埃盡忠職守地用腳踏車載我回去。這是一段驚險的旅程，我們為了躲避在路中間睡覺的野狗與突然從住家門口推出來的機器腳踏車而常常來個急轉彎。直到抵達旅店之後，丁埃才告訴我他的腳踏車沒有煞車。「放心吧，」他拍胸脯向我保證：「我有別的方法讓車停下來。」他往前騎一小段距離之後，就開始用令人生畏的氣勢倒踩踏板，他的膝蓋幾乎要撞到下巴，他的籠基在風吹之下鼓脹得像降落傘似的。

在英國人寫的有關緬甸的文字中，引起最大回響的應該莫過於吉卜林的詩〈曼德勒〉：

棕櫚樹的風與寺院的鐘，它們說：

「回來吧，英國兵，回到曼德勒！」

這首詩無疑引誘了許多旅人來到緬甸。我曾在緬甸遇到一位年輕的英國背包客，他告訴我，當緬甸導遊主動表示可以賣鴉片給他時，他感到很失望。當他拒絕導遊的提議時，反而讓導遊大惑不解。「你不是為了鴉片才來這裡的嗎？」他問。「不，」這名憤怒的年輕人說：「我是因為吉卜林才來到這裡！」

歐威爾也聽到吉卜林的呼喚。童年時，他讀了吉卜林的小說與詩，裡面描寫勇敢的英國士兵在印度探險的故事，激發了他對英屬印度（Raj）的各種異國想像。長大後的歐威爾也承認，很少有人能抗拒〈曼德勒〉這首詩帶有的強烈鄉愁。歐威爾寫道，如果連吉卜林的名句都無法讓你產生分毫的愉悅，那麼你要不是自大狂，就是個騙子。

然而耐人尋味的是，吉卜林從未到過曼德勒。一八八九年，吉卜林搭船從加爾各答前往日本途中，曾在緬甸短暫停留三天。其中有一天是待在毛淡棉，〈曼德勒〉就是根據他在當地看到的查伊塔蘭佛塔（Kyaik-thanlan Pagoda）寫成的。我在某天早上到這座佛塔參觀，我想知道是什麼樣的佛塔啟發吉卜林寫下如此迷人的詩句，使後世的英國旅人（或許也包括了歐威爾）紛紛在召喚下來到緬甸。

毛淡棉東部高聳的綠色山區散布著佛塔，其中最高的一座就是查伊塔蘭佛塔。我沿著曲折有時陡峭的小徑往山上走。石磚道有羅望子與榕樹的遮蔭，而蠍子躲在落葉底下，牠們的尾巴上彎，就像是一條小龍。到了山頂，步道經過長滿苔癬的圍牆，牆後頭是闃無人聲的寺院。這些古老的建築物，屋頂覆蓋著一層層生鏽的波狀鐵皮，牆壁漆上深橙色，像是桃子碰傷的顏色。我脫掉鞋子進到佛塔區域內，我的腳踩著粗糙的砂粒，這是從牆上斑駁下來的碎灰泥。骯髒的流浪狗蜷縮在潮溼、陰暗的角落，我看到一群僧侶跪坐在沒有照明的柚木屋內吃早點。

四條覆蓋著屋頂的走道，分別代表東南西北四個方位，通往座落於中央瓷磚平臺之上的金色佛塔。這座佛塔與周邊的寺院最早興建是在西元九世紀，往後在歷代緬甸國王手中不斷增建擴大。這些亭臺樓閣裝飾極為華麗，金綠相間的階梯式屋頂看起來就像玩具屋一樣層層相疊。金色優雅的錫製格子細工如飾帶般懸掛在屋簷下。供奉佛像的神龕，外表覆蓋一層混合了碎鏡與銀色碎瓷的鑲嵌圖樣，看起來十分眩目。吉卜林詩裡提到的鐘懸掛在佛塔的最高處，也就是剎竿（hti）之上。這個由鐘與珠寶構成的尖端，微風中發出輕脆的叮噹聲。而這座金光閃閃的大尖塔內供奉的則是佛陀的一根頭髮。

然而，當吉卜林造訪這座佛塔時，他心裡掛念的卻是別的事：「要不是因為第一段樓梯口那名緬甸女孩令我魂不守舍，我一定能記住佛塔的模樣，」他在旅行日記中寫道：「隔天中午啟程的汽船，使我打消永遠待在毛淡棉的念頭……」

吉卜林其他有關緬甸的詩比較不那麼有名，而且讀起來相當恐怖。在〈一百顆人頭的墳墓〉（The Grave of the Hundred Head）這首詩中，吉卜林支持英軍對於不服從外國人統治的緬甸村民進行殘酷報復。在詩中，印度步兵團因為他們的英國中尉遭緬甸叛軍殺害而展開報復。他們屠殺整個村子，並且將割下來的人頭堆在中尉的墳墓上，其中村長的頭擺在人頭堆的頂端。吉卜林給緬甸人的訊息很清楚：

一顆白人人頭
必須以百顆人頭為代價。

歐威爾終其一生一直對吉卜林又愛又恨。「我十三歲時崇拜吉卜林，」歐威爾在一篇談到吉卜林的文章中寫道：「十七歲時討厭他，二十歲時喜愛他，二十五歲時鄙視他，現在卻更讚美他。」這意謂著當歐威爾剛抵達緬甸時，對吉卜林略嫌激進的殖民主義色彩是認同的，但在擔任帝國警察數年之後，他覺得吉卜林的政治立場令人反感，並且為他貼上了「強硬帝國主義者」的標籤。歐威爾快四十歲的時候，雖然不滿，卻也不得不對吉卜林感到佩服。歐威爾稱吉卜林是「好的壞詩人」，認為他的詩帶有一種罪惡的愉悅，使人沉溺其中。

吉卜林甚至在《一九八四》中客串演出，溫斯頓在監獄裡認出他的同事，一名在紀錄司工作的詩人。這名詩人的工作是改寫英國經典文學，使其符合黨的意識形態。他把吉卜林的詩翻譯成新語（一種毫無靈魂的黨語言，用來去除所有可能反對老大哥統治的思想）時出了差錯，因而遭到逮捕。詩人在詩裡面保留了「神」（god）這個字。（「我不得不這麼做！」他對溫斯頓說：「不可能改掉那句話。它的韻腳是『棍』（rod）。你知道在英語裡面只有十二個字能跟『棍』（rod）押韻嗎？」）詩人說的是吉卜林另一首嗜血的詩，題目是〈戰利品〉（Loot），詩中提到英國士兵受到慫恿去掠奪緬甸的佛塔：

劫掠全身鍍金的緬甸神明（god）
別忘了祂的眼睛通常是寶石；
如果你對黑皮膚的傢伙打上幾棍（rod）

他會把東西全交出來。

從佛塔的平臺上，可以俯瞰毛淡棉全市以及鄰近的鄉村原野。城鎮在我腳下伸展開來，隱沒在棕櫚叢林之中。在這片厚重的綠色毯子上，散布著房屋的錫製屋頂，當中點綴著些許鏽蝕的顏色。我看到幾座堅固的教堂塔樓，以及其他頂端尖細的金色佛塔。比城鎮更遠的地方，河川注入大海，矇矓的地平線上，綠色的島嶼微微地發出亮光。

緬甸仍可聽見好的壞詩人的聲音。翁山蘇姬這名熱切的讀者，據說是吉卜林作品的崇拜者。她與她的英國丈夫麥可．艾里斯（Michael Aris）以吉卜林小說《基姆》（*Kim*）中那位勇敢的英雄之名為自己的兒子命名。一九八八年，翁山蘇姬在一場集會中用緬甸語引用了吉卜林的詩〈如果〉（If）。這首詩的開頭這麼說：

如果周圍的人全失去理智，一味地責怪你，
而你仍能保持頭腦清醒……

毛淡棉四處可見殖民時期興建的英國老教堂。某日，我在尋找歐威爾家族遺跡的時候，不經意地從敞開的大門走進舊日英國國教會的教堂裡。這是一棟巨大的建築物，有狹窄的尖頂窗，外牆有飛扶壁。紅色的磚牆因潮溼而泛黑，磚牆出現破損的地方都抹上水泥來加以補綴。廣場鐘樓後方的木門已經鎖上掛鎖。木門旁有一塊已經泛灰的大理石牌匾，上面記載這棟十九世紀末設計的教堂是出自聖奧本與瓦德林事務所（St Aubyn & Wadling）建築師的手筆。

我沿著雜草蔓生的小徑走著，希望找到能協助我的人。我繞到教堂後面，發現有人在小屋走廊的吊床上睡覺。他看到我時，一開始有點驚訝，但隨後就自告奮勇帶我參觀利穆金家族成員埋葬在這裡的墓碑。他告訴我他是此處的管理員之後就消失在小屋裡，不久，等到他再度出現，他已經在骯髒的汗衫外面穿上一件有領的白襯衫。我們走回教堂前方，他撿起一根木棍，開始沿路撥弄雜草與荊棘。我聽到木棍敲到硬物的聲音，然後看著他清出一塊平躺在地面的墓石。我們兩人一起挖出幾塊遭人棄置的墓石，但上面的字難以辨識——銘刻的金屬字已經脫落，一百五十年無人聞問的墓碑，泥土與砂石已在上面結成硬塊。

管理員解釋說，這些墓石是毛淡棉的總墓園留下來的，總墓園原本位於市中心。大約十年前，當地政府為了興建中央警察局而拆除墓園。備忘錄送到教堂，要教堂通知親屬，這些遺體即將挖掘出來移往山的另一邊，在專門讓基督徒舉行喪葬儀式的新地點安葬。這座墓園年代非常久遠，毛淡棉居民只有極少數的親屬葬在這裡，所以教堂把它們教區裡的成員集合起來，大家一同努力將其中一些墓石保留下來。管理員建議我們到教堂裡面看看，裡面保存了更多的墓石。管理員的腰上綁了金屬環，上面掛了一大串鑰匙，他在上鎖的門前喀嚓喀嚓試了十分鐘。終於，其中一把鑰匙發出結實的響聲，生鏽的門鎖終於應聲而動。帶著不悅的低鳴，大門吱呀地開啟了，迎面而來的是一陣刺鼻的霉臭與塵封氣息。

教堂裡擺放了一排排磨損嚴重的長椅，頂上的木頭天花板嚴重下垂，看起來岌岌可危。中殿幾根磚柱沾染了一層白色波浪狀的物體，看起來就像糖衣——管理員解釋說，這是二次世界大戰期間，日軍在此囤鹽造成的損壞。我只能從一些蛛絲馬跡看出教堂昔日的風采。唱詩班席位是用橡木搭建的，這種木材肯定運自英格蘭，上面雕刻著藤蔓與結實纍纍的葡萄。祭壇周圍的地板，奶油色、黑色與紅色的瓷磚在塵土中透著光亮。

管理員帶我繞到法衣室後面，狹窄的走廊堆滿了老家具、掃帚與搶救來的殘餘墓石。他把墓石一塊塊拉出來。管理員用自己籠基的一角抹去覆蓋在墓石上的細紅土，然後將這些石塊放在唱詩班席位後方冰冷的石頭地板上。我注意到一個白色的木頭十字架，與人同高，斜靠在後牆上。上面刻著一個緬甸名字與離現在不久的日期。「這東西放在這裡做什麼？」我問管理員。他告訴我，幾年前墓園再次遷移——這一次是因為原址要建新火車站，結果墓園搬了，火車站到現在都還沒蓋。死者的家人已經搬離此地，管理員擔心他們有一天會回來，於是為他們保留了十字架。其中一根橫柱孤伶伶地掛著一個塑膠袋，裡面裝了一些土。「這是墳地上的土，」管理員說：「我們沒有時間或能力把所有遺體都挖出來，我們能為家屬做的就只有這些。」新墓地位於毛淡棉市區外，離穆斯林居住的地方不遠。「但這麼做還是有問題，」管理員說：「當地的穆斯林不希望基督徒葬在他們的土地上。幾個月前我到當地參加一場葬禮，旁邊還有全副武裝的士兵戒護以避免穆斯林發動抗爭。妳能想像嗎——士兵參與平民的葬禮！我們在墓碑上寫著『願死者安息』，但在緬甸連死人也得不到清靜。」

管理員從成堆的墓石中抽出一小塊黑色大理石板。他拂去表面的塵土，我看到他手下面出現的幾個字，「伊莉莎·艾瑪·利穆金」(Eliza Emma Limouzin)，內心感到異常興奮。伊莉莎是法蘭克·利穆金的第一任妻子，她於一八六五年去世，得年二十五歲。墓石沒有詳細說明她的死因，但提到她的孩子亞瑟（兩歲十一個月）與艾蜜莉（一歲四個月）跟她葬在一起。她們三人的遺體一定還躺在毛淡棉中央警察局的地下。

我們沒有找到其他利穆金家族遺留下來的東西，我失望地幫管理員把墓石推回到法衣室後面。當我們走回門口時，腳步聲在沉默的教堂裡迴盪著。我再次看著那些彌縫教堂牆壁的水泥，感覺像是漏水船艙裡的補丁一樣，我問管理員他如何讓這棟建築物免於坍塌。他告訴我，這座教堂擁有的教區很小，因為毛淡棉只剩下為數不多的英國國教會信眾。「這裡要做的事很多，但我們無力負擔，」他以消沉的語氣說道：「我們只能祈禱教堂不要倒下來。」我離開教堂之前，把幾張鈔票塞進結滿蜘蛛絲的捐獻箱裡。

我在毛淡棉繼續尋訪了幾間教堂，希望能從教區紀錄中找到更多有關利穆金家族的歷史。我在某間教堂遇到一名教士，在尋找紀錄上他沒辦法幫什麼忙，但卻相當直率地批評當今政權。我們坐在空蕩蕩的教堂長椅上，他告訴我他的信眾為什麼一年年減少。「過去十年來，政府把佛教變成一個狂熱的宗教，」他說：「政府把佛教擡升到國教的地位，不久將危及其他宗教的生存。他們說他們痛恨殖民者統治緬甸的方式，但他們自己做的事跟殖民者沒什麼兩樣。他們規定只能有一種語言、一種宗教、一種生活方式。」這名教士覺得緬甸人民正逐漸在脅迫下相信基督教是一種危險的宗教。他經常發現有不要的十字架或聖母瑪利亞雕像扔進牆內的教堂庭院來。「算命仙告訴他們，家中的運勢之所以不好，就是壞在家裡面有十字架或聖經這些東西，」他說。

我們交談的時候，一隻麻雀輕快地飛過破掉的彩色玻璃，停在我們面前的長椅上。教士拍手把麻雀嚇走。「少數人如何統治多數人？恐怖！這是唯一的答案，」他說。「民眾太害怕了，因此不敢挺身反抗他們。而當權者自己也很害怕。他們現在只能緊抓權力不放。他們只知道槍桿子，而他們之所以害怕是因為他們滿手血腥。」我問教士，他是否認為這些將領內心有任何宗教信仰。「他們心中沒有神明，」他厭惡地說。「他們不斷興建新佛塔與整修舊佛塔。他們自以為在做功德，但上帝不是傻子。」

我最後的確找到了一間仍留存著些許教區紀錄的老教堂，並且希望教士能幫我尋找當中是否留有利穆金家族的資料。幾天後，我再度來到教堂，他讓我看一個名叫喬治·利穆金（George Limouzin）的人的出生證明，他生於一八六〇年九月三十日，於七個星期後受洗。父母的姓名是「尤金·利穆金」（Eugene Limouzin，可能是歐威爾外祖父法蘭克的兄弟）與「瑪索」（Ma Soe）。

「瑪索？」我一邊問著，一邊快速回想與歐威爾家族相關的緬甸人名。

「是的，瑪索，」教士說道，表情有點尷尬。「從她的名字來看，我猜她一定是緬甸佛教徒，但我找不到這對夫妻的結婚證明。」如果歐威爾的叔公與緬甸女子生下子女，我想，歐威爾的英緬混血遠親肯定還住在毛淡棉。我感謝教士的協助，並且隨即趕往碧翠絲的住處請教她的意見。

在此同時，碧翠絲早已自行調查。她已經問遍毛淡棉剩下的英緬混血居民，並且找到一名還記得利穆金家族的男子。她答應我：「明天我會介紹妳跟他認識。」

「妳來緬甸做什麼呢？」欽貌烏（Khin Maung U）問道。我很害怕這個問題，而且總是覺得這個問題很難回答。不幸的是，這通常是緬甸人問我的第一個問題。欽貌烏是碧翠絲找到的英緬混血兒，他前來碧翠絲家與我會面。欽貌烏的身材矮胖，有著桃紅色的皮膚與一頭蓬亂的白色捲髮。我們碰面時，他用雙手握住我的手很長一段時間。我回答他的問題，表示我正在研究喬治．歐威爾的生平。

「喬治．歐威爾？」他問。

「是的，那位英國作家……」

「哦，妳是說艾瑞克叔叔！」他叫出聲來，而且提到歐威爾的本名「艾瑞克．布萊爾」。

當碧翠絲在屋內用縫紉機縫補衣服時，欽貌烏與我則坐在碧翠絲事先為我們鋪在庭院的棕櫚葉蓆子上。（躺椅已經還給鄰居了。）欽貌烏告訴我，他從未見過歐威爾，但他的父親是歐威爾的好友，而歐威爾在毛淡棉時，他的叔伯阿姨也都跟他有來往。欽貌烏的英國父親是公務員，曾與歐威爾踢過足球。「當然歐威爾可怕的菸癮使他跟我父親當不成真正的密友，」欽貌烏一邊皺眉一邊嘲弄著說：「我父親無法忍受菸味，因此每當歐威爾來訪時，他必須請他在門口抽完菸再進來。」

「利穆金家族呢？」我問：「你記得他們嗎？」

欽貌烏確實記得利穆金家族。他說他們也是英緬混血家族，早在奈溫當政初期他們就離開緬甸前往英格蘭或者澳洲。「他們住在一個叫『小英格蘭』的地區，因為那裡住的全是英緬混血家庭，」他說。如果利穆金家族真如欽貌烏的記憶是英緬混血家族，那麼歐威爾的遠親一定帶有緬甸人的血統。我想知道他在毛淡棉時是否認識這些人或跟他們往來。

從歐威爾的作品中，我看不出他曾透露自己的家族帶有緬甸血統。他是否對於自己有緬甸親戚感到羞恥？殖民社會固有的種族主義是《緬甸歲月》裡的關鍵元素。歐威爾筆下那位缺乏傳統英雄特質的主角弗洛里有著灰黃色的皮膚、黑髮以及從左眼角到嘴巴的一大塊深藍色胎記。俱樂部其他成員喜歡開他玩笑，說他被「瀝青刷子沾到了」。

歐威爾相信，種族主義是英國統治的必要元素。離開緬甸的幾年後，他寫了一篇有關防暑帽（topi）——殖民地官員戴的一種褐色頭盔，可以遮蔽東方毒辣的陽光——的好文章。歐威爾提到英國人對於陽光有一種近乎迷信的態度，他們幾乎是沒戴防暑帽就不敢出門。

(「在戶外暫時脫下防暑帽，即使只是一下子，你就有可能死亡。」）據說緬甸人的頭骨較厚，所以不需要這層保護。歐威爾的結論是，防暑帽是用來強調英國人與緬甸人之間差異的一種簡單而有效的帝國主義工具：「想統治臣服的種族，特別當你是少數時，如果你真的相信自己的種族比他們優越，那麼相信臣服的種族在『生物構造上』與你不同，確實有助你遂行統治。」

然而，歐威爾也從別的地方發現，無論英國人有多麼歧視緬甸人，他們仍然樂於與緬甸女人發生關係。緬甸人不能走進歐洲人專屬的俱樂部，但英國人卻熱情歡迎緬甸女人走進他們的臥房。在英國統治初期，許多英國官員在自宅養了緬甸「情婦」。由於這種做法實在太普遍，因此英國臣民的私生子也能適用教育法規，只要是「十八歲以下，父親已死或離開緬甸或行蹤不明的孩子」，都能獲得政府准許。然而，當歐威爾抵達緬甸時，英國政府已積極防止這類私通行為，而且張貼告示警告英國公務員不許「與當地女子同居，也不許接受當地女子做為餽贈」。當時，仰光賽馬俱樂部（Rangoon Turf Club）有兩匹馬的名字說明了當地公務員如何看待英國政府的告示：「政府告示」對上「生理需求」。

欽貌烏和我談了更多他小時候的回憶，但他對艾瑞克叔叔或利穆金家族的記憶僅止於此。當我們道別時，他告訴我，歐威爾離開緬甸以後仍與他的父親保持連繫，並且寄來他完成的每一部作品。讀過他的小說之後，欽貌烏對於歐威爾在緬甸的日子感到好奇。「這些作品不禁讓我猜想艾瑞克的內心是否埋藏著極度悲觀的事——某種你可以從狄更斯身上看到的特質，他的作品充滿這種憂鬱氣質，」他說：「我一直覺得他在緬甸一定發生過非常不愉快的事。」欽貌烏睜大眼睛看著我。「如果妳能找出那件事是什麼，那就太好了。」

我也覺得若真能如此那真的是功德圓滿了，但經過這麼長的時間，我們已經不可能知道歐威爾在緬甸遭遇過什麼事而改變了他的人生。不過，歐威爾在緬甸的某個生活面向一直是我很想知道的（雖然帶著一股罪惡感），那就是歐威爾是否跟他的同事一樣，私底下也養了緬甸情婦。如果歐威爾真的有緬甸情婦，而他又從未公開提起此事，那麼我們只能仰賴某人的說法，只有他還記得歐威爾曾經談過緬甸女人的事。英國作家哈洛德・阿克頓（Harold Acton）曾在歐威爾晚年與他見面，他提到歐威爾對於緬甸女人念念不忘。阿克頓猜想，要不是強烈的社會良知阻礙了歐威爾，否則他很可能拜倒於緬甸女子的石榴裙下，他的後半輩子將如同吉卜林筆下的人物一樣在緬甸度過。

目前留存的歐威爾早期實驗作品，內容都離不開緬甸女子。有些詩作是寫在緬甸政府的便條紙上，不難推知這些風流韻事譜寫的地點。這些詩的內容並非特別愉快。有一首題為〈較少的罪惡〉（The Lesser Evil）的詩是以第一人稱的角度寫成，內容描述他定期造訪一家緬甸的「罪惡之屋」，那裡的竹子地板沾滿了檳榔汁，娼妓央求恩客能常來光顧。到了詩的結尾，敘事者改變了心意，他不再上妓院，相反的，他選了「較少的罪惡」，走進了教堂。

另一首題為〈羅曼史〉（Romance）的詩，一開始似乎充滿希望：

年輕時少不更事，
在遙遠的曼德勒
愛上了一名緬甸女孩
她的可愛如同當日……

然而再往下讀個三句，讀者就會發現這是跟另一名緬甸妓女在討價還價。

耐人尋味的是，歐威爾小說中的人物總是跟女性相處不好。他的小說反覆出現的一個特徵就是親吻前的道歉。在《一九八四》中，溫斯頓與茱莉亞跌入長滿風鈴草的洞穴裡，溫斯頓的問題破壞了整個浪漫氣氛，他問茱莉亞是否可以忍受他的假牙、靜脈曲張的血管以及他三十九歲年老的外表。在《緬甸歲月》中，弗洛里與伊莉莎白在月光下站在俱樂部外頭，四周瀰漫著緬梔花的香甜氣味。弗洛里將伊莉莎白拉到胸前，問她是否在意遮著他半邊臉的這塊醜惡胎記。

在歐威爾小說中，男女關係總是帶有強烈的羞恥意味。《緬甸歲月》中的另一個關鍵角色是弗洛里的情婦瑪拉梅（Ma Hla May）。歐威爾生動地形容她是一個宛如洋娃娃般的人物，她的身上帶著茉莉花、檀香與椰子油的味道，她有著古銅色的肌膚，捲曲的頭髮如同烏黑發亮的黑檀圓木。然而瑪拉梅卻成了弗洛里的惡夢。弗洛里開始跟英國女子伊莉莎白交往之後，便對瑪拉梅置之不理。在那個要命的星期天早上，瑪拉梅衝入教堂，弗洛里與其他英國人正坐在長椅上，她對弗洛里吼著要他拿更多錢給她。伊莉莎白嚇壞了，但就在這個時候，她終於看清弗洛里的黑色胎記，彷彿代表他已經被殖民地的種族汙染，而她也知道他們的關係已經結束：「她終於知道，那塊東西有多麼可恥，多麼不可原諒。」

緬甸給十歲孩子學習的教科書裡，有一課提到緬甸有八個主要族群。在緬甸國土地圖外圍，畫著幾幅卡通圖案，幾對臉孔胖嘟嘟的夫婦分別穿著八個種族的傳統服飾。撣邦的農夫戴著鮮艷的大藤帽穿著喇叭狀的褲子；克欽邦婦女的塔曼繡著明顯的幾何圖案。地圖旁的課文告訴學童，緬甸的少數民族一同過著幸福而和諧的生活——或者用緬甸話來說，「既不打破人家的蛋，也不破壞人家的窩。」

歐威爾會對這種課堂宣傳嗤之以鼻。他認為，緬甸境內的各個種族，光是他們的數量就足以構成定時炸彈，遲早會有爆炸的可能。

緬甸是世界上種族最多元的國家之一。在八個主要族群中，人類學家發現還可區分出一百三十個以上的次族群，從過去從事獵人頭的納加族（Naga）勇士，這個族群以羽毛和野豬獠牙的裝扮來象徵榮耀，到塔倫族（Taron），一個住在喜瑪拉雅山腳下正在消失的亞洲矮人族群。緬甸歷代國王對這些族群的控制程度不盡相同。位於偏遠地區的族群承認緬甸王國的方式就是偶爾向國王繳納稅金。其他族群則只是名義上與緬甸維持關係，除此之外則根本毫無連繫。

當英國人抵達時，他們把緬甸繪入世界地圖之中：英國製圖者標示出帝國的新領土並且畫出我們今日在地球儀上看到的緬甸疆界。這些疆界——經常與暹羅、中國以及鄰近寮國的法國殖民者發生嚴重爭端——把許多民族劃進單一的緬甸國度之中。與在此之前的緬甸國王一樣，英國人給予不同區域不同程度的自治權限，而且留給緬甸一個混亂、政治需求各異的版圖。有些龐大的族群（例如撣邦，它的面積與英格蘭和威爾斯加起來相仿）與弱小的族群

（如緬甸南部的克倫尼邦〔Karenni State〕）簽署了暫時協議，同意接受緬甸統治十年，之後再決定是否獨立。克倫族（Karen）是緬甸最大的族群之一，他們集中在泰緬邊界，拒絕簽署任何協議，並且準備好為他們過去希望從英國人身上得來的獨立地位而戰。（直到二〇〇四年，在與緬甸軍隊對抗超過五十年之後，克倫族叛軍終於開始與軍政府協議停火。）

歐威爾預言這些由來已久的種族斷層線將成為緬甸災難的來源。他曾在緬甸遇見一名克倫人，對方對他說：「我希望英國人能在緬甸待兩百年。」

「為什麼？」歐威爾問。

「因為我們不希望被緬甸人統治，」這名克倫人回答說。

這麼多不同的族群希望獲得至少一定程度的自治地位，歐威爾因此認為，要維持緬甸的主權是不可能的。緬甸獨立的前一年，歐威爾在一份報紙專欄中指出問題的核心：「當A壓迫B時，在善意者的眼裡，B顯然應該獨立，但隨後一定還會出現C族群，它也希望能獨立於B。問題在於少數族群的規模要『多大』才有資格獲得自治地位。」

二十世紀下半葉，緬甸少數民族的民族主義武力像細胞一樣增生與分裂。他們組成聯盟、分裂成更小的軍隊、解散，然後再次組織，因而形成今日令人眼花撩亂的各種縮寫。光是在撣邦，與軍政府作戰的團體就包括撣邦軍（SSA）南支、撣邦軍北支、撣邦國民軍

（SSNA）、撣邦民族人民解放組織（SNPLO）、佤聯軍（UWSA）、帕歐民族組織（PNO）與巴朗邦解放黨（PSLP）。

半個世紀以來，緬甸軍隊一直與來自四面八方混亂的軍事團體作戰。緬甸軍隊過去也曾與裝備精良的緬甸共產黨作戰，緬共的目的主要是發動革命推翻國家。逐漸的，緬軍重新控制了少數民族地區：依照國家宣傳的說法，這是叛亂者「重新擁抱真理」。一九七〇年代中期，奈溫發動惡名昭彰的「四斷」政策，切斷叛軍生存的管道：食物、資金、士兵來源與資訊。這個政策的根據是叛軍是由村民提供補給，少數民族武力站在村民這邊，因而村民願意支持他們。緬甸士兵夷平村落，將居民趕入大型的監禁營中。村民成為（現在依然如此）緬軍與民族主義軍隊之間的人肉盾牌。他們被迫走在軍隊前頭，被當成人肉掃雷裝置來清除叛軍埋下的地雷。我曾遇見一名帕東族（Padaung）的婦女（這個民族的女性會在脖子套上一圈圈的黃銅環），她當時住在泰國一處難民營裡。當她那個地區的叛軍開始炸毀政府豎立的電線杆時，緬甸士兵逼迫她與她的朋友站在電線杆下，以避免這些設施受到叛軍破壞。這些婦女必須獨自一人徹夜站立，一名女性負責一根電線杆，她們只能希望自己的軍隊能在攻擊之前看見她們。交戰區成千上萬的村民逃到鄰近國家，並且受困於泰緬與孟緬邊境的難民營裡。四斷政策的殘酷令人觸目驚心。我曾在泰緬邊境與一名克倫尼自由鬥士交談，他開玩笑說，四斷還包括了向緬甸士兵發布的第五斷，那就是面對少數民族叛軍時要砍斷他們的頭。《一九八四》的世界被劃分成三個超級強國，其中之一是溫斯頓身處的大洋國（Oceania）。這三個國家長久處於戰爭狀態，它們交戰的地點是介於領土之間的陰暗邊疆地區。然而，三個國家彼此實力相當，因此戰爭只不過是用來增強民族主義與鞏固統治的工具。至於誰與誰作戰並非重點。重要的是戰爭狀態本身，這意謂著統治者可以用國家存亡為藉口將權力永久把持在自己手裡。「戰爭的目的不在於征服領土或防止領土被征服，而是為了維持社會結構不變，」歐威爾寫道。正如黨的標語說的：「戰爭即和平。」

同樣的，緬甸軍政府將領的「存在理由」就是不計任何代價保持國家完整。軍政府的「三大國家目標」——公布於全國各地的公共看板上——維護緬甸統一、防止外患與肅清內亂。雖然對抗少數民族的民族主義武力的戰爭已經大致告一段落——到了一九九〇年代末期，絕大多數的交戰團體在經過數十年的衝突之後，已經產生厭戰的心態，因此決定與軍政府協議停火——但緬甸的軍力仍繼續擴充。政府開支有一半以上投入於軍事（據報導教育只占預算的百分之四）。緬甸現在邊境上並無外患，而國內又無重大亂事，但軍政府仍建立了一支人數幾乎與美國陸軍相同的軍隊。

在缺乏真正軍事敵人之下，將軍們必須虛構一些神祕的敵人。他們使用的方法是把所有非緬甸的事物或人物（亦即「異己」）視為威脅。舉例來說，政府看板要求緬甸人民不得「挾洋自重、為敵刺探與批評政府」。軍政府主要針對的目標是翁山蘇姬，他們從她與英國男子結婚一事來證明她的「異己」。緬甸媒體提到翁山蘇姬時，經常冠上她亡夫的姓名，麥可・艾里斯太太，並因此為她貼上「外國利益邪惡工具」的標籤。翁山蘇姬也經常被指控各種罪名，例如被緬共操縱（實際上緬共早已不存在），與右翼團體共謀攻擊政府，與外國大使串通，與流亡海外的緬甸人暗通聲氣。

除了翁山蘇姬，軍政府也將仇外的矛頭指向國際性的非政府組織（指控它捏造緬甸軍隊在少數民族地區的殘暴行徑）與美國中情局（宣稱它大量走私毒品到佤邦山區）。炸彈定期出現在仰光附近的戰略要地，例如我在軍人節當天遭遇到的事件。這些炸彈很少爆炸，很多人相信是軍政府自己安置的，為的是創造威脅或戰爭仍在進行的假象，以合理化它的統治。

《動物農莊》提到的七誡，其中最有名的是最後一條，所有動物一律平等。往後，統治的豬隻愈來愈貪婪，權力愈來愈大，牠們於是追加了一條：所有動物生來平等，但有些動物比其他動物更平等。在緬甸，緬族比其他民族更平等，緬甸政府也對少數民族地區推動「緬族化」的政策。在緬甸，撣族是僅次於緬族的第二大族，但在撣邦，學校不准教授撣語，以撣文寫作的書也很難獲准出版。撣邦的地名被緬語化，幾年前，以撣文書寫的街道路牌全遭到拆除。一九九一年，軍政府摧毀了撣族遺產的重要象徵，那是位於景棟（Keng-tung）的一座舊宮殿，軍政府在原址興建了國營飯店。這座宮殿原是權力最高的索巴（sawbwa，酋長的意思，共有三十三位索巴）處理政事的地方，撣邦原本由這些索巴統治，直到他們被奈溫政權逮捕或失蹤為止。

在緬甸的另一邊，同樣的文化滅絕發生在若開邦（Arakan State），這個邦擁有環繞孟加拉灣的數百英里蠻荒海岸地帶。住在當地的是一支伊斯蘭少數民族，名叫洛辛賈族（Rohingya），他們也遭受軍政府種族霸權的衝擊。洛辛賈人——他們是孟加拉、阿拉伯與摩爾商人的後代，數個世紀之前開始定居此地——被當成外國人，不能申請緬甸公民必須隨身攜帶的身分證。他們的清真寺與學校每隔一段時間就會遭到焚毀，在一九九〇年代初期，約有二十五萬名洛辛賈族人逃往鄰國孟加拉。在撣邦與若開邦，以及緬甸的其他邦，都曾傳出緬甸士兵奉命強姦少數民族女性，名副其實地散播緬族種子的事件。

回到先前提到的學校課本，代表緬族的卡通人物夫婦站在地圖的一側，從他們身上出現一個箭頭指向緬甸中部。女子站立著，她的長塔曼垂到身後，宛如結婚禮服一樣，她雙手端莊地在身前交疊。站在她身旁的緬族男子頭上裹著傳統的「岡榜」（kaung baung，這是一種絲織頭巾，緬族至今在重要場合仍會裹上岡榜），身上穿著黑色短上衣。他微笑著，將手臂向著緬甸地圖開展，擺出一副歡迎的姿勢。

有一天，我在塔溫基家裡遇見的那名年輕學生丁埃，邀請我去喝茶。他來我住的旅店接我，我側坐在腳踏車後架上，穿過毛淡棉的街道前往他最喜歡的茶館。這是一處外表平淡無奇的水泥街廓，但視野極佳。建築外側圍繞著一圈狹窄的陽臺，突出於河面之上，河水推送著布袋蓮，輕輕拍擊著房屋的基石。坐在桌前，可以遠眺藍綠相間如鯨背般拱起的小島，看起來彷彿漂浮在我們與大海之間。

丁埃帶了他最好的朋友耶明覺（Ye Min Kyaw）前來，耶明覺也是地質系學生，同樣也還沒完成學業。這兩個人很想磨練他們的英語，於是我們決定一起閱讀歐威爾的一篇隨筆〈射殺大象〉（Shooting an Elephant），這篇文章是根據在毛淡棉發生的事件寫成的，讀完之後我們將一起討論。丁埃在背包裡窸窸窣窣地翻找著，最後終於掏出一疊影印文章，這是上次見面時我幫他印的。看得出來丁埃讀了好幾遍：頁緣已經磨損，空白的地方也注記了不少問號。耶明覺點了三杯茶，然後把一盒特百惠保鮮盒（Tupperware box）放到桌上，裡面裝的是他母親做的茶葉沙拉。耶明覺緩慢而有條不紊地攪動著這堆辛辣的混合物，裡面有發酵的茶葉、芝麻籽、堅果、薑與大蒜。我們已經準備好要開始了。

〈射殺大象〉是一篇簡潔明瞭的文章，後來成為歐威爾最著名的一篇隨筆。歐威爾用第一人稱的角度撰寫，描述一名英國警察在某天一早就被叫去處理一頭正在發情而且在毛淡棉街頭橫衝直撞的大象。當警察尾隨大象破壞的路線時（傾覆的垃圾車，一名已經死亡的印度苦力），後頭也跟了愈來愈多的緬甸民眾。但他發現大象時，大象已然平靜下來，安心地在田裡嚼著青草。不過警察在圍觀群眾期待的壓力下，不得不開槍射殺這頭巨獸，而隨筆也以大象緩慢而痛苦的死亡告終。

毛淡棉過去有很多大象，耶明覺告訴我們，他的祖父曾經養了十二頭大象，用來出租給木材場拖運原木。他祖父年輕的時候，毛淡棉的木材場仍在經營。耶明覺讀了一點歐威爾的隨筆給他九十歲的祖父聽。（「我必須用喊的才行，因為他有重聽的毛病，」他笑著說。）他的祖父告訴他，在奈溫時代，許多緬甸人被迫殺死大象。當木材場被國有化之後，許多公司都關門大吉，耶明覺的祖父無力餵養這些無事可做的大象。「他不得不放走這些大象，讓牠們進到叢林，然而這些大象要不是餓死就是被蛇毒死，因為牠們不知道如何覓食，」耶明覺說：「許多人被迫用這種方式處理自己的大象，我的祖父告訴我，在叢林裡到處可見大象的骸骨。」

平民馴養大象在緬甸已有數百年的歷史，但有一種大象在緬甸史上扮演著重要角色：那就是罕見而廣受尊崇的白象，在佛教傳說中，白象象徵純潔與權力。緬甸、暹羅與柬埔寨王國從野外蒐羅這些表皮略帶粉紅、眼睛如珍珠般的大象，然後將牠們圈養在宮殿般的獸欄裡，接受各種尊崇牠們的儀式。白象甚至重要到在十六世紀使緬甸與暹羅國王為了爭奪「白象之王」的頭銜而打上一仗。在緬甸，白象在英國人於一八八五年流放緬甸末代國王之後變得不那麼重要，最後一頭白象也被飼養在仰光動物園，後來終老園中。一個多世紀之後，在二〇〇一年的年底，一頭白象在緬甸西部叢林被發現並捕獲。緬甸軍政府利用媒體大肆渲染。國營報紙宣稱，白象只會在治世出現。這頭八歲大的公象被披上華麗服飾，在熱鬧儀式下，以巨大白傘遮陽，軍隊開道護送，大張旗鼓地運往仰光。欽紐身為最有權勢的三位將軍的一員，由他來執行宗教儀式，在大象身上淋灑聖水，並且為牠取了一個巴利語的（Pali）名字：「賜福吾國的尊貴之象」。此後，又陸續發現兩頭白象，每一頭都以同等的儀式奉迎到仰光市郊一處特別興建的地方供養，民眾可以到當地欣賞這些象徵吉兆的巨獸。

我問丁埃與耶明覺對這些白象的看法。丁埃轉過頭看著河面，裝出一副對木造漁船很有興趣的樣子。船隻慵懶地從茶館邊漂過去，甲板上拉起一團如雲般的白色漁網。「我們都覺得這有點蠢，」耶明覺小心留意自己的措詞：「但我們也知道這麼說不是很好。」丁埃仍背對著我，但他用力地點頭。我舀了一匙沙拉，等待他們倆說點什麼。「或許，」丁埃說：「我們應該討論歐威爾的隨筆。」

我向他們提起我在曼德勒曾聽一位教授提出一個在我看來相當獨特的觀點。他認為這篇隨筆是在探索緬甸人「oan」的現象。緬甸文「oan」字面上的意思是指「一窩蜂」。教授認為，正是這股「一窩蜂」的力量或集體好奇的力量，使英國警察射殺了大象。

耶明覺稍稍皺起了眉頭；他顯然對這篇文章有自己的看法。「我認為，歐威爾隨筆裡的大象代表了殖民主義，」他解釋這頭大象摧毀民宅而且在毛淡棉造成這麼大的破壞，其實就跟殖民強權統治緬甸一樣。勇敢的警察試圖殺死四處肆虐的殖民主義幽靈，但它太巨大也太強而有力，它只會依照自己的生命步調離開人世。耶明覺又說：「我認為歐威爾內心有點困惑。他是殖民政府的一員，但在內心裡他是站在緬甸人民這一邊的。他想與緬甸人民站在一起，但他做不到。他是白人，所以他必須像個白人。」

歐威爾來到毛淡棉時，或許正是他對殖民狀態（他自己就是殖民主義的一部分）最感到矛盾的時候。吉卜林英屬印度羅曼史激起的想像，逐漸在每天的治安勤務中消磨殆盡，而這些例行工作，正如他在〈射殺大象〉中說的，使他「近距離地目睹帝國的骯髒手段」。這篇隨筆一開頭是這麼寫的：「在毛淡棉，在下緬甸，我受到廣大民眾的憎恨——這是我這輩子第一次重要到讓這麼多人憎恨我。」歐威爾描述自己如何陷入自己對帝國的憎恨與緬甸人民對他的憎恨之間的困境。在孤立中，他想像緬甸僧侶在嘲笑他，當他在足球場上被緬甸球員鏟倒時，裁判卻故意把頭別過去，現場群眾爆出一陣笑聲。身為統治權力的一員，歐威爾被逼到了牆角，不得不做出「原住民」預期他會做的事：「他戴上面具，他的臉為了適應也長得跟面具一樣。」

丁埃倒了一些茶到淺碟子裡，好讓它快些冷卻，然後他啜飲碟子裡的茶水，發出吵雜的聲音。「歐威爾真的殺了大象嗎？」他問。這個問題一直困擾著幫歐威爾寫傳的作家們。歐威爾經常在小說中使用實際生活的場景，而一般認為，他也在一些自傳性的作品中滲入了虛構性元素。歐威爾終其一生一直以喜愛動物著稱，他在緬甸的同事記得他收容了各種流浪動物。只要是他的住處，少不了有山羊、鵝與其他農場動物到處奔跑。儘管如此，曾在緬甸任職的喬治・史都華（George Stuart）在一九八〇年代晚期接受訪談時表示，他清楚記得某個星期日早晨在毛淡棉俱樂部喝酒的時候，歐威爾接到有一頭大象逃脫的消息，於是他隨即出門將那頭大象擊斃。「他對整件事非常冷漠，」史都華回憶說，歐威爾沒有顯露任何情緒，只是摸了一下他那牙刷般的鬍子。史都華猜測，這起事件或許毀了歐威爾在殖民地的生涯發展。大象是木材場的珍貴資產——比大象踩死的印度苦力還珍貴——歐威爾很可能因為不必要的殺戮而遭到嚴懲。果然事件過後不久，他就從毛淡棉轉調上緬甸一處名叫卡薩的寧靜哨站服務。曾與歐威爾待在當地的朋友接受訪談時都說歐威爾確實曾射殺大象。一名傳記作家在訪談歐威爾第二任妻子桑妮亞（Sonia）時，曾在倫敦一家餐館請她喝了一兩瓶紅酒，他問起相同的問題，她回答說：「他當然媽的射殺了一頭大象。他說他做過這檔事。為什麼你們總是媽的不相信他說的話！」

我曾與一名退休的緬甸獵人見面，他是一名身體虛弱的白髮老人，對於歐威爾讓大象折騰那麼久才死頗有怨言。老人興奮地告訴我簡單獵殺大象的方法，他認為歐威爾沒有理由搞砸這件事。「訣竅是瞄準眼睛—耳朵這條線。這條線是從右眼到左耳，從左眼到右耳。你瞄準這兩條線交叉的點射擊，子彈穿過的地方就是大象的腦子，」他解釋說：「如果你打中腦子，大象馬上就死了。如果沒打中，譬如說你瞄準的是心臟或肺臟，那麼大象會拖好幾個小時才死。」歐威爾步槍瞄準的點在耳朵前面幾英寸的位置，他認為大象的腦子在這裡。當他開槍時，身後的群眾響起「邪惡的歡呼聲」。大象靜止不動了一段時間，然後才跪了下來。歐威爾一直開到第三槍，大象如樹幹一樣粗的後腿才在他身後整個癱軟下來。大象躺在地上，仍有氣息，歐威爾將剩下的子彈全打在牠的咽喉上，然而大象仍吃力地呼吸著。這頭大象拖了半小時才死，但這名受驚的警察沒等牠斷氣就嚇得逃之夭夭。

丁埃、耶明覺與我三人吃完沙拉後，我們的對話轉到比較個人的話題。他們兩人在大學都已念到最後一年，我問他們畢業後想從事什麼工作。耶明覺不確定大學是否會持續上課到他拿到學位為止，不過他已經開始找工作。「我已經找了一年，但還找不到工作，」他說：「我應徵時，對方總是問我聯邦團結發展協會（Union Solidarity and Development Association）的會員編號，但我說我並沒有參加這個組織，他們說，那麼他們不能僱用我。」

聯邦團結發展協會是政府成立的社會組織，約有一千八百萬名會員，正好超過緬甸總人口的三分之一。凡是公務員，包括公立學校老師，都必須加入成為會員。協會成員可以獲得一些津貼，例如免費或低價的英語或電腦訓練，以及可以更自由地在國內旅行或應徵工作。我問一些人，對於自願參與聯邦團結發展協會的人有何看法，有個朋友的反應相當強烈：「這些人沒有自尊。他們只是想從政府那裡得到好處。」

聯邦團結發展協會設立的目的是為了動員群眾支持軍政府，翁山蘇姬曾將它的成員比擬成納粹德國的褐衫隊。在軍政府舉辦大型集會時，協會成員可以臨時召集起來充當群眾，並且美其名為「民眾欲望的展現」。有些集會只是為了攻擊翁山蘇姬而召開，找來一萬五千名群眾齊聲高呼要她不要再壓迫將軍——正如《一九八四》中，溫斯頓每天都要在自己的辦公室參加強制性的「兩分鐘仇恨」活動，當螢幕上出現艾曼紐爾·高斯坦（Emmanuel Goldstein）的影像時，所有員工都可以盡情向他宣洩怒氣。高斯坦過去是黨的領袖，現在卻成了人民公敵，他曾寫過反政府的書籍並加以祕密流通，據說他領導了一個影子軍隊，名叫「兄弟會」。關於兩分鐘仇恨，溫斯頓回想：

> 恐怖的不是人們必須強制參與，正好相反，是人們不可能不參與。在三十秒內，任何的偽裝都是不必要的。對恐懼與仇恨的醜陋狂喜，對殺人、拷打、用大鐵鎚砸爛人臉的欲望，似乎像電流一樣通過一整群人的身體，使他們不由自主地像瘋子一樣時而扮鬼臉時而大哭大笑。

聯邦團結發展協會的年輕成員甚至被軍政府用來從事暴力行徑。一九九六年，當翁山蘇姬的車子駛經仰光時，協會暴民攻擊翁山蘇姬的車子，而政府派去保護全國民主聯盟車隊的維安人員居然冷眼旁觀。更後來，當翁山蘇姬巡迴緬甸各地時，各地方的協會成員也不斷從事騷擾的行為。在若開邦的古都妙烏（Myauk-U），當地消防隊威脅要以水柱沖散前來聆聽翁山演說的兩萬名群眾。在緬甸北部的卡勒（Kale）鎮，有三萬五千名群眾從欽敦江

（Chindwin river）沿岸各個城鎮趕來參加全國民主聯盟辦事處的開幕儀式，但當地協會成員卻故意用擴音器大聲播放音樂來蓋過翁山演說的聲音。她每到一座城鎮，就會有內容粗俗的小冊子在當地發放，裡面除了顯示她英格蘭住家的照片（「暗示她很快就會逃回英格蘭」），也顯示她生了兩個英緬混血的兒子，說明她雖然雙親都是緬甸人，但她自己卻無法成為緬甸人的母親。

丁埃與耶明覺都表示他們絕不會加入聯邦團結發展協會。然而如果他們因此失去了絕大多數的工作機會，我不知道他們未來在緬甸還能有什麼發展。在緬甸各地，你可以看到人們的才能遠超過他們從事的工作——醫師兼差開計程車，或法律系畢業生擔任導遊。我在曼德勒認識一名年輕女子，她畢業於仰光大學，擁有心理學碩士學位。但她找不到工作，只好開店當個女裁縫。她的小攤位局促在一棟建築物的角落裡，位於一家麵攤後面，店裡到處散置著佛洛伊德與馬斯洛（Abraham Maslow）的作品。

當正午的炎熱逐漸散去，此時也吹起向晚的微風，從茶館外某個地方傳來玩藤球（chinlone）的吵鬧聲，這是一種以小藤球來進行的遊戲。當聽到輕輕的拍擊聲時，表示球已經從這個人傳給了那個人，而偶爾聽到的喊叫聲，表示球已經掉到地上了。丁埃摺起他的〈射殺大象〉，耶明覺則將殘渣倒入河中，然後再將空的保鮮盒放進自己的包包裡。

幾天後，碧翠絲堅持送我到車站，陪我趕搭往仰光的火車。想到要離開對我如此親切又幫了我這麼多忙的人，心裡不禁有點難過。在我們前往車站的路上，我問起下次來毛淡棉是否需要幫她帶什麼東西。「妳知道這種東西嗎？」她說：「我很喜歡一種醃漬的罐頭牛肉。這種東西在緬甸看不到，如果下次妳能帶上幾罐，我會很高興的。」我在心中默默記住了這件事。

碧翠絲送我上了火車，確認我的座位是在一名女性乘客旁邊，然後給了我一袋塗了果醬的餅乾與一瓶水，她把這些東西塞在我座位前的袋子裡。當我整理身邊的袋子與零食時，碧翠絲站在月臺上，她的手扶著開啟的火車車窗。汽笛響起，火車匡噹一聲開始移動。我把身子探出窗外，揮手向她道別。隨著火車不斷穿越軌道兩旁的棕櫚樹，車站的紅色磚牆也愈來愈小。碧翠絲逐漸模糊的身影孤獨地站在月臺上，直到我再也看不見她閃爍的粉紅塔曼與揮動的手臂為止。

第五章
卡薩

從現在開始，他不僅必須思考正確，
還必須感覺正確，連做夢也要正確。
《一九八四》

當司機轉動鑰匙發動引擎時，一股興奮的情緒傳遍巴士上所有的乘客。坐在我身旁的婦女撫平身上的塔曼，然後迅速在頭頂上綁出烏黑透亮的髮結。坐在鄰排座位的老人很快移動到座位的邊緣，他雙手抓住前面的座椅，側著身子由走道往前面的車窗看出去。母親高舉著剛學會走路的孩子，讓他在車子開走時能向窗外揮手道別。在巴士前方，車掌在一堆卡帶中隨意翻找，然後把一卷帶子塞進錄音機裡。這是用緬甸語演唱的鄉村音樂熱門歌曲〈什錦飯〉（Jambalaya）*，令人忍不住跟著節奏拍起大腿。孩子開心地咯咯笑。老人的手指隨著音樂的旋律輕輕敲打起來，連我也心情愉快地沿路哼唱。我們終於啟程了。

我回到曼德勒，搭上前往卡薩的巴士，這是一座緊鄰緬甸北部山區的山麓小鎮。在經過一整晚行駛於緬甸大河伊洛瓦底江與東部撣邦山區之間的狹窄小路之後，我們應該會在黎明抵達當地。此時太陽開始西沉，我安心地倒向椅背。巴士奔馳過一片綠油油的稻田谷地。遠方山丘挺立著白色佛塔，棕櫚樹叢裡隱約可見村舍院落。這是個美麗的日落景象，淡紫色的雲朵與粉紅色的條紋如緞帶般延伸越過天際。牛群拉著大木輪車在田野中緩慢而行，後頭揚起了一片淡紅色的沙塵。

幾小時後，我們在一處大型寬敞的休息站停車。休息站上面鋪著棕櫚茅草屋頂，裡頭以日光燈照明。車上乘客蜂擁而下。大部分女性（包括我在內）都快步繞到休息站後面排隊上廁所。這是一排以柱子架高、沒有照明的簡陋小間，當我們依序走上去時，整排屋子不穩定地搖晃著。回到休息站，晚餐已經煮好放在桌上。數十碟盤子放在塑膠紗罩下，隔絕了蚊蠅。我掀開其中一個紗罩，發現冷掉的雞肉咖哩上浮著一層厚厚的油，另外還有湯湯水水的燉豆子與長相難看的煎蛋。我決定放棄這些食物，另外點了一杯熱水與混合咖啡，其實就是用熱水沖泡的三合一咖啡。我獨自一人坐在桌邊，聽著數十人狼吞虎嚥發出的吃喝聲與餐具碰撞聲。正當服務生把熱飲放到我桌上時，一連串不耐的喇叭聲通知大家巴士即將出發。服務生不慌不忙地將我的混合咖啡倒入塑膠袋裡，然後牢牢打了個結，最後還遞給我一根吸管。

到了此時，巴士已有家的感覺，吃飽喝足的旅客很快在他們熟悉的座位上放鬆下來。大家把毯子鋪在已經磨損的假天鵝絨椅墊上，窗鉤掛著一包包零食，頭頂的棚架塞滿行李，但隙縫仍擠進了水瓶。巴士呼嘯地開進黑暗之中，車掌打開掛在前方不鏽鋼箱子裡的電視。正當他按著選臺器準備調到錄影帶頻道時，擴音器也不斷傳來雜訊。電影在小螢幕上放映，乘客們再度調整自己的坐姿以找到一個更好的觀賞角度。一陣辛辣帶甜的味道傳來，顯然已經有人嚼起檳榔，而我也聽到像節慶放鞭炮似的嗑葵花子聲。錄影帶充滿雜訊，我只能猜測裡面的故事是一齣喜劇，裡面提到一對不相配的緬甸夫妻住在一棟新古典式的豪宅裡。每個人都聚精會神地盯著螢幕，我看著窗外，發現數十張微笑的臉映照在道路兩旁黑暗的棕櫚樹影上。電影才播到一半，錄影帶突然沒影像了。車掌於是換了一部中國電影，它的背景是古代，裡面的人物穿著飄逸的緋紅色袍服，手裡拿著亮晃晃的寶劍，但這卷錄影帶每隔十分鐘左右

＊　譯注：這首美國鄉村歌曲於一九五二年問世，而一般熟知的應該是美國木匠兄妹（the Carpenters）演唱的版本。

就會自動快轉，觀眾幾乎不可能跟上它的敘事。這一次，機器還是一樣在電影結束前就喀嗒一聲中斷了。然而似乎沒有人在意，而且大家像約好了似的，開始窩在椅子上進入夢鄉。坐在我旁邊的女子捲起毛巾繞在自己脖子上，舒服地往後一躺，不久，我也開始打起瞌睡。

大約凌晨一點左右，一陣令人欲嘔的搖晃將我喚醒，然後巴士完全靜止。接下來是一段漫長而令人不安的沉默。往窗外看去，我們被一大片黑暗包圍，可以看出我們一定離城鎮或村落相當遙遠。終於，我聽到司機與車掌在巴士旁一邊走著一邊低聲說話的聲音。然後傳來不連貫的噹啷聲響，但接下來是更長久的沉默。我懊惱地發現巴士必須在此地過夜，我不知道自己是不是該下車到路上搭便車。我沒聽到路上有什麼車子經過，而且幾乎所有的乘客都在呼呼大睡。我附近的老人發出輕微的鼾聲。此外只有些許輕柔的低語，以及乘客翻身時拉動毯子的沙沙聲。在車內寧靜的黑暗中，有人點起了雪茄，煙霧緩緩在沉睡的身體上飄浮著。

直到黎明的霧氣逐漸籠罩了稻田，乘客們才騷動起來。有幾個人搖搖晃晃走下巴士四處張望。後排傳來沙啞的聲音問最近的茶館在哪兒。有些婦女梳頭與重新繫好她們的塔曼。逐漸的，消息傳開來說是車軸斷了，車掌剛剛出發到最近的城鎮找技師過來。我走下巴士，看到車掌正叫住一輛經過的牛車。望向北方，可以看見山嶺間籠罩著青色霧霾，我開始對於在入夜前抵達卡薩感到悲觀。太陽愈爬愈高，乘客為了到巴士陰影下遮蔭，於是都站到了馬路上。一輛擁擠的有蓋貨車經過，一些人抓著自己的袋子擠上車，然後消失在漫天的塵土中。

中午過了一段時間之後，巴士的陰影轉移到另一邊，我們也跟著移動位置，此時卡車載著車掌與替換的車軸回來了。看到車掌，疲倦的乘客也懶得搭理他。蹲在我身旁的乾癟老婦人只是看著遠方的山巒，一邊用運動雜誌搧風。車掌與司機開始更換車軸，一些乘客也湊前觀看。最後，我們終於上車，在遍布垃圾的走道上魚貫前進：果核、橙皮、潮溼的塑膠袋。等到司機發動車子的時候，車窗已經灑上傍晚輕柔的金色光線。車掌再度播放〈什錦飯〉——「哇。我們在河上會很快活……」(Son of a Gun, we'll have good fun on the Bayou...)。但我們身上再也榨不出任何興奮之情。老人眼神空洞地看著前方。我倚著被太陽曬得暖乎乎的窗戶往外看，巴士在蜿蜒的路上緩慢地前進。

卡薩是歐威爾在緬甸的最後一個駐點，他以這座城鎮做為小說《緬甸歲月》的場景。我身上帶著一張歐威爾自己繪製的草圖影本。在上面你可以看到幾個粗略不對稱的盒狀物，分別代表弗洛里的住處、教堂、市集、監獄與英國俱樂部的位置。歐威爾的出版商起初不願意出版《緬甸歲月》。出版商認為歐威爾描繪的卡薩太寫實，恐怕當中的角色都是根據真實人物而來，他們因此認為這本小說可能有誹謗之嫌。結果，《緬甸歲月》首次出版是在一九三四年，地點居然是海外的美國。英國版在一年後才出現，而且歐威爾必須更改人物姓名並掩飾整個背景。城鎮的名稱改成「喬塔達」（Kyauktada），凡是提到該鎮位於上緬甸的字句都予以刪除。在原稿中，如果提到有人在街上往左轉，新的稿子會改成往右轉。我手上拿的這份歐威爾繪製的草圖，也是掩飾用的。（今日市面上看到的《緬甸歲月》，除了少數編輯上的修改，絕大部分都已恢復原稿的樣貌。）

今日的卡薩宛如童話裡才會出現的城鎮，相信在歐威爾當時更是如此。卡薩依傍著伊洛瓦底江寬闊的河面，遠方環繞著高低起伏的山脊。空氣中飄散著一股清新的冷杉氣味。在桃花心木與玫瑰叢中，隱約可見傾頹的殖民時期宅邸與柚木房屋，顏色像烹調用的巧克力。如果你曾讀過《緬甸歲月》，很難不把卡薩當成一座虛構的城鎮。雖然書中充斥的殖民社會景象已經消失，但小說提到的重要建築物卻依然存在。走在卡薩街頭因此是一種奇妙的經驗，有點像走在廢棄的舞臺布景上。

我搭乘的巴士終於趕在深夜之前抵達卡薩，我在河邊的一排旅店找到落腳的地方。我住的旅店只有幾間臥室大小的客房，房間與房間之間以新裁切的木板隔開，木板薄得跟威化餅一樣，床墊則以合成的中國製毯子堆高充數。

我前往卡薩之前，曾把歐威爾的草圖拿給一名目前住在仰光的卡薩人看，她在草圖上增添了一些東西，標示出幾座殖民地時期建築，其中包括舊日的警察宿舍，歐威爾也許曾在這裡住過。第二天早上，我決定租一輛腳踏車，按圖索驥一番。

旅店老闆閒坐在入口處的書桌後面，身上穿著亮綠色的飛行夾克，一副舒服自在的樣子。我問他哪裡可以租到腳踏車。他皺起眉頭，沉默地看著我，然後拿起話筒打電話給警察。我聽到老闆問警官外國人能不能騎腳踏車在卡薩旅遊。話筒那端傳來嘰嘰咕咕急促講著緬甸語的聲音。每隔一下子老闆就尖聲插了一句「Hoke-la?」——「這樣嗎？」然後他掛上電話，又對我皺眉。

「妳為什麼需要租腳踏車？走路閒逛不也很好嗎？」他問。我猜大概是不讓我租車，於是我問他為什麼外國人不能租腳踏車。他想了一下，眉頭還是深鎖，然後說：「因為安全的關係。卡薩的道路狀況不是很好，我們不希望妳出什麼事。」我懷疑地看著他，但他沒有再說下去。「妳可以租一輛三輪車還有車夫，」他試著提出有用的建議：「車夫會照顧妳的。」

我決定自己步行前往。

沿河延伸的道路，一旁全是搖搖欲墜的店屋。我經過幾家乾貨鋪與一間只有一個房間大小的圖書館。孩子在裡面盤腿坐在地板上，專心看著翻爛了的卡通小畫冊。河邊一棵大榕樹下擺著一個賣新鮮檳榔的攤子，旁邊圍了一小群人。這裡的早晨有點冷，我看到他們都裹了披巾與圍巾。流浪狗在街上來回逡巡，一頭黑白花的母豬在陡峭河岸的泥灘裡滿足地打滾，每滾完一次，牠就緩慢滑往水邊。

歐威爾在卡薩的時候，這個鎮的人口非常少，只有大約三千名緬甸人，還有一小群歐洲人，他們是英國的政府官員，以及在附近叢林砍伐原木的木材公司管理人員。老歐洲區座落在離河彎稍遠的內陸地區，這裡也是《緬甸歲月》絕大多數場景發生的地點。此處設施齊全，有俱樂部、高爾夫球場、印度軍營以及許多殖民風格的房舍，歐威爾與他書中的人物想必就住在這個地方。我在偶然間發現幾棟曾經屬於鋼鐵兄弟公司（Steel Brothers company，殖民時期的大貿易公司）所有的房舍。如今這些老房子全成了卡薩鎮高階官員的家。波狀鐵皮取代屋瓦，牆上奶油色的灰泥大片剝落，露出紅色的磚頭。在蔓延的草地上，有人隔出一塊塊土地，上面種著甘藍菜、番茄與黃綠色的葫蘆。

就在這些荒廢建築物不遠處，我發現殖民時期區警察處長的住所，這是一棟以木石建造的廣大宅邸。住宅前方是一大片紫丁香，彎曲車道的轉彎處聳立著一根空旗桿。這棟房子使人想起在眉苗看到的殖民時期住宅，而房子本身似乎無人居住。陽臺地板已被白蟻蛀空，前門掉落的門板空隙結滿了蛛網。入口旁的磚牆有人用白漆寫下潦草的緬甸文：「若無人在家，請勿進入。」我往屋內窺視，看見兩臺濺滿泥巴的拖拉機停放在廢棄壁爐前的石磚上。房間裡最引人注目的是那座華麗的木造樓梯，上面的木雕欄杆流露出優美的曲線，令人目不轉睛。主屋外的廚房已經上鎖，纏繞在廚房外的藤蔓綻放著花朵，一股金銀花的香氣歷久不散。

像卡薩這種殖民地小哨站，當地的警官住宅通常位於區警察處長住宅附近。從我的地圖來看，孤獨的歐威爾來到卡薩之後，照理應該住在這棟老宅邸的旁邊。我沿著小巷走下去，發現另一棟小一點的殖民時期住房，它位處的庭園看起來有人整理，裡面種著香蕉樹與九重葛。房子是仿都鐸式風格，有著奶油色外牆，它的木頭橫梁看起來有點黏黑髒汙。一輛軍用吉普車停在有加蓋的車道上。當我站在門邊時，一名健壯的緬甸中年人信步走出陽臺，他的雙手插在長褲口袋裡，一副不以為意的樣子。「有何貴幹？」他用英語問我。我為自己的擅自闖入致歉，並且含糊地說自己對昔日的英國建築物有興趣這一類的話。這名男子走到庭園裡，並且問我更多的問題。「妳是哪裡人？……妳為什麼對建築物有興趣？……妳來卡薩做什麼？」

我回答所有的問題直到男子滿意為止，然後他便請我到屋內喝茶。一方面，我對於有機會參觀歐威爾可能住過的房子感到興奮，另一方面卻也對於自己受到一名軍人（從他的住房大小，以及他那部停在外面擦得光亮而且有空調的車子來判斷，此人的軍階應該相當高）的款待感到不安。我跟著他穿過陰暗的木造門廳，旁邊還有四間昏暗的房間。他帶著我進到客廳，並且請我坐在躺椅上，我必須以不太舒適的半俯臥姿勢躺在上面。他轉身前去泡茶時說道：「不用太拘束。」

我環顧這間房間。壁爐堆著燒了一半的木頭，牆上掛著精美的相框，裡面擺著紅褐色調的家庭照。有些照片來自緬甸歷史更古老的年代，可以看見婦女將她們的頭髮纏繞成塔狀的圓柱體，而男性則穿著傳統的緬甸頭巾「岡榜」，繞著他們的頭綁起來，像是巨大的蝴蝶結。在這些照片中，有一張是為我泡茶的男子的肖像照。他身穿陸軍軍官制服，頭戴帥氣的制服帽，肩上還別著軍階條紋肩章。

男子回來時端著一個漆器托盤，當中放著一杯茶，我隨口問他：「請問您的職業是？」「我是一名商人，」他說，而在我問其他問題之前，一名豐滿而臉色蒼白的女性走進房間。「讓我介紹一下，這是我的太太，」男主人說。我們坐下來，有一段時間是在談論這棟房子。他們告訴我，這棟房子可以說不適合居住，因為地板爛得很厲害，連屋頂也嚴重漏水。

談話有點彆扭；我們似乎都有點緊張。一隻綠眼虎斑貓潛進房間，在我的脛部繞來繞去，緩和了整個氣氛。我們足足有十分鐘的時間開心地聊起貓的話題，然後談話再度中斷。

我知道已經無話可說了。我曾有過類似的經驗，大家圍坐在一起，客氣地閒談，但每個人都很頑固地不觸及任何與緬甸當前政治局勢有關的話題。我們討論天氣，他們問我是否曾參觀過古都蒲甘，然後對話逐漸變得有一搭沒一搭。當同樣的事情再度發生時，男人的妻子欠了個身，然後離開房間。我告訴男主人我也該走了，他送我到門口。「妳的運氣不錯，正好碰上這麼一個好天氣，」他一邊說著，一邊與我握手道別。

在卡薩鎮接近郊外的某棵榕樹底下，我發現一家安靜的露天茶館。幾尊緬甸小神像放在鞋盒大小的神龕裡，安放在扶疏枝葉之下。神龕周圍供奉著蠟燭、新鮮茉莉花與幾塊糕點。漆成草莓色的茶館凳子與矮桌就擺放在樹根的縫隙之間。在沸騰起泡的大茶壺上掛了一塊木板，上面用緬甸文寫著：「金色榕樹茶館」。坐在矮凳上，我可以看到渾濁湍流的伊洛瓦底江全景。河水的水位相當低，兩旁有著寬闊的沙岸，就像沙灘一樣。五顏六色的籠基平鋪在沙岸上曬乾，看起來就像擺在河邊的一件巨大拼花被子。

某天下午，我坐在茶館，看到鄰桌有人下棋。下棋的人是個圓胖有活力的男子，他每一步棋總是下得匆促而無耐性。雖然他連下好幾盤，卻一盤也沒贏過，而且最後總是大手一揮把國王碰倒。我問他是否願意跟我下盤棋，那人臉上露出勝利的笑容說，他不想在棋盤上給女士難堪。「我不跟妳比下棋，」他說：「但我可以請妳喝杯茶。」

我們一邊喝著我們點的黏甜茶，一邊聊著各種事：天氣、美國速食的味道，以及緬甸的傳統木偶戲。聊了一陣子之後，我問他，生活在緬甸這樣的國家感覺如何？「我們緬甸人對一切都很滿足，」他一邊回答，一邊冷靜地注視著我的眼睛。「妳知道為什麼嗎？因為我們沒有什麼好損失的。我們一直被壓榨、壓榨、壓榨，直到我們一無所有。」他用手往桌上一揮，就跟他輸棋時充滿挫折的動作一樣。「一無所有！」他說：「我一輩子都待在緬甸，轉眼已經過了五十年，我覺得一年比一年糟。」

然後他拍拍自己的大腿說：「好！夠了！」他突然將凳子往後一推，轉身就走，忘了他該付的茶錢。

卡薩還有一項保留至今的英國遺產，它位於整齊的白色尖木條柵欄後方。這項遺產就是卡薩網球俱樂部（Katha Tennis Club），這座場地是前殖民地俱樂部的一部分。網球場與狹小的更衣室，連同裁判席與夜間泛光燈，至今仍妥善維持著。雖然球場畫上清楚的白色標線，但場地的裂縫卻使表面的瀝青難以平整。在涼爽、以石灰粉刷的更衣室中，牆上貼著一張一九七〇年代網球明星吉米・康諾斯（Jimmy Connors）的海報，長凳上則放著一本泛黃的書籍，書名是《如何成為網球好手》（*How to Succeed in Tennis*）——我注意到它的出版年是一九七九年。

沿著網球場後方的林間小路走去，就能直通俱樂部。俱樂部是歐威爾草圖中最重要的建築物，也是《緬甸歲月》物質與精神的重心。歐威爾形容俱樂部是一棟矮胖的單層建築，上面覆蓋著錫皮屋頂。在歐威爾當時，俱樂部的內部陳設是一張骯髒的撞球桌，圖書館收藏了發霉小說與過期數月的《潘趣》（*Punch*）雜誌，牆上則掛著積了一層灰的大鹿頭骨。俱樂部酒吧由一名印度廚師主掌，負責拉布扇的僕役躺在陽臺尾端，用腳後跟拉動繩索使天花板上的布扇來回擺動，創造出涼爽的微風。卡薩的英國人社群每天晚上靠著微溫的琴通寧與喋喋不休地聊著狗、留聲機、網球拍與地獄般的酷熱來排遣時光。其中他們百談不厭的話題就是緬甸人的厚顏無恥。老一輩的俱樂部會員帶著懷舊情緒回憶殖民地昔日的美好時光，在那個時候，你只需在紙條上寫著「讓這個挑夫吃十五個鞭子」，就能讓行為不檢的僕役進監牢。

歐威爾說，英國權力的真正來源不是警察處長的家或警察局，而是這棟可悲且滿是灰塵的小屋子。

在《緬甸歲月》中，俱樂部的第一個場景從一群男性會員聚集在一塊開始。其中一人剛看過了布告欄上的告示，上面寫著俱樂部會員必須考慮讓亞洲人加入，這種做法逐漸成為全緬甸的通例。一九二三年，英國引進了二頭統治或共同統治，讓緬甸政治人物可以到緬甸的議會開會。這樣的政策促使俱樂部不得不開放高階的緬甸官員加入。緬甸各地規模較小的俱樂部被迫接受緬典人成為會員，但在仰光與曼德勒這類大城市裡，大型俱樂部的種族隔離政策仍不為所動。即使到了一九三〇年，也就是歐威爾離開之後，替補因病請假的英國總督而暫代總督之職的緬甸官員，居然還是遭到仰光俱樂部的拒絕。無論是首都裡一應俱全的社交殿堂，還是山區裡只有一間房間的簡陋娛樂室，俱樂部一直維持著堡壘般的地位，它使英國居民能在異鄉為自己保留一個舒適而不可動搖的英國社會價值。因此，允許亞洲人進入這座城堡，對許多成員來說是絕對無法接受的事。艾利斯是《緬甸歲月》中以卡薩為據點的木材公司經理，性格火爆，當他讀到副警察處長的公告時，覺得自己受到很大的冒犯：「他要我們破壞所有的規矩，讓一個親愛的小黑鬼進到俱樂部來……這下可好玩了，不是嗎？小黑鬼挺著肚皮走到橋牌桌前，張開他那張滿是大蒜味的臭嘴，對著你的臉直哈氣。」

事實上，真正想加入俱樂部的緬甸人少之又少。陳昂是緬甸知名學者，他曾在仰光火車站目睹歐威爾毆打學童，他回想自己的父親在一九二〇年代英國統治期間成為區治安法官，並且受邀成為當地俱樂部的會員。陳昂的父親不得不接受這項邀請，但他一個月只去俱樂部一次，就像一種社會責任一樣，他從未喜歡過那裡的氣氛。然而，《緬甸歲月》卻以一名緬甸治安法官的陰謀做為主軸，他策劃、圖謀與敲詐勒索，用盡各種方法想讓自己進入俱樂部中，此外，有一名印度醫師也乞求獲得入會的特權。這名醫師即是維拉斯瓦米醫師（Dr Veraswami），一名戴著不鏽鋼鏡框，身上那套斜紋布西服極不合身的印度人。（在《緬甸歲月》的英國版初版中，維拉斯瓦米的名字被改成了「默卡斯瓦米」〔Murkhaswami〕，連帶少了有關他在俱樂部被取綽號的笑話：Dr Very-slimy〔非常惹人厭醫師〕。）巧合的是，維拉斯瓦米也是倫敦第一家印度餐廳的名字（拼成Veeraswamy），這家餐廳在歐威爾撰寫《緬甸歲月》時在皮卡迪利圓環（Piccadilly Circus）開張，並且一直經營至今。

維拉斯瓦米與弗洛里是好朋友，弗洛里經常到他家拜訪，維拉斯瓦米喜歡說弗洛里上門來從事「文化對話」。這些對話總是發生在醫師家寬敞而陰暗的陽臺上，而且總是在喝了幾瓶啤酒後才開講，歐威爾利用這些對話顯示弗洛里對帝國的幻滅。歐威爾被派到卡薩的時候，已經在緬甸工作快五年的時間，他形成的強烈反殖民主義觀點，也影響了他後半生的立場。弗洛里無法在俱樂部詳述自己的想法，卻可以利用拜訪醫師的機會自由地表達。每當弗洛里批評英屬印度的時候，醫師也會跟著激動起來，他為英國人辯護，認為英國人是偉大的統治者，有能力建立一個有效率而無可匹敵的帝國。但弗洛里卻駁斥說，這些統治者不過是一群逐利的傢伙，他認為這些人應該放棄吉卜林「白人的負擔」這種荒謬說法，停止活在謊言裡（亦即，英國人「來這裡是為了提升我們窮困的黑人兄弟，而非搶奪他們」）。歐威爾最早出版的一篇文章，寫於他返回英格蘭的一年之後，而且刊登於一份法文報紙上，題目是〈一個國家如何遭到剝削：大英帝國在緬甸〉（How a Nation is Exploited: The British Empire in Burma）。在文章中，歐威爾形容緬甸是世界上最富庶的國家之一，是充滿天然資源的人間天堂，而英國統治者卻無恥地加以強取豪奪。

歐威爾的《緬甸歲月》未被當前的緬甸軍政府禁止流通，我們對此或許不用感到驚訝：這本書與軍政府將領們的立場是一致的，都強烈反對殖民主義。今日的緬甸軍政府針對英國殖民主義發表的短文，同樣呼應了歐威爾的觀點，唯一的不同是軍政府的措詞更為激烈。我閱讀的作品是宣傳鼓動強化愛國主義委員會（Propaganda and Agitation to Intensify Patriotism）出版的，其中一篇是內容豐富生動的鋼筆畫，像勇士一樣的緬甸人與長了一副海盜臉的英國士兵搏鬥，文字說明緬甸對大英帝國來說只不過是一座穀倉。這篇文章主要的訴求是，貪婪的英國帝國主義者肆無忌憚地運用自己從弱小國家搶來的財富，而他們也以同樣的手法掠奪與剝削緬甸。英國人在自己的船上塞滿緬甸的稻米、柚木、油與寶石，然後像海盜一樣載著這些不義之財返回英格蘭。簡言之，無恥的英國人之所以能過著奢侈的生活，全是因為他們從緬甸偷竊了大批財產。

對英國人貪婪掠奪緬甸天然資源的指控，也可以輕易地用來抨擊當前緬甸政府的經濟策略，緬甸政府同樣也犧牲了緬甸人民而讓自己獲利。一名年長的緬甸朋友對我說：「英國人也許吸了我們的血，但這些緬甸將軍卻連我們的骨頭也要啃掉！」絕大多數的歷史研究都同意，殖民政府創造的經濟並不能造福緬甸人。英國併吞緬甸之前，緬甸的經濟型態主要是以物易物。英國人引進了貨幣，而且開放緬甸進行國際貿易。英國當局維持對所有主要公司企業的控制，而且控制農業產出，使其在政府訂定的價格下出售。許多緬甸農民無法與比他們精明的經濟力量競爭，只能逐漸被榨乾土地，到了一九三〇年代，緬甸產米省分幾乎有半數土地落入非緬甸人之手。

儘管如此，維拉斯瓦米醫師還是繼續為英屬印度辯護。他說，如果沒有英國人，緬甸人會更無助。他們知道如何鋪設道路嗎？或者，他們知道如何砍伐柚木嗎？如果沒有英國人指引、保護與發展緬甸人的資源，其他人也會出現將他們毀滅。英國人是無私的帶領者，他們領導緬甸人走向進步的道路。

「親愛的醫生，這簡直是胡扯，」弗洛里回答說：「我們教導年輕人喝威士忌與踢足球，我承認，但除此之外還有什麼呢？」

醫師反駁：英國偉大的司法傳統以及不列顛和平（Pax Britannica）又該怎麼說呢？

「不列顛水痘（Pox Britannica），醫師，不列顛水痘才是它真正的名字，」弗洛里反唇相譏。

歐威爾刊登在法文報紙的文章中表示，緬甸的英國政府提供的只是民主的假象。殖民地真正的本質是專制。英國人建築道路與灌溉系統（正如今日軍政府將領所做的）不是為緬甸人民謀福利，而是為了自己。改善基礎建設，殖民地就更有利可圖。文章又指出，英國人也許開設了一些學校，而且在緬甸設立第一所歐式大學，但這些學校提供的教育只能培養出郵差與低階的公務員，因此妨礙了可能起而反對他們的教育階級的成長。

在維拉斯瓦米家中討論的時候，弗洛里另一個喜歡抨擊的目標是俱樂部本身，以及俱樂部內部過度飲酒的惡習。「不可否認，」弗洛里說：「喝酒可以讓機器繼續運轉。如果不喝酒，我們所有的人可能會在一個星期之內瘋掉而且開始彼此殘殺。醫師，你那些專說好話的隨筆作家倒是有一項主題可寫：酒是帝國的黏著劑。」

俱樂部建築仍然健在，但它已轉變成政府經營的合作社。原本開滿英國花卉——飛燕草、蜀葵與牽牛花——的庭園，現在成了大型倉庫，裡面存放著米、油與糖。俱樂部低矮的錫皮屋頂依然遮蔽著入口的木造陽臺，但主要的房間已經被一道牆隔開，裡面放滿書桌與不協調的椅子。我來這裡參觀的時候，房間裡只有少數幾位辦公人員。其中一位趴在桌上睡覺，另一位正忙著打開飯盒，可以看到他的中餐是咖哩。俱樂部後方的陽臺原本可以眺望河水，現在卻砌了一道牆圍成一個房間。往窗外望去，我注意到河水本身的河道也改變了。過去的河道依然可見——彎曲的水路與陡峭的河岸——但現在都已變成翠綠的稻田。

我讀過的殖民地回憶錄，絕大多數都以美好的角度描述緬甸生活，他們充滿感情地提到來自馬德拉斯（Madras）的廚師為他們備妥在河裡冰鎮過的啤酒，眾人在鋼琴旁高唱淫穢的飲酒歌，射擊的探險，跳舞。《緬甸歲月》震驚了一些在緬甸生活過的英國人。畢登是歐威爾在曼德勒警察訓練學校的同事，他覺得歐威爾「讓很多人感到難堪」。史都華，那位魁梧的警察訓練學校校長，據說他大為光火，而且威脅如果再看到歐威爾，他會拿馬鞭抽他。在研究歐威爾的緬甸生活時，我曾與一名女性連繫，她的父親與丈夫都曾在二十世紀上半葉於緬甸擔任警官。她對於歐威爾對殖民社會存有的偏見感到不滿，而且她記憶中英國人與緬甸人的關係其實是相當平等的，與歐威爾的描述有很大差異。她又說，當時幾乎所有的警官都不喜歡歐威爾，因為他與人格格不入，而且也不喜歡緬甸的生活——或許是因為如此，他看什麼都不順眼。

面對眾人的不滿，歐威爾對於自己在《緬甸歲月》裡尖刻描繪的殖民社會做出辯護，他表示：「這本書不一定完全公允，某些細節也不完全正確，但我敢說，這本書絕大部分都只是陳述我親眼所見之事。」

每天，當太陽越過河水西沉，卡薩大街上的夜市就陸續開張，感覺就像慶典一樣。占用人行道的茶館播放著緬甸民謠，小吃攤擺出切好的鳳梨與蒸好的竹筒糯米飯。某個擺攤的男子用報紙將烘熟的花生一袋袋包好，賣給經過的路人。四處遊走的檳榔小販，將漆成綠色的攤位停放在街道的角落，民眾來回穿梭，一面吃著小吃一邊閒聊。一名身穿黑色運動上衣，下擺略為蓋住籠基的老人，一邊用他的木頭手杖輕叩地面，一邊瀟灑地走在大街中央，彷彿他正漫步於巴黎大道。兩名女子共乘一輛腳踏車，順著下坡路一路滑行，她們咯咯地笑著，及腰的長髮在她們身後飛揚，宛如一件烏黑光亮的被單。

有一天晚上，當我走在街上，一名二十出頭的高大緬甸男子，留著及肩捲髮，朝我這裡走來。「介意我跟著妳嗎？」他用英語問道。他告訴我他的名字叫索（Soe），「Soe what?」他開玩笑說。過去幾天，他一直看著我在鎮上到處閒晃。「妳知道我為什麼想跟著妳嗎？」他問。我笑著說，如果他對我的活動這麼有興趣，那麼他一定是為軍情局工作。索也笑了，不過我注意到他並沒有否認我的話。

索對我說，他正在學英語，想找個講英語的人練習。他解釋說，卡薩沒有英文老師，每年來鎮上的外國觀光客也很少，所以他沒有太多選擇。他是靠著在家附近的錄影帶店租一些好萊塢電影來學英語。他的英語確實帶有輕快的美國腔，而他用的俚語似乎有點過時，這給了我一種特殊的印象，彷彿我們正在排練一齣拙劣的電影劇本。當我說歡迎加入時，他說：「酷！讓我們馬上開始吧。」接著他馬上說了一句可能是像亨弗瑞鮑嘉（Humphrey Bogart）經常飾演的粗魯角色會說的話：「女士，告訴我一點妳的事吧。來嘛，說吧！」

我決定不向他透露任何關於自己的事。相反的，我問他為什麼要學英語。「我不知道，」他一邊說一邊搖晃著他的長髮。「有時候我覺得自己前世是美國人——或者我來世會成為美國人。」

「為什麼是美國人？」我問。

「有天早上我醒過來，覺得自己像是美國人。我不知道該怎麼解釋。我就是有這種感覺：

美國人的靈魂陷在緬甸人的身體裡。怎麼樣，很酷吧！」

我在緬甸各地旅行，遇過許多像索一樣渴望學習英語的年輕人。每當我獨自一人在茶館、佛塔乃至於在火車上時，都會有人因為想學英語而與我接觸。一般來說，我們進行的都是簡單的對話，例如我來自什麼國家與緬甸的天氣有多麼炎熱等等。當我問他們為什麼學英語時，他們回答的幾乎都是相同的答案：因為他們想離開緬甸。有一段時間我甚至覺得每個緬甸人都想離開緬甸。我遇到的三輪車車夫與導遊都在計劃如何逃離緬甸。在曼德勒，我遇見一名貨幣兌換商，他向我展示他用膠帶固定起來的影印的美國地圖。他問我，是否能告訴他美國各州的首府。「當然可以，」我一邊說一邊看著地圖，在地圖旁邊有一張清單，上面已經列出十一個首府名稱。丟臉的是，我只能幫他再增添一個：愛達荷州（Idaho）波伊西（Boise）。他告訴我，他正在努力學習與美國相關的事物，準備有一天到美國旅行。他已經存錢存了五年，希望再存個六、七年可以實現到美國旅行的願望。

如果你是緬甸人，有兩個方法可以出國。

第一項選擇是旅行到泰緬或印緬邊境，並且越過邊境。越境之後，你必須在瘧疾肆虐的難民營裡永無止盡或毫無希望地等待下去，看有沒有機會在別的國家獲得庇護，或者是等待國內政治氣候轉好而能返回緬甸。我有一名朋友的弟弟計劃逃到泰緬邊境。當我告訴他現實情況時，他似乎對前方正在等待他的危險生活（成為一名流亡的難民）一無所知，他還以為自己如果能走進西方大使館，他就能獲救。「如果我告訴他們我的生活是什麼樣子，」他說：「我知道他們一定會讓我在他們的國家生活。我要做的就是告訴他們我們在這裡被迫過著什麼生活，那麼他們就會可憐我。我知道他們一定會這麼做。」

第二項選擇更加困難：試圖從官方管道離開。緬甸人民沒有護照，如果他們想出國，必須透過政府申請臨時文件。每當我走過仰光護照局，總會看到一群人正在觀看釘在公布欄上的文件，好知道自己是不是獲得准許。這個過程既昂貴又費時。護照申請可能需要一個月到一年的時間，而且就算賄賂官員，也不一定能成功。出國另一項困難是，政府禁止緬甸人持有外幣。為了讓政府批准他們出國，緬甸人必須證明國外有人願意出錢資助他們旅行。

我因為曾資助想出國深造或參加學術會議的緬甸朋友，而親眼目睹這種麻煩的申請過程。一名住在曼德勒的朋友申請美國大學獲准。她花了五百美元與四次長達十天前往仰光的旅程才拿到護照。拿到護照之後，她又花了一個月的公文程序才能出國，而且必須在護照失效前在一年內返國。另一名朋友花了三百美元申請到泰國接受三個月的訓練課程。在耐心等待快五個月之後，他被告知他的申請被駁回。（他曾經是政治犯。）另一個朋友的申請也被駁回，但沒有任何理由，雖然這個結果不難想像。（他從未坐過牢。）

我與索一邊逛夜市，一邊吃花生聊天。我問他有沒有想過去美國觀光。他告訴我，他每年都參加綠卡抽籤，並且寄回郵信封到美國大使館。但目前為止他還沒有獲得任何回覆。無論如何，他解釋說，如果他不能賺到一點錢，就不可能負擔到美國的旅費。雖然索已經高中畢業，但他找不到工作，現在仍在父親的製麵工廠上班。每天夜裡過了十二點，全家人就開始製作中國麵條，然後賣給早市。黎明時，索騎著腳踏車把剛做好的麵條送到卡薩各地的攤商與小販。「嘿，這沒那麼糟，」他一邊說著一邊聳肩。「我只會在這裡再待一陣子……」

然後，索恰如其分地用低沉沙啞的嗓音唱出約翰藍儂（John Lennon）的〈想像〉（Imagine），這首歌詞剛好搭配著他目前的心情：

想像這世界沒有天堂，
一點都不難，只要你願意嘗試……

索每年寄信到美國大使館，卻從未得到回應，這樣的意象似乎說明了將緬甸團團圍住的那股巨大的孤立感。緬甸與其他國家的交流極其困難，令人充滿挫折。當我從國外打電話給在緬甸的朋友時，打到這個國家的線路總是占線，就算我順利打通，也是講不到幾分鐘就斷線。緬甸的郵政也是眾所皆知的不可靠，信件與包裹經常會被拆開偷竊。有個朋友告訴我，他的姑姑從英格蘭寄一盒巧克力給他，但他打開盒子時，裡面只剩一兩塊，旁邊還留了一張關稅局的便條紙，上面寫著其他部分都被老鼠吃了。（「確實是老鼠沒錯！」朋友沒好氣地說。）電子郵件只有大城市居民才有能力負擔它的使用價格，但所有的電郵都必須經過政府的中央伺服器，軍情人員會閱讀你的郵件，而且電郵寄入或寄出緬甸有時還會耽擱幾天的時間。雖然仰光可以使用網際網路，但它的使用也受到嚴密監控，而且只有特別選定的幾個網站才上得去。

當索與我將整條大街繞過一圈之後，夜市也準備收攤打烊。日光燈的插頭從小型發動機上拔起，手推車被推到街旁的巷內，發出轟隆轟隆的響聲。當索陪我走回旅店時，我們比較了彼此喜愛的樂團與好萊塢演員。與我在緬甸遇到的很多人一樣，索提到的人物似乎來自有點不一樣的時代，彷彿他的家鄉與我的家鄉之間存在著數十年的落差。（他最喜歡的樂團是披頭四，最喜歡的演員是克林伊斯威特〔Clint Eastwood〕。）我離開曼德勒時，我曾問朋友下次再來拜訪時需要為他們帶什麼。一名牧師希望我幫他帶一個聖經故事的幻燈片機（View-Master），他準備用在主日學課程上。幻燈片機是一種立體的幻燈片投影裝置，可以讓一連串的幻燈片以三百六十度的方式繞圈放映。牧師想要放映聖經故事的幻燈片機，我後來打聽到，這種東西只能在古董店才買得到。另一個朋友從一九七〇年的《讀者文摘》廣告頁面勾選他要的出版品。他選的書包括了《世界的偉大故事——愛情、陰謀、推理、犧牲、趣味、信仰、勇氣》（*Great Stories of the World-Love, Intrigue, Mystery, Sacrifice, Fun, Faith, Courage*）與《如何把握人生——百大作家——真正的幫助與建議》（*How to Live with Life--100 authors--Genuine Help and Advice*）。這些早就絕版了。

到了旅店門口，索用手比出手槍的樣子，然後用中指扣了扳機，說道：「後會有期！」

我在卡薩曾拜訪一名女性，她守護著緬甸許多不為人知的歷史。丁汀勒（Tin Tin Lay）住在市中心蜿蜒小巷的一棟老房子裡。這棟房子是用黑色柚木蓋的，牆壁則是一塊塊銜接地板與天花板的活動遮板，這些木板條可以傾斜開啟，便利通風。我拜訪丁汀勒那天，因為天氣寒冷的關係，所有的遮板都關起來了。我輕敲前門，門幾乎在同時間開啟，開門的是一名高雅的婦人，她穿著刺繡華麗的塔曼與白色蕾絲上衣。她的黑髮緊緊綁成一個髮髻，固定在她的頸背之間。我先自我介紹，然後告訴她我們共同認識的朋友姓名，表示是他建議我在造訪卡薩期間可以來此處拜訪她。她親切地與我握手，但舉手投足間帶著一股尊貴的氣質，她告訴我她願意與我談話，但我必須承諾不能把她的名字洩漏出去。

「我們歷史學家必須口風緊，」她一邊說著，一邊把門插上，然後用手示意我坐下。「我們很害怕。身為緬甸人，我們無法隨心所欲說出自己的想法。我們不能愛去哪兒就去哪兒。我們甚至沒有死的權利：我們必須按照他們希望的方式來死。」她遞給我一根肥碩而稍微碰傷的香蕉。「吃！」她用命令的語氣說道。

丁汀勒原是仰光大學的歷史系教授，退休之後就跟她的丈夫與兩個兒子返回故鄉卡薩。她現在坐在我的正對面，問道：「這是妳想知道的嗎？」

第二次世界大戰爆發前，緬甸是這個地區最富庶的國家。經濟學家只要拿緬甸與該區其他國家相比，都能放心地打賭緬甸一定能發展成最成功的經濟體。然而此後緬甸卻爆發大規模內戰，戰火遍及全境，造成難以估算的傷亡與天然資源損失，而緬甸軍政府的存續時間幾乎超越世界上所有的獨裁政權。我想知道，《緬甸歲月》的沃土怎麼會在短短的時間內變成《一九八四》的荒原。

丁汀勒認為緬甸的不幸完全要歸咎於緬甸社會中潛藏的威權主義傾向。在英國人出現之前，緬甸是由絕對君主統治的國家。「我們緬甸人有八百年的時間是生活在這種掌握所有權力的君主之下，」她說：「緬甸國王操持生殺大權，他可以順隨己意想殺就殺，想剮就剮。」久而久之，緬甸人就習慣於這種威權統治。「我們被訓練成尊敬長上的民族，」她說：「我們被訓練成凡事服從。」換言之，緬甸人在心理傾向上很容易接受威權政府。

我過去曾聽過這種充滿爭議的理論。耶魯大學博士貌茂基（Maung Maung Gyi）在一九六〇年代初的著名論文中提出了這項理論。貌茂基表示，緬甸國王的專制性可以從他擁有的尊號看出，例如傳統上稱緬甸國王是「Thet-oo Hsanbaing Mintayagyi」，意思是「偉大的生命擁有者，臣民的頭與頭髮」，或者是更簡潔的尊號：「Bawa-Shin Min-Taya」，意思是「眾生的仲裁者」。由於緬甸長久以來沒有長子繼承制的法律，因此緬甸王國的歷史充滿了各種流血衝突。偉大的統治者阿努律陀將佛教引進到緬甸，但他卻在占卜師的建議下殺死許多可能對他的王位造成威脅的人。廣受尊崇的國王雍笈牙（Alaungpaya）以身懷超自然力量著稱，據說他擁有一把寶劍，可以飛入空中將反對者的頭顱割下來。大量的對手與王位競爭者導致血腥屠殺，而屠殺的對象不只針對挑戰者本人，也包括他的家人。民眾的生死往往繫於眾生仲裁者的一念之間；整座村莊可能因為窩藏異議者而全數被賣入奴隸市場或被燒成灰燼。貌茂基認為，從緬甸諺語可以看出人民對統治者的觀感，俗諺說人生中有四樣東西不可信任：小偷、樹枝、女人與統治者。緬甸人的思想模式開始接受政府是某種壓迫與邪惡的事物。緬甸人相信，只要有統治者，暴政便不可避免。心理遺產告訴他們，抵抗暴虐的統治者是徒勞的，無論局勢變得多惡劣，人民只能乖乖接受。

丁汀勒絕不會在公開場合討論這種理論，除非她想觸怒軍政府（更不用說讓一般緬甸人聽見，他們一定會反對這項說法）。「這種觀念不受歡迎——我清楚得很，」她對我說：「但它確實有幾分道理。看看我們。我們在這裡受苦，而且是被我們自己的人民折磨。一年接著一年，我們愈來愈貧苦。一年接著一年，我們受到的壓迫愈來愈重。政府可以任意胡為，搶奪、劫掠與強姦我們。為什麼？」她又重複一次，這回她的語氣更尖銳了：「為什麼？」

我提出另一項民眾比較容易接受的解釋，可以說明威權體制為什麼能在緬甸生根：這全是英國人的錯。當英國人接管緬甸的時候，他們摧毀了緬甸所有的傳統治理制度：君主制度、僧院制度、中央行政制度。國王一直是緬甸行政制度與宗教制度的核心，英國人卻將他流放到印度，並且嚴加看管直到他去世為止。英國人從印度引進現成的官僚來取代傳統的統治體系。英國人也對少數民族採取分而治之的策略。這套體制沒有英國人是無法運轉的，因此當英國人離開之後，整個緬甸就陷入大亂，緬甸軍方因而在鎮壓混亂中奪取了政權。

丁汀勒看著我，眼裡充滿了不屑。我想找個地方丟香蕉皮，但一直找不到適當地點，我們兩人之間有一張小桌，桌上堆滿了筆記，我小心翼翼地把它放在筆記上面，

「英國人，」丁汀勒說：「帶給我們民主。這是我們第一次嘗到民主的滋味。在英國人來這裡之前，我們從沒聽過民主是什麼，而我們還沒準備好要接受民主。我對緬甸人民感到羞恥。我對緬甸感到羞恥，我也對緬甸人感到悲傷。我們非常、非常無知。我們總是把錯誤推給別人，所以我們責怪英國人。」

很容易看出目前的政府為什麼不可能支持丁汀勒的歷史觀點。「他們不喜歡聽到民主的觀念，」她說：「他們不喜歡聽到歷史與事實。他們只對民族主義與愛國主義感興趣。緬甸已經沒有歷史了。妳可以翻翻學校的課本與圖書館裡的書。妳找不到歷史書籍。我們是一個沒有歷史的國家——沒有真實的歷史。」

當我們的談話結束時，丁汀勒輕悄地走到門邊，完全聽不出她的腳步聲。她解開門閂，親切地感謝我跟她做了這麼熱烈的討論，但她也希望我不要再來找她。

二千五百年前的某個晚上，北印度的古老王國憍薩羅（Kosala）的統治者波斯匿王（King Pasenadi）做了十六個惡夢。這些夢境生動而令人不安地描繪出奇異的世界：雙頭馬，漂浮的岩石，野狼在金碗撒尿，以及母牛跪在泥裡吸吮牠們生育的仔牛的乳汁。波斯匿王描述這些夢境給宮廷裡的婆羅門聽，詢問他們這些夢境的意義。婆羅門認為這些夢境代表了國家的滅亡與噩運，他們建議國王應該大量屠殺動物以安撫邪惡力量。然而國王的妻子認為沒有必要犧牲動物的生命，於是她說服國王聆聽佛陀的見解。佛陀使國王的心靈平靜下來。他聆聽每一場夢境，然後告訴國王不用擔心：這些夢境都是預言，而且都不會在國王有生之年發生。佛陀說，它們講的是未來，當統治者受貪婪與權力所惑而倒行逆施之時，這些夢境就會一一實現。許多緬甸人相信波斯匿王的十六個夢預言了當今緬甸的情況。

一九六二年，當奈溫與他的軍隊掌控政權之時，各地人士開始在緬甸各處佛塔牆上畫下波斯匿王的夢境畫像。佛陀對於波斯匿王夢境的詮釋，讀起來宛如緬甸災難的業力藍圖。舉例來說，在國王第八個夢中，民眾提水注入巨大的水罈。水罈已經注滿即將溢出，但民眾仍然繼續倒水。有許多小水罈還沒注滿，但他們無動於衷。大水罈的水滿出來流到地面，但小水罈仍是空的。佛陀解釋說，未來的統治者將逼迫人民犧牲生計為他工作。人民將為統治者的土地收成莊稼，白米將裝滿統治者的穀倉，但人民自己的倉庫卻空無一物。（波斯匿王的夢也可以用來指責英國的統治：我曾經看過這場夢境的畫作，它描繪英國殖民地官員欺凌穿著籠基的農民，逼迫他們交出收成。）

在國王第十五個夢境中，一隻醜陋不堪的烏鴉率領一群高貴的鴨子。這些鴨子每一隻都清新脫俗姿態優美，擁有金色、栗色與寶藍色羽毛。根據佛陀的說法，這場夢預言卑鄙之人將控制高貴之人。當無知之人掌握權力時，真正有價值之人將任由他們予取予求以苟全性命。

緬甸這個國度，無論是精神上還是物質上，長久以來一直充斥著預言。歐威爾的三部曲只是讓你解讀緬甸未來或過去的諸多作品之一。緬甸最詩意也最神祕的預言藝術是預言歌（dabaung）。緬甸從王朝時代開始，預言歌一直以詩或韻律的形式提供預言。預言歌不是藉由智者或占卜師的嘴巴說出，而是由兒童、瘋子來吟唱，有時候採取戲劇表演的方式呈現。沒有人確切知道預言歌的來源：它們直接透過在街上玩耍的孩子將歌謠唱出，或者是由精神錯亂的瘋子低聲自言自語地吟詠韻文。在古時候，國王想知道國內發生什麼事，他會派謀臣出宮到市集裡聆聽預言歌，每當大事發生前，預言歌總會出現。有一首預言歌警告國王不可與鄰邦暹羅兵戎相見。國王不聽，結果打了敗仗。另一首預言歌表示，緬甸國王錫袍的王朝將是緬甸最後一個王朝。錫袍王朝最後在英國人接管下可恥地走入歷史。一九〇一年，緬甸作家覺拉（Kyaw Hla）詮釋他在緬甸各地聽到看到的歌謠與徵兆，預言了維多利亞女王（Queen Victoria）的去世，然而他隨即遭到英國當局逮捕，理由是煽動叛亂。而在幾年前，已有一首預言歌的內容實現：

兩座佛牙寺院一個樣；
人民要飯；軍隊譁變。

這首預言歌指的兩座佛塔據說分別位於曼德勒與仰光，最近才剛大興土木供奉複製的佛牙遺物。預言歌警告，當這兩座佛塔完成時，緬甸人民將一貧如洗而且軍隊將一分為二。一九九七年，大約就在兩座佛塔完成前後，軍方內部發生嚴重的權力洗牌，國家法律與秩序恢復委員會重新以另一種型態出現，即國家和平與發展委員會。

我一直覺得這些在緬甸國內流傳的荒誕流言是預言歌在現代的子嗣。有時候，這些流言帶有集體一廂情願的元素。一名男子在喝超過兩杯威士忌蘇打之後對我說，克倫尼軍隊即將攻下仰光。然而我在曼谷時就已經看過報紙報導，裡面提到克倫尼軍隊遭緬甸陸軍擊潰，最近還簽下了停火協議。「他們有新型的炸彈，」剛才那名男子一邊說，一邊搖晃著酒裡的冰塊：「這是一種不可思議的炸彈，它會往水平方向炸開來，摧毀鄰近地區的一切事物。還有槍，他們也有槍。很多很多的槍，這是美軍與國際非政府組織給他們的。克倫尼軍隊遲早會解放全緬甸，那只需要幾個月的時間。」

這些流言與預言使緬甸空氣中瀰漫著魔幻而不祥的感受：人們總是緊張兮兮地覺得好像有事情要發生。我在曼德勒有一名學者朋友，每次見到他，他都會信誓旦旦地說馬上要發生暴動或者某個將軍死了。他一直處於期待的狀態下。「我已經準備好了，」他對我說：「我已經準備好要幫助同胞，為我的同胞犧牲。」有一回我見到他的時候，他才剛搭夜車從曼德勒來到仰光。他的眼袋又腫又黑，我問他為什麼這麼疲倦。旅途不順利嗎？

「並不是旅途不順利，」他回答說：「而是我必須做好準備，所以我整個旅程都一直坐著，把包包放在膝蓋上，等待著。」

「等待什麼？」

「任何事，」他說：「在緬甸，任何事都可能發生。」

如果附近發生火災，或輕微地震，或肉眼看得見的彗星，或任何稍微不尋常的事件，我的朋友都會認為這預示著政府的崩潰。以緬甸文來說，這種預想叫做nameit，或預兆。壁虎從天花板掉到你面前，或者是你要出門時狗一直吠叫，這都是噩運臨頭的徵兆。我的朋友解釋說，他不知道他看見的預兆預示的是好事還是壞事。他只知道有事情要發生，而且就快了。「想看到事情發生的話，就稍安勿躁，」他一邊說著，一邊慢慢點頭，一副瞭然於心的樣子。

然而什麼事也沒發生，至少不像我朋友預測的那樣。但是，儘管不存在全國性的騷動，我仍然能感覺到，這些騷動一直存在於個人的層次上。而這些個人的不滿，這些微小的內在宣洩，沒有人能預測或控制。在《一九八四》中，溫斯頓努力想控制自己的憤怒：「他幾乎扼抑不住內心強大的誘惑，想扯開喉嚨大罵髒話。或者是用頭猛力撞牆，狠踹桌子，以及用力地將墨水瓶擲出窗外……」我認識一名在仰光工作的導遊。他熱愛緬甸，我在五年多前第一次見到他時，他告訴我，無論政府做了什麼，他都不會離開他的國家。「這是我的故鄉。我的家人在這裡，我的心也在這裡，」他說。儘管如此，我們還是坐在茶館裡，熱烈地辯論人權議題——他是林肯的崇拜者，他讚揚這位美國總統廢除奴隸制度以及致力推動「民有、民治、民享」。然而近年來，我注意到這名導遊開始出現緊張的跡象——他的右眼下方會輕微抽動，看起來好像一直在對我眨眼。每次見面，我覺得這種現象有愈來愈嚴重的趨勢，直到我們最近一次見面，我發現這種抽動的狀況已經擴及到他的半邊臉。彷彿他所製造的面具已經開始崩解。在《一九八四》中，有一個字可以用來表示這種現象：「臉罪」。在我們最近一次見面時，導遊求我協助他離開緬甸。「我在這裡已經活不下去了，」他說：「我知道我再待下去，遲早要進監牢。」

在波斯匿王最後的夢裡，國王看見山羊追逐著豹，然後將牠吞吃下肚。豹恐慌地四處竄逃，渾身顫抖著躲在灌木叢裡。佛陀解釋這個夢，表示夢境預言未來當不義之人掌權時，他們將偷走原本應該屬於人民的東西。當人民向領袖要求他們應有的權利時，統治者會折磨他們，威脅要砍斷他們的腦袋與雙腳。擔心受怕的民眾被迫同意這些新領袖的要求，他們要不是蜷縮在自己的土地上，就是逃離故鄉。

我在金色榕樹茶館遇到的那位下棋的先生，他沒有告訴我他的名字或職業，我固定在傍晚時到那家茶館喝茶，看他在不在那裡。某天下午，我發現他一個人坐著凝視著河水。他擡頭看到我，露出開朗的笑容。「坐！坐！」他說。他幫我叫了杯茶，而且記得我喜歡濃不要太甜，同時也為上次突然離開致歉。

「沒關係，」我說：「我知道你很忙，而且我不想打擾你太多時間。」

「時間？」他做出一種嘲諷驚訝的表情。「緬甸人有的是時間。我們被迫無精打采地過日子。而且話說回來，有什麼可做的呢？」

他從桌上拿起一塊包著南瓜餡的糕餅，拆開包裝，然後遞給我。他解釋他不是因為忙碌而突然離開，而是因為跟我提到緬甸的政治議題而感到不太自在。「我跟朋友在公共場合談的是足球與樂透，」他說：「說太多會有危險。我們已經學會不要公開表示意見。當然私底下我們談得很多。但在公共場合我們只是隨便開開玩笑。」當他拆掉糕餅的包裝，準備塞到嘴裡之時，他說了一句有關緬甸的話，意味深長，讓人無法回應：「啊！這是什麼樣的國家！」

我們的確停止談論危險的話題，而改談緬甸如何可能改變。「改變必須來自外界。世界必須對緬甸更嚴酷一點，」我的談話夥伴指的是西方各國政府對緬甸實施的經濟制裁。「拿錢給這些將軍，就好像看著毒草長大。」自從一九八八年軍方血腥鎮壓示威者之後，歐盟與美國就實施了不同程度的貿易禁運。翁山蘇姬呼籲對緬甸進行更全面的經濟制裁以對軍政府施加更大壓力。西方的活動分子針對在緬甸做生意的外國公司發動杯葛活動，使得許多公司撤出當地（嘉士伯〔Carlsberg〕、黛安芬〔Triumph〕、雷夫羅倫〔Ralph Lauren〕，以及其他公司）。旅行社如雅趣旅遊（Abercombie & Kent）與大衛旅遊（Intrepid）也停止出團到緬甸。這種想法與奈溫對少數民族叛軍實施的「四斷」政策相去不遠——切斷軍政府的所得來源，事實上是想以饑餓手段令其屈服。亟需外匯的軍政府會零星地對國際壓力做出回應，偶爾釋放政治犯做為談判籌碼，或允許翁山蘇姬與她的政黨全國民主聯盟更多活動的自由。然而其他的亞洲國家如泰國、新加坡，尤其最為嚴重的是中國，它們不加入經濟制裁行動，而且持續給予援助與投資。一旦軍政府獲得像中國這樣的重量級國家支持，經濟制裁能達成什麼樣的效果難以分曉，更何況軍政府還能從非正式經濟如毒品與洗錢獲得收入。

我問他是否認為改變可能從內部出現。「怎麼做呢？」他問道：「我們在國內什麼也不能做。控制太嚴密了。軍情局的人員無孔不入。他們在茶館裡，在市場裡，甚至連乞丐都會偷聽我們說話。」他搖搖頭。「乞丐也不能讓人放心！」

我們談話的時候，一群年輕人坐在鄰桌。其中一人身穿灰色與藍綠色的防風上衣，上面繡著醒目的幾個字：「卡薩聯邦團結發展協會」。下棋的男子掃視他們一下，便一拍大腿。「哈！」他說：「就這樣！」接著他站起來，輕快地沿街離去。

我繼續待在茶館，看著一名婦人在河邊洗衣。她從籃子裡拿出一條乾籠基，將它浸在水裡，旋轉幾下。她把洗衣粉撒在籠基上，然後上下拍擊岩石，每一次拍擊都爆出小小的泡沫。另一名婦女站在水深及腰的河中洗頭。在她身旁漂浮著一個小塑膠桶，裡面裝著肥皂與牙刷。偶爾桶子會漂走，她必須游泳將它追回來。上游的河岸，一群男孩圍住一隻受傷的烏鴉，他們用木棍戳這隻鳥，只見鳥兒一邊跳一邊嘎嘎叫，徒勞地想用單隻翅膀飛上天空。

溫斯頓強烈想改變《一九八四》的世界，而他的希望只能指望陰謀推翻黨的地下運動：

有時他相信，有時他不相信。沒有證據，只有飄忽不定的眼神，可能有深意，也可能毫無意義：偶爾聽到的片段對話，廁所牆上潦草模糊的字跡——甚至於兩名陌生人見面，手上的微小動作看起來也像某種暗號。這全是猜測：很可能一切都是他想像出來的。

然後，有一天，黨的一位名叫歐布萊恩的領導成員找藉口邀請溫斯頓來到他的住處，溫斯頓知道自己在偶然間闖入了兄弟會的神祕領域。

在歐布萊恩的家，溫斯頓宣誓加入地下組織，承諾奉獻自己的生命，去進行謀殺、欺騙、偽造、勒索或一切可以削弱黨的力量的活動。歐布萊恩描述了一個高度神祕的組織，沒有公開辨識彼此的方法，沒有密碼，也沒有祕密的握手。每個活動者都透過經常變更的接觸方式來獲得指示。當兄弟會成員被思想警察逮捕時，他們每個人都不可避免遭此命運，組織最多能給的協助就是將剃刀刀片偷偷傳到獄中，讓他們割腕自盡。「你會工作一段時間，你會被抓，你會認罪，然後你會死。那是你唯一會看到的結果，」歐布萊恩對溫斯頓說。

與溫斯頓一樣，我從未看過也很少聽過緬甸地下運動的證據。但據說地下運動真的存在，而我見到的前地下運動成員目前也正流亡泰國。他曾參加一九八八年抗議遊行，當他得知軍情人員計劃在下一波鎮壓逮捕他時，他逃跑了。但他並未像數千名學生一樣逃往國外，而是轉入地下，往後八年的時間他一直嘗試動員反政府活動，而且鼓勵民眾參與政治。他告訴我，要在政府的控制之外創造一個空間，無論是精神上還是肉體上，是極為困難的事。

首先面臨的困難就是連結民眾。未經授權的集會是被禁止的，而除了政府舉辦的活動外，任何社會、宗教或學術組織都不許存在。在遭受持續監控與無所不在的監獄威脅下，地下網路必須百分之百值得信任。

一旦網路組成了，第二個問題就是如何運作。一九九六年，緬甸的地下運動正是最巔峰的時候，它有能力組織為數達三千名學生的抗議運動，但在目前報復手段如此嚴厲的狀況下，很難說服民眾參與遊行。近年來，有些人採取單打獨鬥的方式獨自進行反政府示威。二○○一年十一月，一名七十多歲的退休大學校長薩萊吞丹博士（Dr Salai Tun Than）穿上他的學位服，站在仰光市政廳前面呼籲無條件釋放所有政治犯。他遭到逮捕而且被判刑七年。之後不久，一名前陸軍中士用手銬將自己銬在全國民主聯盟仰光總部附近的電線杆上，他表示：「緬甸軍隊為國家而存在，而非國家為緬甸軍隊存在。」他也很快就遭到逮捕。還有一些人獨自站出來示威而遭到逮捕，其中包括了兩名比丘尼與兩名法律系大學生（他們是在不同場合被抓的）。

對地下運動來說，散發傳單是比較安全的傳達政治理念的方式。異議分子祕密印製的傳單，裡面有討論緬甸政治的文章，有時則只是單純討論社會議題但無法通過檢查的教育文章。傳單摺成小包然後用膠帶封起來（內容才不會立即被發現）。散發者的目標通常是學生上下課經過的十字路口，他們將東西留下後就迅速離去。「很難從這種行動獲得成就感，因為你陷在惡性循環之中，」前活動分子表示：「你發傳單，你組織打帶跑的示威方式，你遭到逮捕，你遭到嚴刑逼供，當你最後遭到釋放時，你又會故態復萌開始散發傳單。」

如果有一名地下運動成員被捕，所有他或她接觸的成員都要逃走，藏匿在安全的房子或寺院，有時還要受戒成為比丘或比丘尼。跟我談話的異議分子告訴我，當地方當局偶爾挨家挨戶進行檢查時，他必須爬到屋椽上，或鑽進水塔裡。某日，他的一名同夥遭到逮捕而且供出他藏身的地點。他只比軍情人員早十五分鐘逃離現場，而他隨後便翻越邊境到達泰國。往後八年，他一直從事地下運動，完全未與家人見面，而事實上這麼做也是極其危險的事。他離開緬甸之後，得知軍情人員曾告訴他的家人，如果他們能說服他投案，那麼政府會允許他過著正常生活與完成學業。他也從另一名朋友得知，軍情局已經下令看到他就格殺勿論。

歐威爾在《一九八四》中寫道：「只有四種方式能讓統治團體喪失權力」：

> 不是被外力征服，就是統治太沒效率而激起群眾反叛，或者是允許強大而心存不滿的中間團體存在，最後就是統治團體本身失去了自信與繼續掌權的意願。這些原因並非獨

自進行，通常四種情況會或多或少同時並存，只是彼此的程度不一。能夠壓制這四種因素的統治階級，就能永遠掌握權力。

離卡薩舊日的俱樂部不遠之處，有個地區聚集了幾棟小房舍，這些屋子挨得很近，房子與房子之間有一連串的迂迴泥土小徑互通。一天下午，我走在這些小徑上，一路蜿蜒地走上山丘，結果發現了我正在尋找的東西。一根煙囪突出於棕櫚葉鋪成的屋頂上，裡面長了雜亂的野草。我穿過屋子與屋子之間的狹窄缺口，來到一處廣大的空地。這片空地上什麼也沒有，只孤伶伶地留下一根淡橙色的煙囪。煙囪中間往上一點的地方，有五根經過風吹日曬的木柱從四面八方穿出煙囪，看起來就像路牌一樣。煙囪的底部則殘留著磚造的壁爐遺跡。在空地周圍，我看到了大房子的地基，其中一邊是入口階梯，如今通往的是一片平坦的青草地。在《緬甸歲月》中，客廳就位於這片草地上，裡面擺放著裝飾華麗的桌子與來自印度的黃銅飾物。歐威爾寫道，在這個房間可以聞到印度棉布與凋謝花朵的味道。

如果我對歐威爾地圖的解讀無誤，這裡應該就是拉克斯丁家的遺跡。拉克斯丁家包括了伊莉莎白的叔叔與姑姑，而伊莉莎白就是弗洛里想要追求但最後卻悲劇收場的女子。拉克斯丁先生是當地木材公司的經理，他象徵著酷好琴酒的帝國建設者；他絕大部分的時間都住在森林營地，不僅從俱樂部訂購威士忌，還找來年輕的緬甸女子到他的帳篷過夜。拉克斯丁太太是典型的夫人（memsahib），這個頭銜往往是用來稱呼英屬印度英國官員的太太。（在《緬甸歲月》中，歐威爾形容拉克斯丁太太「有著黃色的皮膚，身材削瘦，幾杯黃湯下肚就開始道人長短，老愛給僕人找麻煩，在緬甸住了二十年，卻一句緬甸話也不會說」。）

與弗洛里一樣，歐威爾在緬甸生活期間與周遭的人格格不入，而他也從未對他們坦率表達內心的想法。當弗洛里描述殖民社會的各種拘束時，他說的彷彿就是《一九八四》裡的大洋國：

> 這是每個字與每個想法都要接受審查的世界……當每個白人都是專制主義巨輪裡的小齒輪時，友情幾乎不可能存在。言論自由連想都不用想。至於其他自由則被容許。你可以自由當個醉漢、無業遊民、懦夫、背後搬弄是非的人、私通者；但你不能自由思考。

在《通往維根碼頭之路》中，歐威爾描述他在開往曼德勒的火車上遇到另一名殖民地公務員。兩個人花了半小時的時間試探對方的想法，進行「安全的」對話，而後才確認彼此對帝國有著相同的感受。火車在漆黑的夜裡搖晃前進，他們則坐在臥鋪上喝啤酒，「咒罵大英帝國——明智地、私下地、發自內心地咒罵。這對我們來說是件好事。但我們說的畢竟屬於禁忌，因此當憔悴的晨光到來，火車緩緩開進曼德勒時，我們彼此道別，心中充滿通姦者的罪惡感。」

如果歐威爾覺得自己被緬甸的歐洲社群孤立，他或許也會覺得自己被緬甸人孤立。在他離開緬甸那年，兩個種族之間的緊張急遽升高，歐洲人被殺的事件頻傳。在曼德勒南部叢林，一名英國森林工人在森林中搬運木材時被一群御象人殺害。在馬烏賓，也就是我曾造訪的三角洲小鎮，一名法國天主教教士被緬甸劍（dah）大卸八塊。更往南的墨吉（Mergui），一名中國豬肉販把德國人誤認成不讓他做生意的英國衛生官員，當場將他殺害。在維多利亞岬（Victoria Point，位於緬甸最南端）的橡膠財團工作的一名英國助理在夜間騎腳踏車返家時遭到殺害。報紙把這些謀殺事件當成個別案件來處理，並未連結到緬甸人普遍對英國統治產生政治上的不滿。然而，史無前例的攻擊浪潮勢必令緬甸的白人社群感到不安，而這種偏執也反映在《緬甸歲月》中。當一個名叫麥斯威爾（Maxwell）的林務官被手持刀劍的緬甸人肢解時，恐懼很快傳遍了所有俱樂部會員，拉克斯丁夫人突然嚎啕大哭地說：「我們都會被砍死在自己的床上。」

曾經派駐緬甸的警官所寫的回憶錄，絕大多數都提到嚴重的孤立感，這些警官遠離自己的故鄉與家人，獨自駐守在異鄉的城鎮哨站，有時方圓數英里都碰不到任何歐洲人。想瞭解這種感受，有個警官推薦大家閱讀勞倫斯（D. H. Lawrence）寫的短篇小說《喜愛島嶼的男人》（*The Man Who Loved Islands*）。這是一篇詭異且令人印象深刻的小說，描述一名男子在一座小島上開闢農田，建立了具體而微的小社區，裡面住了女管家、泥水匠、木匠與幾名農場工人。他底下的這群工作人員對於被孤立在這座島上深感不滿，於是一個接一個離去。男人賣了這座島，然後與僅剩的兩名忠心職員搬到更小的島去住。當狀況變得更糟時，他就搬到比先前更小的島。最後，他建了一棟小屋自己一個人住，逐漸忘記日期、星期與年分，最後與整個世界失去連繫。

「說話，僅僅只是說話！」《緬甸歲月》的弗洛里哀嘆地說：「聽起來微不足道的事，卻意義重大。當你獨自一人苦澀地生活在中古時代的邊緣，你對每件事物的真實看法都會被人認為是褻瀆時，說話就成了最大的慰藉。」

我坐在煙囪底下，浸淫在藍天與溫暖的陽光之中，此時角落出現了一群身體淡褐色、耳朵尖端帶點黑色的山羊。牠們身後尾隨著一個老人，他牽著一隻腳步不穩的仔羊。老人看到我坐在這裡，似乎一點也不感到驚訝。我問他是否還記得這棟老房子。

「我記得，」他說：「這裡原本放了很多漂亮家具，曾經有一棟非常豪華的房子。」

老人引領著羊群繞過空地邊緣繼續往前走，其中一隻山羊從過去前門的階梯跳了上來，開始啃食煙囪底部長出的青草。

一九二七年六月，歐威爾得到六個月的返鄉假，於是搭船返回英格蘭。他返國時，他的家人正好在康瓦爾（Cornwall）度假，於是他趕往當地跟他們會合。歐威爾的妹妹注意到剛返國的哥哥跟過去有「很大的變化」——不只是外表，連性格都變了。他的頭髮變成深色，嘴上蓄著鬍子，而且變得（她覺得）相當不修邊幅——亂丟菸蒂，在地板上劃火柴棒，一副等著別人來收拾的樣子。她猜想，她的哥哥已經習慣有人服侍的日子。在假期的某一天，歐威爾向他的家人宣布，他決定不回緬甸，而且打算放棄帝國警察的工作，改當一名作家。根據他妹妹的說法，全家人都感到非常震驚，這意謂著他要放棄殖民地體面的工作，轉而從事毫無前景的行業。

歐威爾留下的少數片段自傳，顯示他在緬甸的歲月是他人生重大的轉捩點，使他從一名自命不凡的公學男孩轉變成一名擁有社會良知的作家，他把眼光轉向社會的受迫害者，並且嘗試講述他們的故事。歐威爾對殖民主義的憎恨，這股情感就像溫室花朵一樣，在炎熱與孤獨下成長茁壯。歐威爾表示他對自己在帝國龐大的專制機器中扮演的角色充滿罪惡感，「碼頭上的犯人、在死囚室等待處刑的男子、我欺凌過的下民以及斥責過的老農人，還有我在盛怒下以木杖痛打的僕役與苦力」，他們的臉孔不斷在我腦海中縈繞著。歐威爾最著名的一篇隨筆〈絞刑〉（Hanging），內容描述他押解一名緬甸監獄的死囚前往絞刑臺。關鍵時刻發生在這名死囚為了不把腳弄溼而步履一偏避開了水坑。歐威爾突然領悟這名無名的死囚跟他一樣，也是有血有肉的活人：「他跟我們一樣都是人類，能一起行走、觀看、聆聽、感受與瞭解我們眼前這個世界；兩分鐘後，啪的一聲，我們當中有人將要離開——一個心靈就此消逝，一個世界就此消失。」這篇隨筆首次出版是在一九三一年，至今仍用於廢死運動的訴求上。

在這群緬甸幽靈的糾纏下，歐威爾開始更仔細地注視自己的國家，他發現英格蘭也有自己的受壓迫者與無名群眾，這些人以工人階級的面貌呈現於世。歐威爾寫道，工人階級成為他在緬甸看到的不公不義的受害者的代表。他覺得自己必須進入倫敦無家可歸者與巴黎貧困者的世界之中（幾年後，他在《巴黎倫敦流浪記》〔*Down and Out in Paris and London*〕中描述他在底層生活的經驗）：「我想讓自己完全沉淪於受壓迫者當中，成為他們的一分子，跟他們一起反抗暴君。」

《巴黎倫敦流浪記》於一九三三年出版，這是歐威爾出版的第一部作品。歐威爾離開緬甸六年之後，才完成《緬甸歲月》。一名曾派駐卡薩的殖民地官員還記得自己在卡薩時曾與妻子及歐威爾一起打三人橋牌，他表示，歐威爾其實在擔任帝國警察時就已經開始撰寫《緬甸歲月》。歐威爾一開始是在緬甸政府的信紙上描寫弗洛里的性格。每晚，歐威爾從卡薩俱樂部返家，他坐在屋內，在煤油燈的燈光下，祕密而潦草地宣洩他的挫折。我很喜歡這樣的情景，它就像《一九八四》的溫斯頓祕密寫著日記一樣。

在歐威爾簡略描繪的卡薩地圖上，城鎮的邊緣僅以草草幾筆結束，並且寫上了「叢林」兩字。我沿著出鎮的道路走去。道路兩旁是整齊的雙層房舍：有些房子以黑色木頭搭建，有些房子的梁柱使用了褪色的建材，至於磚牆則塗上蛋塔色的灰泥，整個牆面顯得十分光滑。庭園樹木茂密，陽臺垂落著九重葛。每戶人家的門廊上都放置了一個盛水的水罈，旁邊附了一只塑膠杯，這是為了便利路人飲用而設的。一名婦人兩手各牽著一個孩童在路邊走著，頭上還頂著一顆巨大的甘藍菜。兩名老婦人坐在自宅門前的階梯上，抽著（在我看來）粗如擀麵棍的方形雪茄。這條路偶爾會有載滿木材的卡車轟隆駛過，但絕大多數的車輛仍是三輪車與小推車，這些車輛漆上了亮紅色、藍色與黃色等多種色彩，就像兒童的畫冊一樣。

當兩旁的房舍逐漸轉變成稻田之時，我發現歐威爾地圖上的叢林早已消失無蹤。我站在卡薩的邊緣，看著騎在牛背上的男孩驅趕著牛隻穿過稻田，此時一名男子騎著腳踏車朝我而來。我不記得在哪邊看過這個人，雖然他並未穿著制服，但我認定此人必定是軍情人員。「妳必須馬上回到鎮上，」他說。

我不耐地點頭，然後轉身往鎮上的方向走去。男子騎著車在我身後緩慢跟著，他搖晃著腳下那輛中國製的破腳踏車，迂迴騎著8字形路線，就這樣尾隨我進入卡薩鎮內。

不久，我在卡薩能完成的事已經完成得差不多。歷史學家吩咐我不要再去找她，因為她不想引起別人的注意，此外，雖然我好幾次到金色榕樹喝茶，卻從未遇見那位下棋的朋友。每天早上，旅店老闆總是問我，我什麼時候要走。他告訴我，我不在的時候，軍情局的人一天來問兩次，想知道他是否從我身上套出什麼消息，包括我是誰以及為什麼我要獨自一人來卡薩。有好幾次，當我循著歐威爾的草圖在街上搜尋時，我發現自己被跟蹤了。有幾名陌生人，例如留著一頭長髮的索，他在街上問我一些問題。他們也許只是表達善意，或是單純好奇，但從那時起，我開始覺得每個人都是告密者。某天晚上，當我逛夜市的時候，一名肩膀寬闊的男子走到我身旁。他穿著時髦的藍色粉紅格子籠基，頭上瀟灑地戴著一頂黑色貝雷帽。他想知道我的姓名，我的職業，我從哪裡來，以及我在卡薩做什麼。我注意到在他長長的籠基摺邊後頭藏著一雙帆布軍靴。他在夜市裡逐攤跟著我，不斷重複相同的問題，直到我掉頭返回旅店為止。

在卡薩的最後一晚，我窩在厚厚的毛毯裡抵禦山區的寒冷，聽著屋椽上鴿子咕咕的叫聲，以及窗外河水的湍流聲。在走廊深處某個房間，有人打開收音機。雖然收聽的訊號不良，但從模糊的獨語中我還是隱約聽到「翁山蘇姬」的名字。我自己有一臺短波收音機，於是我試圖把頻道調到ＢＢＣ世界新聞廣播電臺。我打開窗戶，讓天線能盡可能接受到訊號，但我只能聽到遙遠而模糊的英語聲。我無法辨識廣播說了什麼，而且不久之後雜訊就大到無法讓我聽到任何聲音。

歐威爾小說的末尾都以失敗收場。主角試圖對抗體制，正當你認為障礙已經克服之時，他或她卻輸掉戰爭。在《牧師的女兒》（*The Clergyman's Daughter*）中，桃樂絲脫離家中的奴役生活，短暫地獲得自由，但最後還是一樣過著買培根當早餐與為教會慶典縫製服飾的日子。在《讓葉蘭飄揚》（*Keep the Aspidistra Flying*）中，詩人戈登・康姆斯托克（Gordon Comstock）向「錢神」宣戰，但最後還是為了錢而淪為廣告文案的撰寫者。歐威爾筆下所有的主角都逃不出失敗的命運。

在《一九八四》中，溫斯頓發現他參加的兄弟會其實只是無所不知的黨的另一個影子組織，而歐布萊恩則成為專門訊問他的人。在獄中，溫斯特受到拷問，直到他終於低聲吐露異議。在小說最後的場景中，我們發現他已經成了廢人，他坐在栗樹咖啡館裡，臉上淌著兩行帶有琴酒香氣的眼淚：他愛老大哥。在《緬甸歲月》中，弗洛里最後死在卡薩的臥室地板上。雖然他與維拉斯瓦米醫師說了這麼多反帝國言論，但最後他還是無法鼓起勇氣提名醫師成為俱樂部會員。歐威爾《緬甸歲月》早期的草稿中，曾經為弗洛里寫了墓誌銘。這首詩並未收入書中，歐威爾曾經想像將它刻在上緬甸某個地方的菩提樹樹皮上。這首詩的末尾是幾行警示的話：

> 收下我這份薄禮
> 以我為戒，勿虛度人生。

我仔細閱讀歐威爾為最後一部中篇小說〈一則吸菸室的故事〉所寫的筆記，希望能找到比較值得讚揚的主角蹤跡。歐威爾在構思這本書時，神智顯然不是很清楚。他住在科茨沃德斯的療養院裡治療肺結核，他相信自己是在緬甸得了這個病。在他最後的筆記上，歐威爾經常提到原子彈，這種武器才在數年前投擲於廣島，而這使得歐威爾認為，這個世界想必很快就要被炸個粉碎。

歐威爾向一名朋友表示，〈一則吸菸室的故事〉主要探索的是人物，而不是想法。這本書的主角是科里・強森（Curly Johnson），一名優雅的年輕人，有著一頭波浪狀的黑髮——或許是歐威爾筆下首次出現的英俊主角。此外，與歐威爾其他作品主角不同的是，科里懂得社交，他能在宴會上高歌，能跳高雅的舞步，而且「能恰如其分地擲撲克骰子」。故事發生在從緬甸開往英格蘭的船上，雖然科里能與船上其他人一起唱歌跳舞，但他顯然被塑造成一個特立獨行之人。情節是以倒敘的方式鋪陳，科里在緬甸一處小哨站的種植園工作，他仍記得自己住的地方瀰漫著一股可悲的單身漢氣息，屋內滿是灰塵與髒汙，加上漏水的屋頂與磨損的留聲機唱片。歐威爾在生命即將結束之際，對大英帝國的嘲弄仍無比尖刻，殖民地的角色往往帶有一股可笑的色彩。（有人笑起來像頭大猩猩；如果你在早上十一點鐘仍然維持清醒，有些人會因此感到冒犯。）

與《緬甸歲月》一樣，〈一則吸菸室的故事〉探索的也是帝國亮麗外觀背後的真實空間。科里的緬甸生活充斥著下流無恥：妓女與威士忌空瓶橫七豎八倒臥在屋內，有天晚上，僕役找來了一對母女供他取樂，他和朋友擲撲克骰子來決定玩樂的對象。（母親是他們兩人共同的目標，因為她的女兒只有十二歲。）哨站一名基督教傳教士為科里提供一條救贖的路子，鼓勵他改變自己的生活，透過仰光圖書館的書籍來改善自己。然而歐威爾的筆記卻暗示一場發現粉碎了科里對傳教士的崇拜。有傳言說這名教士有戀童癖，有人不經意看見他的衣櫃裡擺著一張穿著藍色籠基的男孩照片，此外有人也提到，當緬甸的孩子穿著類似的服裝時，有時很難分辨他們的性別。

我們不知道這本小說會怎麼結束，唯一僅存的希望只能從倒數第二章的章名去推知：「機會」（The Opportunity）。

隔日清晨，我離開卡薩。當我的鬧鐘在四點鐘響起時，旅店沒有電，所以我點了蠟燭來打包行李，當我走過吱呀作響的地板時，盡可能放輕了腳步。

拂曉前的天空，是長春花般的深藍色。河面飄來陣陣濃霧，街上仍然陰暗而寧靜。我沿著河岸走著，經過發亮的石獅，它們閃爍著紅眼守衛著佛塔。我在轉角拐彎走上大街，看到一家茶館已經開張。茶館點了煤油燈，我可以看到小伙計——冷冽的清晨使他裹上了圍巾——擦拭著木桌，擺上茶杯與清茶茶壺，補齊菸嘴。他們忙進忙出時，拉長的影子也在灰白的牆上舞動著。年紀較長的伙計站在桌旁忙著將圓麵團黏在燒紅的炭爐內側，準備烤製南餅。另一個男孩把架在明火上巨大而沉重的錫壺蓋子掀開，他往後退了一步，蒸騰的熱氣散逸而出：茶就要滾了。

卡薩沒有巴士站，我發現有一輛巴士停在離市場不遠的街上。一大群人圍繞著車子，他們把籃子與袋子綁在車頂上與塞在座位後頭。這輛巴士是中國的舊通勤工具，地板都被拆掉好容納更多物品。當我坐在座位上時，兩隻腳還搆不著臨時的木臺，只能就這樣懸空著。前方的擋風玻璃貼了一大堆廣告、小海報與緬甸各地香火鼎盛的廟宇照片；當中有一塊大金石（Kyaik-tyo），據說是一名會巫術的國王安放的，另外還有波帕山（Mount Popa）的孤峰，它聳立於中央平原上，是納特諸神的故鄉。有珠寶外形的佛陀形象，用鈔票摺成的貓頭鷹，與螺旋體的巴利銘文。坐在我身旁的老人抽著一根長長的方形雪茄。他戴著寬邊毛帽，肩膀上披著一條亮粉紅色的毛巾。乘客像溪水一樣源源不斷地湧入車內，每個人身上都穿著禦寒外套、圍著圍巾與毛巾。兩名士兵拿著木製槍托的毛瑟槍，身上戴著一些極不相稱的配件，硬是擠出了一條路，穿過裝菜的粗麻布袋與不安份的雞隻，一一檢查身分證，然後坐回專為他們準備的座位上。

車掌綁妥屋頂的行李之後，一邊大搖大擺地穿過開敞的車門，一邊大呼一聲，司機於是發動車子。我注意到司機座位底下塞了一個紙箱，充分顯示這不會是一次順遂的旅程：裡面裝了螺絲扳手與已經上油的工具，以便車子故障時能派上用場。當司機踩下油門時，車掌開始對著空無一人的街道叫喊巴士即將開抵的各個站名。一名年輕人氣喘吁吁地跑在馬路上，出現在巴士車燈前面，車掌抓住他的手，一把將他拉進車內，沒等他站穩，巴士便猛地望前駛去。男人笑著擠到門邊的位置，他大聲開玩笑說，自己應該重新討個老婆了，因為現在這個老婆總是沒辦法叫他起床。坐在我旁邊的老人暗自發笑，有幾個人聽了不禁拍起手來。

不到幾分鐘，我們已經離開卡薩。溼潤的竹葉刷過車窗，稻田裡的小佛塔如雪白幽靈似地向我們逼近。熟悉的興奮情緒充滿車內，旅途即將展開，我們將沿著這條黃土路消失在黑暗中。

後記

就在我離開緬甸不久，二〇〇三年五月三十日，翁山蘇姬失蹤了。當天傍晚之後，翁山蘇姬與大約兩百名全國民主聯盟成員搭乘汽車與摩托車行駛於緬甸北部一條安靜的單線道公路上。後面緊跟著四到五輛卡車。在黑暗中，其中一部車子的前燈照到路中間站著一名披著袈裟的僧侶。這名僧侶走近翁山的車子，要求她停車與在此集合的村民說話。翁山的一名護衛下車跟僧侶交談，此時尾隨在隊伍後方的卡車突然衝下一群揮舞著尖銳竹棍鐵棒的男子。他們開始砸毀車窗，並且將摩托車騎士拖下來痛打一頓。全國民主聯盟成員沒有攜帶武器，根本毫無還手之力。到處可以聽到人們求救的叫聲，而路上也滿是血跡。最後只看到翁山坐在車內。後車窗已被打得粉碎，她的臉上與衣服上滿是鮮血。

政府發布消息表示，與翁山蘇姬偕行的全國民主聯盟成員向支持政府的青年挑釁，隨之而來的衝突造成四人死亡與五十人受傷。根據政府的說法，翁山現在正受到保護與看管，這是為了她的安全而採取的必要措施，至於她人現在何處則無可奉告。她是否還活著？人是否還安好？我們無從得知。此外還有一些人失蹤：隊伍中有近二十名全國民主聯盟資深成員與超過一百名支持者至今下落不明。

幾個星期過去了，從緬甸流出的消息充滿困惑與矛盾。攻擊事件發生時，許多人逃往附近的叢林並且目睹了事件發生的經過。之後，他們不敢返家，而是躲藏在寺院與全國各地安全的處所。有些人逃往鄰近的泰國，藉由這些人的說法，事件的原貌得以逐步拼湊起來。目擊者估計約有七十名全國民主聯盟的成員被活活打死，超過一百名成員遭到逮捕。攻擊者是聯邦團結發展協會的成員，其中包括穿著便服的士兵。一般相信是軍政府策劃這起攻擊事件以脅迫翁山蘇姬，並且藉此將她與全國民主聯盟醜化成企圖顛覆國家的麻煩製造者。這也讓軍政府將領有藉口讓翁山蘇姬消失。才過一個星期，聯合國特使就飛往緬甸並且獲准與翁山見面。會後特使表示，翁山蘇姬的健康情況良好，但無法透露她目前人在何處。有人猜測她可能拘禁在因盛監獄的特別牢房裡。直到攻擊事件過後三個月，翁山蘇姬才返回仰光的住處，但再次受到軟禁。

我原本希望這本書能以更富希望的語調結束。但當我坐在書桌前，閱讀報紙與上網搜尋任何可能來自緬甸的好消息時，我的期待總是落空。

二〇〇三年下半年發生了激烈的反穆斯林暴動，一般咸信這起事件是受到軍政府的慫恿，用來轉移民眾對五月三十日事件的注意。隔年，二〇〇四年四月，軍政府召開國民會議，目的是為了塑造民主程序即將制訂成憲法的印象。然而會議只是個幌子：這些精心挑選出來的代表收到禁令，不許針對軍政府提出的憲法條文進行辯論，而整個會議過程也因為全國民主聯盟領袖遭到軟禁無法與會而失去實質意義。二〇〇四年十月，軍政府突然宣布國家和平與發展委員會排名第三順位的欽紐因健康因素退休，欽紐向來被認為是軍政府中立場最溫和穩健的一名將領。與他關係密切的部長也紛紛以類似的理由「退休」，再加上他管轄的軍情局遭到撤廢，充分顯示他的去職與健康因素無關。緬甸分析家把這波人事變動詮釋成軍政府內部權力鞏固的結果：鬥倒欽紐與他的人馬，緬甸最資深的將領丹瑞就能高枕無憂獨攬大權。

撰寫這本書的時候，我不斷提到歐威爾的小說《一九八四》。翻閱《一九八四》，隨意閱讀幾個段落或句子，每每驚訝於書中與緬甸人民感受到的恐懼與情感竟是如此類似。只要軍政府在緬甸繼續掌權，拒絕聆聽人民的聲音，歐威爾的話語就會不斷在緬甸迴盪。在人類歷史上，凡是違逆人民意志的政權，最終都將走上崩潰一途，我們無法想像緬甸軍政府還能壓制到什麼時候。我期盼有那麼一天，我們可以克服歐威爾在不經意間所做的預言，屆時，我手上的《一九八四》也終於可以闔上。

新後記

從本書出版以來，緬甸在這數年之間有了很大的改變，但絕大部分仍維持原狀。

二〇一〇年十一月，軍政府舉行大選準備成立民選政府。當軍政府支持的政黨贏得多數選票時，沒有人對此感到驚訝；反對黨受到選舉法規的種種限制，而且到處充滿了操縱選舉的手法。事實上，很多人一眼就看出這場選舉只是想為軍政府掌權披上一件民主的外衣。就在大選結束後數日，緬甸的諾貝爾和平獎得主翁山蘇姬獲釋，結束了長達七年以上的軟禁生涯。就在她獲釋當天，數千名長久以來噤若寒蟬的支持者開心地走上街頭，群集於她住所前的大學路（University Avenue）向她致意。這個事件向全世界昭告了緬甸未來的革新希望。

然而在緬甸，事物不能完全從表象來判斷。翁山蘇姬仍必須不斷測試她能享有的自由界線。她的政黨全國民主聯盟沒有參與選舉，結果被軍政府依法加以解散。* 軍政府願意允許翁山蘇姬與其他全國民主聯盟成員以什麼樣的身分在多大程度上參與政治，仍有待觀察。到目前為止，當局在這兩方面都未做出任何讓步。而儘管翁山蘇姬獲釋的消息已受到國際媒體廣泛熱情的報導，但緬甸絕大多數出版品卻不准撰寫與翁山蘇姬有關的文章，也不許刊出她的照片。

最近這幾年，我頻繁回到緬甸，我看不出軍政府有放鬆管制反對意見的跡象。國家和平與發展委員會的將領們仍牢牢掌控著整個國家，而我在本書探索的獨裁工具——宣傳、監視、審查與無所不在的暴力威脅——依然受到廣泛的使用。

二〇〇五年十一月，軍政府把首都從仰光遷到北方三百二十公里處的不毛之地。這項決定先前沒有任何徵兆，絕大多數人最早知道此事，就是他們看見仰光政府機構開始迅速打包裝車，然後駛離仰光的時候。軍政府將領為他們的新都取了一個了不起的名字，奈比多（Naypyidaw），也就是「王都」（Abode of Kings）的意思。

奈比多是我見過最詭異、最荒涼的城市。一塵不染的六線道公路上幾乎沒有車子行駛，道路兩旁則是人工造景的花園與碉堡般的政府機構。雖然這裡的動物園採取空間開放的展覽方式，而且以擁有西伯利亞虎與緬甸第一座企鵝館自豪——這些奢華的設施與周圍貧瘠的平原格格不入——但每天來此的遊客卻寥寥無幾。巨大的歐巴塔桑提佛塔（Uppatasanti pagoda）是緬甸聖地仰光大金寺的複製品，這座佛塔成了新首都的象徵，金色但散發可怕氣息的紀念碑也代表軍政府想長久把持政權的渴望。將領們安全地居住在這座專門為獨裁者量身訂做的迪士尼樂園裡，有效地讓自己與緬甸人民隔離，跟以前相比，他們變得更孤立且更具防衛心。

二〇〇七年九月，政府無能的經濟政策導致物價高漲，沉重的生活負擔引起民眾上街進行大規模的反政府示威。仰光與其他城市共有數萬名僧侶上街遊行。在緬甸充滿壓抑的氣氛下，出現這種龐大的遊行是很令人驚訝的，這也是自一九八八年學生領導示威以來最大的一次遊行。軍政府不出所料做出迅速而粗暴的回應；軍隊進駐仰光，向手無寸鐵的遊行群眾開槍以淨空街道，此外軍隊還攻擊寺院，把超過兩千八百名僧侶和平民關進臨時的拘禁營。據估計有一百人被殺，但精確的死亡數字與詳細的事發經過很可能就此石沉大海。

進行鎮壓之後，軍政府立即採取令人不寒而慄的大規模清掃街道行動。一共出動五部消防車沖洗路面上的鮮血。夜晚則進行宵禁，有嫌疑的抗議者在半夜被拖出家門。許多勇敢的

* 譯注：全國民主聯盟已於二〇一一年十二月再次登記且獲准成為政黨。

部落客翻過當局設立的防火牆，利用網路將鎮壓的訊息傳到國外，這些人後來都遭到追蹤搜索，並且被逮捕入獄。為了掩蓋自己的罪行，軍政府不惜有方法地除去所有可能的目擊者。我在當時仍得以進入緬甸，並且嘗試將發生的各種片段拼湊起來；我與僧侶、從拘禁營釋放的人、逃亡的抗議者，以及在抗爭中遭到驅散的旁觀者交談。可以想像，所有的人都噤若寒蟬，不願公開發表自己的意見。在網路封鎖而政府追捕目擊者的狀況下，緬甸民眾轉而以祕密的方式，例如透過雙手，來將各自看到的真相傳遞出去：一名老師給了我一篇打字文章，題為〈讓世界知道〉（For the World to Know），裡面講述她與她的同事目睹政府軍隊射殺和平僧侶時，內心的震撼與創傷；一名詩人給了我一首他手寫但未署名的詩，最後的一行是「佛陀，死去的佛陀」；還有一個朋友給了我祈禱文小冊子，這是袖珍本的《慈經》（*Metta Sutta*），是僧侶們在遊行時誦唱的祈禱經文，象徵著愛與慈悲。

我交談過的人，幾乎都會拿東西給我，要我傳遞給在緬甸以外的人，而我收集這些故事的決心也在這個過程中變得異常堅定；我感覺到，我保存的是微小但極其重要的證物。

之後不到一年，緬甸又遭遇另一場重大悲劇。二〇〇八年五月，氣旋風暴納吉斯（Cyclone Nargis）重創伊洛瓦底三角洲。這是一場空前的巨大自然災害，也是緬甸有史以來死亡人數最多的災難。估計有十三萬八千人在納吉斯肆虐期間死亡，數百萬人斷糧或無家可歸。這場災難造成的破壞因為軍政府悍然拒絕救援物資進入緬甸而更形惡化，此舉形同阻止國際救援機構為亟需救助的災民施予援助。隨後，軍政府試圖封鎖任何有關納吉斯災害的消息。重災區的進出受到嚴密管制，外國記者與救援單位不准入內。在地方報導受到嚴格審查的情況下，政府宣傳機器開始加足馬力宣傳一切都已得到控制的訊息。

身為外國人，我無法通過設置在伊洛瓦底三角洲外圍的檢查哨，但我交談的緬甸人可以，他們向我展示的照片與錄影畫面看起來就像世界末日一樣——河上漂流著浮屍，浮腫的屍體散布在稻田裡。在通往三角洲的道路與河流兩側，可以看到衣衫襤褸疲倦不堪的生還者乞討食物。軍政府宣稱它能提供適當的援助，無異是殘酷的幻想。

幾個星期過去了，軍政府還是反覆說著同樣的話，我感到事件的真實正一點一滴地流失。國際媒體的興趣很快從緬甸轉往世界其他更容易取得新聞的地方，而氣旋生還者的聲音絕大多數遭到了忽視。幾個星期之後，我終於可以前往災區內部，我發現自己再次陷入對故事的狂熱追尋。民眾急切地告訴我所有的事，我的筆記本很快記滿了生離死別諸多難以置信的故事。他們的敘述不只是單純的自然災害紀錄；一旦交織在一起，將對照出軍政府扭曲真相的惡行惡狀。

在緬甸，事件發生，然後又有系統地「不」發生。透過對所有公共論壇進行有效的言論箝制，軍政府剝奪了集體記憶賴以產生的空間，而最近期的歷史事件——無論如何驚天動地或惹人注目——只能儲存在私密的「幾立方公分」的人類頭骨中。當個人的記憶隨著時間與老邁而腐朽，緬甸的故事將完全消失。現實遭到腐蝕的感受促使我持續書寫緬甸的一切，而過去幾年的故事也成為我第二本書《萬事皆壞：緬甸的災難故事》（*Everything is Broken*）的主題。

相對於緬甸生活紀錄的稀少，歐威爾的生平從他死後這六十多年來一直受到一絲不苟的檢視與批判。他的傳記持續推陳出新，每次重新檢視他的人生，往往能翻找出先前未曾發現的新細節。與歐威爾緬甸歲月有關的發現，包括他在緬甸的刺青——他的雙手手背上刺著一連串藍色小圈，每一圈都刺在指節上。這種刺青至今在緬甸仍相當常見，人們相信它可以保護你不受子彈、毒蛇與黑魔法的侵害。刺青——歐威爾的傳記作家戈登・波克（Gordon Bowker）首次發現歐威爾一九二七年的護照上記載他有刺青——充分顯示緬甸對艾瑞克・布萊爾的影響，而他將帶著象徵緬甸的身體標記度過餘生。波克指出，刺青也顯示出歐威爾想與上流殖民社會劃清界線的強烈心態。

在已知的諸多信件中，有一封出現在迪歐妮・維那波斯（Dione Venables）為新版《艾瑞克與我們》（歐威爾的青梅竹馬賈辛妲・布迪康的回憶錄）寫的書後語中；這封信顯示，在歐威爾離開緬甸前一年，他曾向賈辛妲表達愛意。另一封信提供了額外的資訊，指出歐威爾希望海外五年的生活能夠修補他回英格蘭向賈辛妲求婚時造成的裂痕。從這兩封信提供的背景資料中，我們不難理解歐威爾在臨終前最後寫信給賈辛妲時話裡透露的酸楚——「當妳將我遺棄在緬甸，斷絕我所有的希望時，我才瞭解妳的心裡根本沒有我」——而他在緬甸的孤獨感也因為這句話更為清晰地表達出來。

隨著歐威爾的生平資料不斷在他死後浮上檯面，我開始懷疑我們對於歐威爾的緬甸歲月已然知道太多；反觀在緬甸，歷史卻不斷遭到塗銷——無論是以書信、文件或回憶錄的形式。

對我來說，緬甸未來有沒有希望，完全取決於緬甸人民是否能在自己的國內說故事。我希望有一天，緬甸的獨裁體制能遭到廢除，人民能自由講述自己的故事——緬甸的雜誌可以刊登與辯論翁山蘇姬的演說，報紙可以不用接受審查，每天報導「事情的真相」，部落客可以安心在網路上發表文章供全世界的人閱讀。如果我要再寫一本與緬甸有關的書，這將是我努力的目標；這本書描述的緬甸歲月，將是民眾能自由發聲而不用害怕遭到秋後算帳的時代，而在這個令人振奮的時代裡，當前的事件與緬甸的歷史都能公開記錄並且接受公開辯論。簡言之，它講述的將是緬甸人民如何開始找回與拼湊過去真相的故事。

曼谷，二〇一一年一月

致謝

在研究本書的過程中，對我幫助最大的歐威爾作品集是Peter Davison編輯的*George Orwell: Complete Works*（Secker & Warburg, 1998）。這部總共二十冊的版本蒐羅了歐威爾撰寫的所有作品，包括寄宿學校時期寫給母親的錯字連篇的書信，到臨終前草草寫就的筆記。為了觀看歐威爾的原始手稿與書信，我勤跑倫敦大學學院的喬治·歐威爾檔案，這裡也收藏了所有與歐威爾相關的圖書。我參閱了年代較為久遠的歐威爾傳記，例如Peter Stansky與William Abrahams合著的*The Unknown Orwell*（Constable, 1972），以及Bernard Crick的*George Orwell: A Life*（Secker & Warburg, 1980），此外還有比較晚近的傳記作品，如Jeffrey Meyers的*Orwell: Wintry Conscience of a Generation*（Norton, 2000）與D. J. Taylor的*Orwell:*

The Life（Chatto & Windus, 2003）。與歐威爾生平相關的其他書籍中，對我的研究幫助很大的有賈辛妲・布迪康（Jacintha Buddicom）與歐威爾的童年回憶《艾瑞克與我們》（*Eric & Us: A Remembrance of George Orwell*. Frewin, 1974）；Audrey Coppard與Bernard Crick編纂的*Orwell Remembered*（BBC Books, 1984）；以及Stephen Wadhams編輯的*Remembering Orwell*（Penguin, 1984）。

我在大英圖書館印度事務部檔案中找到豐富的英屬緬甸資料。在館內，我坐擁殖民政府每年編製的*Report on the Police Administration of Burma*，以及各種犯罪報告與各區公報。印度事務部收藏的資料龐大而詳盡，這一點可以從人們仍可查閱歐威爾在一九二二年參加帝國警察考試的成績結果得到明證。我們發現，在所有應考者當中，歐威爾在上馬與下馬項目的成績敬陪末座。大英博物館也收藏了相當數量與歐威爾同時期在緬甸服務的英國警官的未出版手稿，例如一名筆名A. Meer Nemo的警察寫了「A Burma Bobby」，另一名C. Bruce Orr則寫了「A Burma Patchwork」。

為了瞭解更多一九二〇年代其他西方人在緬甸的經驗，我閱讀了不少當時的旅行作品：Paul Edmonds的*Peacocks and Pagodas*（George Routledge, 1924）、Richard Curle的*Into the East: Notes on Burma and Malaya*（Macmillan, 1923）、C. M. Leicester的*A Holiday in Burma*

（A. Wheaton & Co., 1928）、與Somerset Maugham的*The Gentleman in the Parlour*（William Heinemann, 1930）等作品。英國政府退休文官的回憶錄也提供了寶貴的資料，包括Maurice Collis的*Into Hidden Burma*（Faber & Faber, 1953）、V. C. Scott O' Connor的*The Silken East: A Record of Life and Travel in Burma*（Hutchinson, 1928）、J. K. Stanford的*Reverie of a Qu'hai and Other Stories*（William Blackwood, 1951）、William Tydd的*Peacock Dreams*（British Association for Cemeteries in South Asia, 1987）、與C. J. Richards的*Burma Retrospect and Other Sketches*（Herbert Curnow, 1951）。

關於緬甸內部事件的消息，我使用每日匯整的來自世界各地的更新文章與報導，包括BurmaNet News（www.burmanet.org）提供的緬甸國家和平與發展委員會聲明。其他有用的消息來源有*The Irrawaddy*，這本雜誌每月提供緬甸議題的報導以及線上新聞服務（www.irrawaddy.org）。政治犯援助協會提供我許多有關政治犯以及二〇〇三年五月三十日事件的資料；協會的報導與出版品可以到www.aappb.net網站上閱讀。關於緬甸近期歷史，我認為有兩部作品是必看的，Bertil Lintner的*Outrage: Burma's Struggle for Democracy*（White Lotus, 1990）與Christina Fink的*Living Silence: Burma under Military Rule*（Zed, 2001）。

我要感謝Deborah Henley，最初是她的熱情給予我從事這項計畫的信心，此外我也要感謝我的經紀人Jeffrey Simmons與我的編輯Caroline Knox。Albert Paravi Wongchirachai提供了道德支持，Sudaduang Puengrow有效率的支援工作使我能夠在緬甸連續待上幾個月的時間。與Sandy Barron及Nic Dunlop的無數次對話，使我獲得寶貴的機會重新整理自己的想法。他們與Dominic Faulder讀過我在不同階段完成的草稿；在他們的建議下，這本書成為更好的作品，不過書中若有任何錯誤，當然責任在我。我最感謝的還是我的父母，每完成一章，他們都會耐心地將它讀完，而且不斷給予我鼓勵與建議。

我要感謝的人其實不只這些，我在緬甸曾得到許多人的幫助，但我不能公布他們的姓名，以免他們遭遇危險。我要感謝為我投入時間而且因信任我而願意與我分享故事的人。我要感謝許多朋友在背後默默幫忙——幫我引見作家或前政治犯——我還要感謝在無數次茶館聚會裡給予我睿智建議的人。少數在緬甸的朋友曾讀過完稿，他們提供了寶貴的建議；我很遺憾我無法說出他們的姓名來向他們致謝。

Beyond
27
世界的啟迪

在緬甸尋找喬治・歐威爾

Finding George Orwell in Burma

作者　艾瑪・拉金（Emma Larkin）
譯者　黃煜文
執行長　陳蕙慧
總編輯　張惠菁
責任編輯　陳詠薇
行銷總監　陳雅雯
行銷企劃　尹子麟、余一霞
封面設計　鄭宇斌
內頁排版　宸遠彩藝

社長　郭重興
發行人兼出版總監　曾大福
出版　衛城出版／遠足文化事業股份有限公司
發行　遠足文化事業股份有限公司
地址　23141 新北市新店區民權路 108-2 號九樓
電話　02-22181417
傳真　02-22180727
客服專線　0800-221029
法律顧問　華洋法律事務所 蘇文生律師
印刷　通南彩色印刷有限公司
二版一刷　2021 年 9 月
Printed in Taiwan
定價　380 元

歡迎團體訂購，另有優惠，請洽 02-22181417，分機 1124、1135

ACRO POLIS 衛城出版
Email acropolismde@gmail.com
Facebook www.facebook.com/acrolispublish

國家圖書館出版品預行編目(CIP)資料

在緬甸尋找喬治.歐威爾/艾瑪.拉金(Emma Larkin)
著；黃煜文譯. – 二版. – 新北市：衛城出版，遠足
文化事業股份有限公司, 2021.09
面；公分. –（Beyond 世界的啟迪）
譯自：Finding George Orwell in Burma

ISBN 978-986-06734-6-3(（平裝）

1. 拉金(Larkin, Emma)
2.歐威爾(Orwell, George, 1903-1950)
3.遊記　4.緬甸

738.19　110013372